本书由中国社会科学院世界宗教研究所儒教研究中心、道教研究中心　编

本书出版得到了
西安都城隍庙和西安临潼明圣宫的资助

儒道研究

第二辑

卢国龙／主编
赵法生／执行主编

社会科学文献出版社
SOCIAL SCIENCES ACADEMIC PRESS (CHINA)

目　录

儒学研究

道家与道教

儒教信仰

儒教重建与儒教发展

乡村儒学与乡村建设

三教关系

儒学研究

柏格森生命哲学与现代新儒家道德哲学

涂可国*

柏格森生命哲学与现代新儒家是20世纪80年代以来现代新儒学研究的热点之一，国内学术界发表了一批相关论著。不过，现有的成果侧重于从总体角度分析柏格森生命哲学对现代新儒学的影响，而对柏格森生命哲学与现代新儒家道德哲学的关联性关注不够，本文力图从柏格森生命创化学说与现代新儒家道德本体论、柏格森自我论与现代新儒家道德主体论、柏格森直觉主义与现代新儒家道德方法论三方面弥补这一薄弱环节。

生命哲学又称生存哲学、生活哲学，是19世纪末20世纪初盛行于德、法等国以有机化的生命为研究对象的一种非理性主义思潮。它的兴起是对机械论的反动，也是对科学万能观念及理性主义的反动。由于社会背景及理论旨趣不同，生命哲学可以分为两大类别。一类是以德国哲学家狄尔泰、齐美尔和奥伊肯等人为代表的注重生命内在精神特性的精神－文化－历史学说。这一类型的生命哲学虽然也强调生命的时间结构特征及其流变性和整体性，但它尤其侧重于用个人的精神这一特殊生命现象的个体性、创造性和能动性，去解释生命本体客观化、对象化的人文社会结构现象——语言、组织、国家、法律、意识形态、风俗习惯等。另一类是以法国著名哲学家柏格森（1859～1941）为典型代表的带有生物－意识双重倾向的生命理论。柏格森以有机体的生命特别是人的生命感受为中心，突出了生命绵延、变动、时间和整体性等基本特质，并依据这些生命性状确立

* 涂可国，山东社会科学院文化所所长，研究员。

了直觉在整个人类认识史上的地位。柏格森被公认为生命哲学的集大成者，他的哲学体系覆盖了本体论、主体论、认识论、发展观、方法论、社会历史观等各个层面，因而，相对于其他生命哲学家，他对后人和同时代的人影响最大。连同社会历史观在内的整个柏格森生命哲学虽然充满反智主义、神秘主义、有神论色彩，但其影响却是巨大的。它启迪了具有同一思想倾向的德语国家的生命哲学家如齐美尔、奥伊肯、施宾格勒等，也影响了过程哲学家怀特海，实用主义者席勒、詹姆士、杜威等人。

柏格森生命哲学也渗透到远在东方的现代新儒家的道德哲学思想之中。由于与传统儒学理念有诸多契合之处，因而20世纪20年代柏格森生命哲学伴随着西方各种思潮涌入中国，就对梁漱溟、张君劢、熊十力、贺麟等现代新儒家属于东方文化派的文化保守主义哲学产生了深远影响。1922年《民铎》杂志《伯格森专号》（三卷一号）发表有张君劢《法国哲学家伯格森谈话记》和冯友兰《伯格森的哲学方法》等文章。柏格森生命哲学中关于生命本体、创造进化和直觉主义思想为梁漱溟和熊十力等人选择性接受，第一代现代新儒家经常援用柏格森生命冲动、生命冲力、绵延进化、自我、自由意志、精神生活、直觉等范畴分析社会人生问题，借此建构人生哲学、文化哲学和社会哲学；与此同时，在展开新儒学运动（贺麟语）过程之际，他们以弘扬儒学为己任，立足儒家心性论传统，融会中西，利用柏格森生命哲学采用“反向格义”方式，去诠释道德本体（含人性）、道德主体和道德工夫之类问题，来充实和改造传统儒家道德哲学，推动它向现代的转型，用以创构自己独特的道德哲学，从而开创了现代中国道德人本（文）主义的思想范式。

一　柏格森生命创化学说与现代新儒家道德本体论

柏格森极力追溯和强调无生物和有生物的分界线，凸显无机物与有机物的本质差异性。他既反对物理学等自然科学将它们都还原为分子、原子等不可再分割的微粒子，也反对把无生物和有生物不加区别地在杂多中寻找齐一恒定本原的自然主义统一性思想。把生物有机体从一般物质系统中提升出来，透过单纯物体的外表发现其中的生命本质，符合整个人类认识史。早在古希腊，柏拉图和亚里士多德就已发现无机物（如桌子）和有机物（如青蛙）存在着本质的区别：前者的总体等于部分之和，部分先于整体；后者的总体大于部分之和，全体先于部分。自亚里士多德开始，人们就已确认了物质世界存在不同层次的预设。到了柏格森时代，生物学也已揭示生命是有机物的一种特性，是蛋白质的存在方式，它具有新陈代谢、自我更新的功能。柏格森正是抓住活的东西和死的东西的本质区别，围绕着有机物质的生命特征，创设了一系列与之相关的范畴如生命冲动、生命冲力、生命之流、绵延等，以此展开他的“创造进化论”理论构架。

对于柏格森的有机论哲学，因创造有机哲学和过程哲学而闻名的英国哲学家怀特海曾评论道，哲学有机论的代表人物是詹姆士和柏格森，柏格森反对笛卡儿的机械唯物论，而采纳有机论观点，是将生物学和进化论的有机体各个成分相互联系的看法用于哲学。不过，怀特海批评柏格森在非生物和生物之间掘下一道鸿沟，实际上犯了机械唯物论所犯过的同样错误。

柏格森认为，整个宇宙的发展都是由两种相反的运动力量——向上攀登的生命和向下坠落的物质矛盾冲突——所促成的。生命是自世界一开始就产生的一股巨大的活力冲动力量，它遭遇到物质抵抗时，总是奋力克服其阻碍并逐渐学会通过组织化来利用物质，然而僵死的物质却总是必然要牵制生命向上喷发。这两股对立力量的交接或汇合就产生了各种生物有机体。举凡宇宙中的一切物种，包括植物、动物和人类及其属类，都是由生命在发散的过程中与惰性物质结合的方式、所受阻力的大小及其在物种中保留的程度来决定的。

在此，柏格森是把生命和物质看作两个根本相异、决然分立的部分。这一方面说明他提出来的“创造进化论”本质上是反进化的——因为生物进化论证明有机的生命是经过漫长的物质形态的演化才产生的；另一方面显露出柏格森在宇宙观上具有英国哲学家罗素所说的二元论倾向。生命冲动、生命冲力不过是柏格森的玄想所构设的神秘的不实之物，由它们所决定的物质形态进化图景同真正的科学所揭示的进化图景是相悖谬的。现代进化论和分子生物学证明，生命是由蛋白质和核酸合成的蛋白体存在方式，它是经过长期演化而生成的，物质形态的进化绝不是神秘的生命冲力促动的结果，而是自然界物质自身长期演化发展的必然产物。

为了反对机械进化论和目的论，和狄尔泰、齐美尔、奥伊肯等精神－文化类型的生命哲学家一样，柏格森也特别强调生命的创新性。在他看来，生命在每一生物之中既不断连续又时时更新，由它决定的进化不是纯粹量的积累，而是层的跃迁；不是为了实现某种预定的目的模式，而是在新质的基础上造成一个具有互补结构和同一性的和谐生命整体。

20世纪初的哲学大都与进化论有关，柏格森的生命哲学也不例外。不过，他不同意达尔文等人只强调物质进化单靠对环境适应的机械进化论，也不满意单纯用牛顿的经典力学把有机界的发展仅仅视为量的渐进过程的观点，他特别注重生命进化过程中的创新性。柏格森用来说明生物进化的一些概念并不是他本人的原创，而是搬用了唯意志主义哲学家叔本华、尼采等人构造出来的生活意志、权力意志和意志冲动诸范畴，同时糅进了某些庸俗生物学的活力论思想。如同唯意志主义一样，他也用既不能证实又不能证否的生命冲动之类的概念去解释世界万物的生成、变化和发展。

柏格森认为，时间是生命的内在本质，对一切有生之物来说，绵延着的时间构成了它们的灵魂，是它们实在性意义的所在。由于柏格森不仅崇尚生命，也崇尚人这一高级生命体的精神生活，因此，他十分突出人意识（或精神）的生命意义及其绵延性。柏格森常用“绵延”描述时间和运动。在他看来，运动和时间只有连续，绝无间断，时间、运动和绵延三位一体。对此，他作了如下具体阐述。时间有两种，一种是科学的时间，一种是真正的时间。科学的时间是理智为了生活的方便而构造的实用时间，它渗透了大量空间因素，可以度量，可以计算，可以重复，可以割裂，唯独不流动。真正的时间是非空间化的时间，亦即不掺杂任何空间要素的、纯粹绵延的时间，其绵延是单纯异质性的流变，不能度量，不能分割，不能划界。运动只是在时间中的纯粹绵延，不占有空间。它就像一条克鲁底亚式的永恒流动着的河流，只是连续不断的绝对流淌，相对的静止不过是假象。把运动想象成物体空间上的线性移动，也无非是人们的幻觉。

由上不难看出，柏格森是在脱离实体的基础上而割裂空间与时间及运动的。应当承认，当他说时间本身不带有任何空间成分时，从抽象的角度看他是不错的。因为时间和空间都是物质的根本属性，而属性无法占据空间。但是，如果断定科学和常识总要借助于空间符号去感知时间，就犯了以偏概全的错误。因为当时钟敲响时，并不是所有人在任何时候听见后都要把前后相继的钟摆的摆动置于有广延的空间里。正如罗素所言，“想象那个钟前后摇荡……这些话仅仅是一个好作视觉想象的人的自传式述怀，说明了我们前面所讲的话，即柏格森的见解有赖于他的视觉的优势。把时钟的打点声在想象的空间中排列起来的逻辑必然性是没有的，据我想，大多数人完全不用空间辅助手段来数时钟响声。然而柏格森却没有为必要有空间这个见解申述任何理由”①。

按照牛顿的绝对时空观，时间不因物体的运动和静止而均匀地流逝。柏格森洞察到了牛顿的绝对时间同事物的运动相分离的缺陷，强调时间与运动的不可分割性，强调运动的绝对性（柏格森的哲学因此获得“变的哲学”称号）。这对于冲破绝对时间观念无疑是有益的。黑格尔曾指出：“时间和空间的本质就是运动。”② 狭义相对论证实，时间与物质运动的速度有关。但是，若把时间运动同物质空间决然割裂，就同广义相对论相违背。广义相对论认为时空两者不能分割，它们共同组成了时－空统一体，宇宙是四维的，是“x，y，z，t 的全体”，时间不仅连续，也可以计算。辩证唯物论也揭示任何时空都是运动物质的特性和存在方式，没有脱离物质运动的时间和空间。

柏格森指责爱利亚学派的诡辩论者芝诺只看到事物“固定”“静”“不连续”的一面，而忽视了“变化”“运动”“连续性”，从而得出了“飞矢不动”的错误结论。其实，就像罗素所说的，“爱利亚学派的人讲，有物件而没有变化；赫拉克利特和柏格森讲有变化而没有物件。爱利亚派的人说有箭，但是没有飞行；赫拉克利特和柏格森说有飞行，但是没有箭”③。正是只见运动不见实体，使柏格森否定事物静止、空间和间断性。从思维方式来说，柏格森与芝诺同出一辙，都犯了非此即彼的形而上学毛病。要知道，任何事物的变化发展都是运动和静止、间断和连续、时间和空间、量变和质变的对立统一。

从梁漱溟、熊十力到唐君毅、牟宗三的现代新儒家，将儒家道德哲学

---

① 罗素：《西方哲学史》下卷，商务印书馆，1981，第 359 页。

② 黑格尔：《哲学史讲演录》第一卷，三联书店，1959，第 286 页。

③ 罗素：《西方哲学史》下卷，商务印书馆，1981，第 362 页。

提升到形而上学的本体论高度，致力于建立起一个上接宋明理学的心性论传统又符合现代人文主义精神的道德形而上学体系。柏格森的上述生命创化学说由于高扬了生命主体和生命之流的能动精神，弘扬了主体性的生命意识，因而自20世纪初传入中国后，就为当时的一些新儒家所认同，并借此去建构道德本体论。

梁漱溟就十分赞赏柏格森的生命哲学，誉之为“迈越古人，独辟蹊径”。梁漱溟回忆说：“中国两个重要派别——儒家和道家，差不多都是以生命为其根本。……记得二十年前余购读柏氏名著，读时甚慢，当时尝有心愿，愿有从容时间尽读柏氏书，是人生一大乐事。柏氏说理最痛快、透彻、聪明。”[①] 梁漱溟在消化吸收柏格森生命哲学的基础上，从不同维度诠释重构自身的道德本体哲学。

一是道德形而上学。梁漱溟从批判西方哲学反形而上学出发，认为西方一直以来形成了从古希腊柏拉图、亚里士多德到近代笛卡儿、黑格尔的理性主义形而上学传统；当康德的怀疑论哲学认定人的理性不能认识“物自体”而将人的认识能力进行限制之后，这种传统的形而上学便逐渐衰落，以致实证主义哲学家试图颠覆乃至根本取消一切形而上学。在梁漱溟看来，形而上学是哲学的根基，主体与客体相对立的传统形而上学固然不能成立，由意志主义和生命哲学所代表的体现生命本体的人本主义形而上学则是可以肯定和接受的：

> 此外当世还有一个人替形而上学开辟出一条道路的就是柏格森。他着眼康德对于形而上学的批评，宣言说他的哲学方法是出乎康德对一般形而上学之反对之外的，是要把从康德以来被康德打断了的形而上学与科学再搭一个桥接通。……前面已说过形而上学所以没法讲，一则是感觉不到，一则概念作用不能施，这两个难关有一个不解除就不成功。他的方法即所谓直觉（intuition）……[②]

① 梁漱溟：《朝话》，载《梁漱溟全集》第2卷，山东人民出版社，2005，第2版，第125～126页。

② 梁漱溟：《东西文化及其哲学》，载《梁漱溟全集》第1卷，山东人民出版社，2005，第2版，第405页。

二是生命本体论。梁漱溟在《朝话》一书中的《东西学术之不同》一文中说："中国儒家、西洋生命派哲学和医学，是我思想所从来之根柢。"[①]他还自述，在他的思想中根本观念是"生命""自然"，看宇宙是活的，一切以自然为宗，而这既受到明代泰州学派王艮父子有关"人欲即天理"自然人性论的影响，又受到柏格森生命哲学的契入。他借用柏格森的生命哲学和叔本华的唯意志论，把宇宙归结为生活——"照我们的意思，尽宇宙是一生活，只是生活，初无宇宙"[②]。而在眼、耳、鼻、舌、身、意这些生活工具的背后则是大潜力或大要求或大意欲——没尽的意欲。

三是道德变易思想。梁漱溟还借柏格森的生命冲动观点去解释和发挥《易传》的变易思想和宋明理学的"天理流行""万物滋生"观念。他认为，宇宙本体不是固定的静体，而是"生命"和"绵延"，从生物的进化到人类社会的进化，都是宇宙大生命无尽的创造；由《周易》发其端的相对的"调和"是观察宇宙"大流"而来的，柏格森开创了中国用直觉体会意味、要求活动的形而上学先路[③]；孔子的人生哲学是讲"宇宙之生"的，强调"生生之谓德"，"我心目中代表儒家道理的是'生'，代表佛家道理的是'无生'"[④]。传统中国哲学中确实有一种万物均在变易的观念，也有重生厚生的思想传统，例如《周易》提出了"天地之大德曰生""万物滋生"，《中庸》也讲"诚则形，形则著，著则明，明则动，动则变，变则化，唯天下至诚为能化"。但是，这种"生生之德"和动化之"诚"绝无被柏格森视为宇宙本原与生物进化动力的"生命"和"绵延"的意蕴。所以，梁漱溟在采用比附的方法去处理中国文化传统中的变易思想与柏格森创化学说的关系时，自然会陷入臆断和玄想的境地。

现代新儒家第一代的另一位代表人物熊十力所提出的"新唯识论"也

---

① 梁漱溟：《朝话》，载《梁漱溟全集》第 2 卷，山东人民出版社，2005，第 2 版，第 126 页。

② 梁漱溟：《东西文化及其哲学》，载《梁漱溟全集》第 1 卷，山东人民出版社，2005，第 2 版，第 376 页。

③ 参见梁漱溟《东西文化及其哲学》，载《梁漱溟全集》第 1 卷，山东人民出版社，2005，第 2 版，第 445 页。

④ 参见梁漱溟《东西文化及其哲学》，载《梁漱溟全集》第 1 卷，山东人民出版社，2005，第 2 版，第 448 页。

吸纳了部分柏格森的生命进化理论。如果说梁漱溟的道德形而上学（包括道德本体论与宇宙论）还掩盖在他的人学形而上学之中的话，那么熊十力则较为鲜明地提出了道德形而上学。熊十力融会朱王“性即理”和“心即理”，传承创新由孟子所开创的“尽心则知性知天”心性论道德主义传统，力主分别本心与习心，分辨本体良知“原是推扩不容已”，由此达到体用不二、道器不二、天人不二、心物不二、理欲不二、知行不二、德慧知识不二、成己成物不二。熊十力从不同方面阐述的道德本体论为现代新儒家的道德形而上学奠定了基础，并为现代新儒家第二代标志性人物牟宗三所继承。

一是宇宙本体。熊十力认同当时西方自然科学家所宣传的“物质消灭”论，否认物质实在性，力主心物皆空。然而，为了为心性本体立基，他又提出了宇宙本体：本体备万理、含万德、肇万化，法尔清静本然；本体即无对即有对，是绝对的；本体无形无相，无始无终，无空间性，无时间性；本体是全的，圆满无缺，不可剖割；本体显为无穷无尽之大用，应说是变易的，然大用流行又不改其固有之生生、健动，因而又是不变易的。① 可见，宇宙本体是绝对的大全，是动静、体用、有无、万一的统一，同时，它又包含各种道德。

二是本心本体。熊十力从“境不离心”出发，不仅肯定宇宙本体即为人心本体，它内在于主体，与本心为一，还把人的仁德与本心看作与天道同一的本体，倡导“仁即本体”——“仁者本心也，即吾人与天地万物所同具之本体也。盖自孔孟以迄宋明诸师，无不直指本心之仁，以为万化之源、万有之基，即此仁体，无可以知解向外求索也”②。这里，熊十力把“仁”规定为“本心”并看成人与物的本体，从而构建了“仁本论”和“心本论”合而为一的道德本体论③。熊十力的本体论观点同柏格森的生命冲动说颇为接近，有时他也用生命表示本体的特征，认为人的生命和宇宙

① 熊十力：《新唯识论》，中华书局，1985，第313~314页。

② 熊十力：《新唯识论》，中华书局，1985，第568页。

③ 牟宗三认为孔子的“仁”就是“创造性本身”，“仁为宇宙万物之最后的本体，它不是附着于某一物上的活动力”。参见牟宗三《中国哲学的特质》，上海古籍出版社，1997，第97页。

大生命元来不二，而生命和心灵不容为二，离心灵无生命可言，“浑然全体，即流行即主宰。是乃所谓生命也”[①]。在熊十力看来，本心不是个体之我的一己之心，而是宇宙万物所共有的真性，此心“实非吾身之所得私也，乃吾与天地万物浑然同体之真性也”[②]。可见熊十力作为本体的本心是道德的源泉，是唯一真实的自我，是“生命本体”，也是宇宙万物的存在根据，它旨在挺立人的内在“道德自我”和“道德主体”。

三是“静而健动”。同柏格森强调变化、运动、连续性而否定事物静止、空间和间断性若合符节，熊十力从“体用不二”、“翕辟成变”出发，认为本体即为变化，它生灭不已，不光具体事物处于不断流变之中，就是其内部的本体也是生生不息的。《新唯识论》中许多用来表示宇宙本原的概念如“恒转”、“生化”、“流行”等，以及“翕辟成变”，同柏格森的“生命冲动”、“生命之流”并无二致。不过熊十力又从辩证角度批判了柏格森“变的哲学”，提出了“静而健动”。他说：

> 《新论》谈本体，则于空寂而识生化之神，于虚静而见刚健之德。……若只言生化与刚健，恐如西洋生命论者，其言生之冲动，与佛家唯识宗说阿赖耶识生相，恒转如瀑流，直认取习气为生源者，同一错误。若如东方释与道之只证寂静，却不悟本体元是寂而生生，静而健动，则将溺寂滞静，而有反人生之倾向（如佛），至少亦流于颓靡（如老）。[③]
>
> 柏格森《创化论》的说法，不曾窥到恒性，只妄臆为一种盲动，却未了生化之真也。[④]

熊十力既指明了柏格森所说只是一种盲目的冲动和扩张，而没有窥见“恒性”，难以明了宇宙本体变化的真相，又揭示了释与道因不了解本体“寂而生生，静而健动”的特性，必然导致人走向颓靡的流弊，为此他主

① 熊十力：《新唯识论》，中华书局，1985，第681页。

② 熊十力：《新唯识论》，中华书局，1985，第252页。

③ 熊十力：《与友论新唯识论》，《学原》一卷六期，1947。

④ 熊十力：《新唯识论》，中华书局，1985，第397页。

张宇宙本体是生化与寂静的统一，要求“于空寂而识生化之神，于虚静而见刚健之德”。这在某种意义上是对宋明理学“主静说”的发展和超越。对此，张君劢也曾指出，他之所以倡导生命哲学，乃是因为生命哲学侧重人生，尤好言人生之特点为自由、为行动、为变化，正合于当时坐言不如起行，唯有努力奋斗方能开新局面的时代特点。[①]

二　柏格森自我论与现代新儒家道德主体论

柏格森生命哲学首先对主体自我的意识问题进行了深入探讨。他有时倾向于把生命看作精神性的东西。他说：“生命是心理的东西”[②]，“意识，或者宁可说超意识，是生命的本原”。[③] 在《物质与记忆》一书中，柏格森宣称通过对记忆的分析可以消解物质第一性和意识第一性的对立问题，从而把物质和意识统一起来。他说，物质不过是主体的知觉未被注意到（即处于无意识状态）的外在形象，而意识则是被注意到的内在形象。可见，柏格森把物质和意识统一于主观的心象。有时，柏格森又倾向于主张心物平行的二元论。这不仅表现在他把生命当成与物质分立的宇宙本体上，还表现为在处理身心关系问题上将意识当成某种独立的存在。在《物质与记忆》中，柏格森断言物质和精神都是实在的。他说：“从原则上讲，记忆必定是一种绝对不依赖于物质的能力。那么，假如精神是一种实在，正是在这个场合，即在记忆现象中，我们可以从实验上接触到它。”[④]

其次，柏格森认为，自我和意识处于永恒的流变中，宇宙和人生的终极实在就是“绵延着的自我”，全部哲学的任务就在于发现自我。以往一些哲学家把自我当成感知、情绪背后的精神实体，柏格森认为这样会把自我看作可分离、可度量的东西，因而不可取。他认为自我为一种“纯情绪性的心理状态”。自我有表层和深层之分。表层自我是由外部接受的印象、

① 张君劢：《张东荪著〈思想与社会〉序》，载《中西印哲学文集》，台湾学生书局，1981，第118页。

② 柏格森：《创造进化论》，1928，纽约英文版，第249～250页。

③ 柏格森：《创造进化论》，1928，纽约英文版，第261页。

④ 转引自罗素《西方哲学史》下卷，商务印书馆，1981，第353页。

感觉和概念等构成，它来源于广延性的世界。在表层自我之内，还有一个被称为“寄生的自我”的东西。所谓“寄生的自我”，即从教育和学习过程中得来的未被同化于深层自我的那些观点和感情。基本的深层自我是通过深刻的内省才发现的，它乃是绵延不可分的无拘无束的前后关联着的意识活动。通过记忆的中介或联结，意识既连绵不断又不断创新。这种借助向内体验而感受到的实在有时被柏格森界说成生命的本能、冲动和意欲。

不难看出，柏格森的自我相当于个体的整个人格，它同弗洛伊德的由本我、自我和超我所构成的三维人格系统有着结构上的相似。它的一个重要思想渊源就是詹姆士《心理学原理》中所表述的有关自我构成的学说。柏格森把自我描述为一个连续的整体，这既超越了休谟对自我同一性的怀疑，也符合大多数人所秉持的自我是个人心理统一体的观点。柏格森所表达的意识流概念同詹姆士的意识流范畴虽然存在着某些区别——如柏格森认为意识流是深层意识的特有状态，是纯粹的非理性的东西，而詹姆士认为意识流是人全部意识的一般状态，其中也交织着理性的成分，但是，二者还是很接近的。由这两人倡导的意识流观点对现代文学艺术产生了深远的影响，像普鲁斯特、乔伊斯、福克纳等现代派小说家、艺术家，就是以人类心理的流程来展示人的感受与意识的，电影艺术中的“蒙太奇”手法也从意识流概念中获得了某些灵感。不能否认，柏格森对自我的规定有许多臆想、含混、不确定等流弊，且缺乏实证科学的严格证据。它既没有把主体自我和客体自我、自我意识和意识自我明确区分开，也没有把意识视作对象意识和自我意识的统一。柏格森的自我理论有待于修正和完善。

最后，在分辨了深层自我和表层自我之后，柏格森进一步论证了传统的自我和意志自由问题。他断言，自我是纯粹绵延的意识活动，不遵循任何带必然性的规律，因而是绝对自由的。柏格森抨击联想主义心理学和实证自然科学把感觉、情感、观念界定为机械力的合成结果，把心理现象视为受分子运动的绝对支配。他认为心理决定论的错误是混淆了时间和空间，以为意识像空间物体移动一样可以预知和分割。他断言人的心理活动无法预先确定。其理由大致如下：在同样的原因影响下，我今天的心理行为同昨天就不一样；每个个体都是独特的、不可重复的，任何人都不能代替他人决定其动作的方向；自我的深层心理状态是完全异质的、不断创新的，因而自我每一瞬间的活动都是不确定的；外部空间化的事物一切都由因果必然性支配，而内在的纯绵延的自我意识活动则是绝对自由的，不受任何先决条件或必然规律的支配；由自我所发出的动作、所做出的决定都是自由的。总之，人的意识和意志是绝对自由的，不受任何条件或规律的支配。

应当肯定，自我意识和自我行为是相对自由的，柏格森的观点在一定意义上是正确的。人的身－心结构复杂多样，各种因素组成了无数联系网络和通道，为意识活动提供了多种选择的可能性。人的意识确实具有自由想象、自由创造、超越躯体的功能。人（如囚犯）的身体和行动可以约束，但内部的意识却可突破任何障碍，人们想什么、怎么想在一定范围内是自主的，外界难以干预。尽管人的外在行为比内在意识所受的限制大得多，但在一定程度上也是可以自决自为的。即便是奴隶，也许他失去了政治和法律意义上的人身自由，但他的行为站在哲学的角度看也具有相对的自由。然而，如果像柏格森那样把人的意识和行为的相对自由片面夸大成不受任何必然的支配，那就大错特错了。真正积极的自由并不是为所欲为，不是没有任何约束，它是主体在达到与内外条件及必然性契合一致过程中的自为、自觉、自主、自决活动。恩格斯指出："自由不在于幻想中摆脱自然规律而独立，而在于认识这些规律，从而能够有计划地使自然规律为一定的目的服务。……意志自由只是借助于对事物的认识来作出决定的那种能力。"① 人对内外必然性认识越深刻、越全面，他行为的自由度就越大，柏格森只知道消极的不受限制的自由，而抹杀了积极的控制必然的自由。

自我是一个相当艰深且令人困惑的哲学课题，对此不少哲人尝试着作出了自己的回答，例如，自我是纯粹的精神（实体）；自我是个人扮演的社会角色；自我是个人的某种物质；自我是肉体自然、自觉意识和社会关系本质的统一体；自我是主观现实中相联结的推动因素；自我是个人的内在核心或自觉因素；自我是个人自我意识的凝聚即人对自身的观念系统；

① 《马克思恩格斯选集》第3卷，人民出版社，1995，第2版，第455页。

等等。笔者认为，自我不过是社会主体对自己的反身指称，抑或是意识和行为的主体化载体。它大致有结构性、恒定性、意识性、主体性、相对性等特质。个人长期积累的经验和性格是自我最为重要也最能显示人自我性的组成部分，同时人的本能、欲望、需要、动机等也是自我的要素。在弗洛伊德精神分析学中，人格由本我、自我和超我三部分组成，本我是一种天生的欲望及本能，超我由社会尤其是由父母所内化的经验、规范意识等，它包括良心和自我理想两部分，自我产生于本我，是实现了的本能，它介于本我和超我之间，并对支配本我的愉快原则与外界要求进行理性的判断及调节。笔者所理解的自我统摄了整个人格结构，它既包括人的生理性机体，又容纳了人的各种不同层次的意识——潜意识和显意识。自我的种类可归纳为：主体自我和客体自我，物质自我（肉体）、社会自我（对所处社会地位的认识）、精神自我（人的内心存在、心理气质）以及纯粹自我（个性的纯粹要素），先验自我和经验自我，内在自我和外在自我，大我和小我，等等，如将自我分为物质自我、精神自我和社会自我，可能更为合适。

自我社会问题粗略分为两大类。一类是自我内敛式问题，包括自我幼稚（主客不分）、自我迷失、自我摧残、自我萎缩及自轻自贱、自卑自怜等；另一类则是自我外倾型问题，主要是自我中心问题，其中包括有自我外化、自恋自大、自我独尊、自我膨胀（含自私自利）等。

上述两种自我取向分别体现了东西方两大主流文化对待自我的特质。一般说来，以重视对象性征服活动和客观认识为主要导向的西方文化，确认自我个人主要是在改造物质世界和自身的社会性活动中认知、形成和显示自己，它以主客体或物我的极度分化为人文根基，追求物质扩张、占有及享受，以个人为本位，自我为中心。反之，东方文化不太重视外在物质性功利活动，讲究主客不分、物我不二，重视直观、内省和自我内部交流。不过在东方文化大系统中，印度文化和中、日文化在对待自我问题上又有一定的差异。印度文化在人生价值取向上强调“无自”、“无我”，也就是去除私心、财产，压抑“小我”，与绝对融合；在自我功能方面认为构成本质的自我能动积极性只能在自己内部精神空间展开、自我的存在和本质只能通过顿悟、沉思等功夫方能被发现。这种向内收缩的自我人生态度即是一代新儒家宗师梁漱溟所说的"以意欲反身向后为其根本精神"的印度文化特点。传统日本人及其所属的文化的自我导向则充分显示了人际成分，强调自我个体的社会依附性及对一定社会集团的从属性，偏重于把个人看成各种义务或社会角色的总和。

中国文化和日本文化同属儒家文化圈，故中国文化也是以社会为本位，或团体至上，不过，中国文化中自我定式却不像日本文化模式所倚重的那样将自我辐射到广泛的社会关系，因而能够变原属团体感为中性的职业目标，而是囿于血缘、地缘、业缘等亲缘关系网络之中。除此之外，中国文化在强调自我的社会性和人际性的同时，也不排除自我的独处、内省、直观、主观体验、自我修养，"达则兼济天下，穷则独善其身"[①] 可谓这一文化特质的最佳注脚。中国传统社会尽管对人性的认识，对中华民族国人自我的价值追求，展现着贵己论、不争论、兼爱论、无我论、人我交相成论等处理人我关系的致思模式及价值取向，不过以儒家倡导的仁爱、克己、制欲等他人导向或内倾旨归思想体系仍主导着整个民族的人类自我意识。在这种自我意识框架中，与夜郎自大式的民族自大和华夏中心观念相对应的，是非我主义的自我萎缩式人格。个人自我的不发展、民族自我中心主义、心灵的过度自我压抑及强烈的依赖意识，反过来进一步强化了自给自足式的小农经济结构、专制政治和文化保守主义，助长了个人的依附心理。

就儒家自我思想而言，它牵涉到认识和处理自我与自身、自我与外在对象之间的关系问题，外在对象既包括自然之物又包括社会文化之物，同时还包括他人及自我。在传统儒家典籍中，"自我"主要借助"我"或"己"加以展现，前者如有孟子的"故礼义之悦我心，犹刍豢之悦我口"[②]，后者有如孔子的"己所不欲，勿施于人"[③]。柏格森自我主体论虽然并没有引起现代新儒家太大关注，但一则儒家本就有悠久的自我人伦思想传统，二则现代新儒家思想资源相互激发，使得其对现代新儒家的道德主体论还是产生了直接或间接的影响。

梁漱溟用"前此的我"和"现在的我"这一对概念来解释生命本体和

① 《孟子·尽心上》。
② 《孟子·告子上》。
③ 《论语·卫灵公》。

现象世界的关系及人生道德问题。他解释说，所谓“前此的我”或“已成的我”就是由物质世界得到的感觉，也可叫它“物质”；而“现在的我”就是“心”或“精神”，它既是本体也是本源的基本存在。[①] 他将人生解释为“自我奋斗”，也就是“现在的我”与“以前的我”的遭遇和解决。为此，他提出来三种“碍”：

> 凡是“现在的我”要求向前活动，都有“前此的我”为我当前的“碍”，譬如我前面有块石头，挡着我过不去，我须用力将它搬开……我要喝茶，这时我的肢体，同茶碗都算是碍；因为我的肢体，或茶碗都是所谓“器世间”——“前此的我”——是很笨重的东西，我如果要求如我的愿，使我肢体运动或将茶碗端到嘴边，必须努力去改变这种“前此的我”的局面，否则是绝不会满意的；这种努力去改变“前此的我”的局面而结果有所取得，就是所谓奋斗。……无论为本能的或为有意识的向前努力，都谓之奋斗。[②]

除物质之“碍”外，还有宇宙间一定的因果法则，同时“其他的有情”也是“碍”。用梁漱溟的话来说就是：“真正为碍的是在其他有情的‘他心’而不在其根身。譬如我要求他人之见爱，或提出一种意见要求旁人同我一致，这时为碍的即是‘他心’，这才是真正的其他有情并非我的‘已成的我’，而是彼之‘现在的我’。”[③] 在这里，梁漱溟实际上涉及了“我”与“他”之间的主体间性道德问题。

虽没有确切的证据表明贺麟有关道德主体的思想受到柏格森自我主体论的契入，但他在 1946 年写成的《王安石的哲学》一文中从建立自我维度指出王安石哲学的出发点是建立自我，“建立自我是他所作的立本、立

① 梁漱溟《东西文化及其哲学》，载《梁漱溟全集》第 1 卷，山东人民出版社，2005，第 2 版，第 377 页。

② 梁漱溟：《东西文化及其哲学》，载《梁漱溟全集》第 1 卷，山东人民出版社，2005，第 2 版，第 378 页。

③ 梁漱溟：《东西文化及其哲学》，载《梁漱溟全集》第 1 卷，山东人民出版社，2005，第 2 版，第 379 页。

大、务内的功夫”[①]。这说明柏格森自我主体论对贺麟具有潜在的影响。牟宗三在《智的直觉与中国哲学》一书中对“自我”进行了厘定。作为现代新儒家第二代学术重镇，唐君毅致力于文化重建和道德自我建立，他在《道德自我之建立》一书中，阐明了应以个人有限力量具有的无限超越性之道德理想，借此建立自身的道德自我和他人的道德自我。[②] 现代新儒家第三代代表性人物杜维明对自我问题也给予了关注，他撰写了《人性与自我修养》一文[③]，并参与撰写《文化与自我》一书中“儒家思想中的自我性态与他人”部分[④]，阐明了儒家的自我性态需要他人的参与、与他人共生，以及儒家的自我观念是一个精神发展的动态过程，凸显了儒家的自我修养和仁心仁性的自我实现等理念。

三　柏格森直觉主义与现代新儒家道德方法论

近现代许多西方哲学家、伦理学家（如摩尔）都奉行直觉主义，柏格森生命哲学中的直觉主义更为明显。他竭力论证理智和科学的局限性，扩大直觉认知的范围。直觉同生命、时间、绵延等一样都是贯穿于柏格森本体论、发展观、认识论等生命哲学各个领域的基本范畴，它们充分显示了柏格森的非理性主义特征。

在《创造进化论》中，柏格森认为生命同时分化出三个相并行的方向，即植物生命、本能生命和理智生命。理智并不比动物和人共有的本能高级，它们都不过是生命在同惰性物质交接的过程中产生的，都是精神把握实在的方式，只是在实践方面才显示它们的区别，亦即本能只知使用现成的工具，而理智却知道加工完善工具。

柏格森认为，“理智的特征就是天生不能把握生命”，理智的认识形式如感知、观念、概念、判断、推理等都是僵死的、固定的，它们在空间方面起分离作用，在时间方面起固定作用，因此理智本身及以理智为基础的

---

① 贺麟：《王安石的哲学》，载《文化与人生》，商务印书馆，1988，第288页。

② 参见唐君毅《道德自我之建立》，广西师范大学出版社，2005。

③ 杜维明：《人性与自我修养》，胡军、于民雄译，中国和平出版社，1988。

④ 参见安东尼·J. 马塞纳等《文化与自我》，九歌译，江苏文艺出版社，1989。

实证科学只能认识没有时间绵延的空间化的固体、死物，而不能把握活生生的绵延着的动态生命，充其量能认识它的某个侧面、某种表皮。理智及科学之所以不能透过物质的外壳把握内在的生命，还在于它所使用的语言和符号是僵死的、静止的、分离的。从不动的普遍的概念和语言等符号工具出发，无法反映不断产生新质的生命和人内在的心理状态，也不能认识各种生命形态的特殊本质或个体性。

对柏格森来说，唯有直觉和以它为本的哲学才有资格深达实在的生命本体。所谓直觉，就是指“那种已经成为无私的、自意识的、能够静思自己的对象并能将该对象无限制扩大的本能”①。它不带任何功利性和空间性，不用任何符号；它不是什么神秘之物，而是“一种理智的交融，这种交融使人们自己置身于对象之内，以便与其中独特的、从而是无法表达的东西相符”②。直觉之能洞悉纯变的生命，在于它与生命本身是直接同一的，它就是绵延中的思维。通过直觉当下的内心体验，主客双方融为一体。

怀特的一段话很能概括柏格森对理智和直觉的上述看法。他这样说：“理性最多也不过是能够在一座预先构造的科学房屋四周‘环行’，而直觉则有进入这座生命、感觉和经验大厦的高贵的特权。”③

毋庸置疑，柏格森为理智和科学划界是对 19 世纪以来“理性万能”观念和形而上学方法的沉重打击。他有关理智有限性的论述，摒弃了“柏拉图学派对于抽象的、永久的理念的尊崇，和笛卡儿学派对于理性思维的尊崇”④。同时，柏格森猜测到了理智认知形式具有静止性和僵死性，从而把芝诺就已碰到的静止概念如何把握变动物体的问题重新凸现出来。而且，柏格森并不一概抹杀理智和科学的作用。他认为，在认识物质、利用环境方面，理智是必要的官能，它虽不能获得关于实在的内在的和形而上的知识，但却可以用来使用实在。

不过，话又说回来。理智固然不是万能的，它也会常常出错，但是它绝不至于无能到连任何可变的生命存在都不能认识的地步。“象柏格森的

① 转引自罗素《西方哲学史》下卷，商务印书馆，1981，第 349 页。

② 柏格森：《形而上学导言》，商务印书馆，1963，第 3～4 页。

③ 怀特：《分析的时代》，商务印书馆，1981，第 62 页。

④ 怀特：《分析的时代》，商务印书馆，1981，第 61 页。

哲学这样一种反理智哲学的一个恶果是，这种哲学靠着理智的错误和混乱发展壮大。"① 柏格森利用他惯用的好走极端的思维方法，片面吹胀认识对象的流动性、绵延性，夸大理智形式的静止性、固定性，抹杀对象的相对静止性及理智形式的灵活性、可变性，从而掩盖了概念可通过彼此联结、流动和转化认识变动着的生命实在的功能。

就柏格森的直觉主义来说，它具有重要的方法论意义。大量事实证明，直觉思维（灵感、顿悟等）对于科学发现、技术发明、科学创造和文艺创作等有着不可或缺的作用。尽管直觉思维的具体机制目前尚不甚清楚，但其存在和效用却为许多人的经验所证实。

在中国哲学传统里，有许多同柏格森的直觉状态相贯通的观念，如天人合一、物我一如、豁然贯通等。正因如此，柏格森的直觉主义哲学一涌入中国，一些现代新儒家就推崇备至。

梁漱溟认为，柏格森生命哲学的兴起，意味着"直觉将代理智而兴"。尽管他批评柏格森的直觉主义方法可疑，尽管他创设了所谓感觉的直觉和理智的直觉，尽管他认为直觉是主观的、情感的，绝不是无私的②，但他却在一定程度上认同柏格森的反智主义，并引述柏格森的直觉主义观点指出，宇宙的本体不是固定的静体，是"生命"，是"绵延"，"要认识本体非感觉理智所能办，必方生活的直觉才行"，并强调"罗素的批评很多无当，只是意气"③。由此出发，他利用柏格森的直觉主义去建构道德方法论。

首先，梁漱溟用柏格森的"直觉"来表述随感而应、率性而行的本能道德情感。同柏格森把直觉看成自意识的、能够静思自己的对象并能将该对象无限制扩大的本能一样，梁漱溟说孔子的"'仁'就是本能、情感、直觉"④；王阳明的"致良知"即是柏格森所说的不计利害的本能直觉；

① 罗素：《西方哲学史》下卷，商务印书馆，1981，第 360 页。

② 参见梁漱溟《东西文化及其哲学》，载《梁漱溟全集》第 1 卷，山东人民出版社，2005，第 2 版，第 406 页。

③ 梁漱溟：《东西文化及其哲学》，载《梁漱溟全集》第 1 卷，山东人民出版社，2005，第 2 版，第 406 页。

④ 梁漱溟：《东西文化及其哲学》，载《梁漱溟全集》第 1 卷，山东人民出版社，2005，第 2 版，第 455 页。

“孟子所说的不虑而知的良知，不学而能的良能，在今日我们谓之直觉”①。“此敏锐的直觉，就是孔子所谓仁。”② “直觉”是一种不虑而知、不学而能的天然道德本能情感。梁漱溟在解释直觉本能时说：“好德，好色，是一个好，非二，所以孟子说：‘口之于味有同嗜焉……故礼义之悦我心，犹刍豢之悦我口。’”③ 这表明，道德同食、色一样是人须臾不可离的自然本能。他强调说：“人自然会走对的路，原不须你操心打量的。遇事他便当下随感而应，这随感而应，通是对的……他自然走他那最对、最妥帖最适当的路。……所以儒家说：‘天命之谓性，率性之为道。’”④

其次，梁漱溟把柏格森的“直觉”归结为认识道德本体的方法。他认为：“要认识本体……必方生活的直觉才行，直觉时即生活时，浑融为一个，没有主客观的，可以称绝对。”⑤ 这里“直觉”被规定为绝对的、主客合一的达到本体的方法和途径。他还说：“人类所有一切诸德，本无不出自此直觉，即无不出自孔子所谓‘仁’……这自然流行日用不知的法则就是‘天理’，完全听凭直觉，活动自如，他自能不失规矩，就谓之‘合天理’；于这个之外自己要打量计算，就通通谓之‘私心’、‘私欲’。”⑥

可见梁漱溟把人类的一切道德归结为儒家的仁爱道德本体，归结为道德直觉的产物。

再次，梁漱溟认为柏格森的“直觉”是比理智认知道德更有用的方法。他发挥了柏格森“理智的特征就是天生不能把握生命”的思想，与传统儒家道德心性论不同，他不强调情性对立，而是将情感与理智对立起

---

① 梁漱溟：《东西文化及其哲学》，载《梁漱溟全集》第1卷，山东人民出版社，2005，第2版，第452页。

② 梁漱溟：《东西文化及其哲学》，载《梁漱溟全集》第1卷，山东人民出版社，2005，第2版，第453。

③ 梁漱溟：《东西文化及其哲学》，载《梁漱溟全集》第1卷，山东人民出版社，2005，第2版，第452页。

④ 梁漱溟：《东西文化及其哲学》，载《梁漱溟全集》第1卷，山东人民出版社，2005，第2版，第452页。

⑤ 梁漱溟：《东西文化及其哲学》，载《梁漱溟全集》第1卷，山东人民出版社，2005，第2版，第406页。

⑥ 梁漱溟：《东西文化及其哲学》，载《梁漱溟全集》第1卷，山东人民出版社，2005，第2版，第454页。

来。他说："儒家尽用直觉，绝少来讲理智。"[①] 他进一步解释说：

> 孔子主张"亲亲而仁民，仁民而爱物"。在我的直觉上对于亲族是情厚些，就厚些；对于旁人略差些，就差些；对于生物就又差些，就又差些；对于木石更差了，就更差些。你若判定情厚，多爱为定理而以理智往下推寻，把他作成客观道理而秉持之，反倒成了形式，没有真情，谬戾可笑，何如完全听凭直觉！[②]

由此看来，梁漱溟认为道德直觉、情感是比理智更根本的东西，如果过分强调理性的功能和地位，反而会妨碍"自然合天理"的直觉的流行发用。

最后，梁漱溟引用佛教唯识宗现量、比量、非量来比附人类认识中的感觉、理智和直觉。所谓现量就是眼、耳、鼻、舌、身等感觉器官所能得到的色、声、味觉等感觉；所谓比量即理智，它由分析和综合两种方法构成；所谓非量是一种非知识，是一种无自性、无执有的直觉，它位于感觉与理智两个阶段之间。在人类初级阶段，人用客观的理智方法来征服大自然，取得基本生存条件，使人类得以生存与发展；在第二个阶段，人们使用建立在良知（直觉）之上的道德，建立起人与人和人与社会之间的基本行为准则，使社会成为一个道德的天堂；当人在前面两项要求得到了满足之后，只有用唯识宗的"现量"（感觉）认识方法，才可以认识到人生的真相，使人正确地面对死亡这一终极问题。[③]

必须指出，由于梁漱溟的道德直觉主义存在诸多含混、模糊之处，他在《乡村建设理论》、《中国文化要义》等后期著作中不再像《东西文化及其哲学》一书那样过于凸显"直觉"，而将直觉、理性和理智三者作了区分，用"理性"替代"直觉"，提出"以理性求组织"、"理性"是人类的

---

① 梁漱溟：《东西文化及其哲学》，载《梁漱溟全集》第 1 卷，山东人民出版社，2005，第 2 版，第 406 页。

② 梁漱溟：《东西文化及其哲学》，载《梁漱溟全集》第 1 卷，山东人民出版社，2005，第 2 版，第 450 页。

③ 参见梁漱溟《东西文化及其哲学》，载《梁漱溟全集》第 1 卷，山东人民出版社，2005，第 2 版，第 395 ~ 401 页。

特征、中国人长于“理性”而短于理智等思想。

20世纪三四十年代曾创立“新心学”体系的贺麟也很欣赏柏格森的直觉主义。他坦言，“漱溟先生最早即引起我注意直觉问题，于是我乃由漱溟先生的直觉说进而追溯到宋明儒的直觉说且更推广去研究西洋哲学对于直觉的说法”①。他说：“我们读柏格森的书，常会感到一些中国哲学的意味，譬如他的重哲学而轻科学，他的推崇直觉，讲求直觉，他的祛除符号，不要言诠，都会令我们想起先秦魏晋的老庄和宋明陆王之学。”② 贺麟认为陆象山的“向内反省体察”约略相当于柏格森所谓“同情理解自我”，而朱熹的“理会”实与柏格森所谓“理智同情”最为接近。

熊十力同样凸显与柏格森所言说的与生命本身直接同一、主客一体、重在内心体验的直觉的意义。他指出，量智即人们通常所说的理智，是科学所凭借发展的工具，性智则是人类具有的一种自我认识和自我超越的能力。理智是一种向外求理的工具，“量智只能行于物质的宇宙，而不可以实证本体”，不可以解决形而上学问题，因而作用是有限的。性智则不通过逻辑推演而反求自识和“体认”天地万物之本体。先圣之学的根本精神是体认，超理智、超逻辑的直觉是“返求诸己”的修养功夫。熊十力多次强调说：“新（唯识）论的根本精神，在由思辨趋入体认，即从智入而极于仁守。”③ 他强调体认本体必须采用整体性、能所合一的直觉方法。

不过，熊十力并不是毫无批判地照搬柏格森的直觉论思想，他反对割断直觉与经验、逻辑的关联，倡导“思辨后的直觉”，批评柏格森把直觉混同于本能。他说：“柏氏言直觉，不甚明了，时与本能混视，本能即是习气。”④ 熊十力区分了本能与直觉——直觉与“本心”和“性智”相类似，是人道德本性的表现；而本能则同与形体俱来的“习气”（原始冲动、欲望）相一致，是生命自然情欲的表现。由于不能摆脱传统的伦理本位主义思维模式的束缚，同其他现代新儒家一样，在引进和解释柏格森的直觉概念时，熊十力使本属于认识论的直觉伦理化、片面化，把它与“仁”、

---

① 贺麟：《宋儒的思想方法》，载张学智编《贺麟选集》，吉林人民出版社，2005，第60页。

② 贺麟：《现代西方哲学讲演集》，上海人民出版社，1984，第21页。

③ 熊十力：《十力语要》卷三，岳麓书社，2011。

④ 熊十力：《十力语要》卷三，岳麓书社，2011。

“良知”、“本心”等道德概念相提并论，大力提倡仁与善的直觉。

新儒家张君劢、冯友兰等也在一定程度上接受了柏格森生命哲学的直觉主义方法论。张君劢思想是柏格森生命哲学、倭铿学说和新康德主义与实用主义的杂糅，道德论为其组成部分之一。同柏格森的生命哲学一样，他在 1923 年的科玄论战中强调意志自由，认为科学只能认识现象界，对宇宙本体的认识要靠直觉，人生观的特点可以归结为主观的、直觉的、综合的、自由意志的和人格单一性的。即便是现代新儒家第二代人物如牟宗三等人，也都把柏格森倡导的直觉主义当成构建自己哲学包括道德哲学思想的重要方法——牟宗三提出了影响广泛的“智的直觉”范式。总起来说，重视直觉是现代新儒家道德哲学的共同特征。

析论谢幼伟的孝道论

曾春海*

前　言

谢幼伟先生早年以研究西方哲学为主，却特别关注中国儒家的孝道问题长达三十年左右。他认为"孝道"似乎是中国文化与社会的特殊思想，为其他文化和社会所缺少或较不受重视。他曾发表过一篇《孝与中国文化》的文章①，文中论述了中国文化乃是以孝为主、以孝为根本的文化。该文发表后，颇得一些人士的同情相感，特别是熊十力先生在其所著《读经示要》一书中，一再提及谢先生对"孝"的提倡和研究。虽然谢先生已去世近三十年，但是孝道与家庭的精神生活价值问题仍是我们当代社会应该关注的问题，笔者拟以先哲对这一问题的卓见扼要评述，期待引发各界人士的关注和共同研究。本文从简介谢幼伟的学思、他所发表过的《孝与中国社会》、《孝治与民主》两篇具主题性的鸿文、培养孝道的实践功夫等面向来呈现谢先生对孝道的论述及值得我们继续研究的若干相关性问题。

一　简介谢幼伟先生的学思

谢幼伟先生（字佐禹，1905～1976年）毕业于苏州东吴大学，赴美入

---

* 曾春海，中国文化大学教授。

① 该文发表于《思想与时代》月刊，第十三期。该月刊乃我国在抗战期间极具影响力之刊物，编辑部设于贵州遵义的国立浙江大学，符印则在贵阳。

哈佛大学，师事举世驰名的英国哲学家怀黑德（A. N. Whitehead，1861 - 1947），获硕士学位。回国后执教于浙江大学兼哲学系主任，当时张镜湖先生（台湾省中国文化大学创办人）任文学院院长，谢幼伟在抗日战争时期以深邃的哲学新知，常投稿于当时极具影响力的《思想与时代》月刊①。谢幼伟思想缜密、落笔敏捷、思路清晰、论证细致，早年以《现代哲学名著评述》一书见重士林。其他哲学专著，尚有《西洋哲学史》（上古）、《西洋哲学史稿》（中世及近世）、《中西哲学论文集》、《伯烈德来的哲学》、《中国哲学论文集》、《怀黑德哲学》、《伦理学大纲等》，其译著有《思想之方式》（*Modes of Thought*，怀黑德原著）、《忠之哲学》［*Philosophy of Loyalty* 美国哲学家鲁一士（Josiah Royce，1885 - 1916）原著］、《现代科学与现代人》（柯南特原著）等。其中以《中西哲学论文集》一书最足代表其一生哲学观点，本文文本以此书为据；《怀黑德哲学》是首本被绍述于中国学界的专书。

谢幼伟先生于 1949 年南赴印度尼西亚，出任雅加达八华中学校长，1953 年返台任“中央日报社”主笔，侨生大学先修班主任兼华侨中学校长，1963 年任中国文化大学首位哲学系系主任，此后应聘赴港，执教新亚书院且任研究所教务长，1969 年退休后再度返台继任中国文化大学哲学研究所所长，1976 年 10 月病逝于台北。他在台期间主授怀黑德哲学、罗素哲学、伦理学等课程，将哲学种子播种于中国文化大学、辅仁大学、台湾大学。他曾二度赴美国夏威夷出席世界哲学家会议，对中国伦理、孝道之阐扬特为尽力，在教育青年、宣扬文化方面贡献深远。他虽浸润于西方哲学数十年，却归宗于儒家的仁道与孝道。他确信中国文化是以孝为主，以孝为根本的文化。在其《中西哲学论文集》一书的序文中他自述其哲学的主张说：“以中国儒家思想为根据，视哲学为成人之学，而成人之道，主要在保存及发展人人天生的一点仁心仁性。”此则非提倡孝道不可。谢幼伟先生有意写《孝之哲学》一书，以表达这一哲学主张。今《孝之哲学》

① 《思想与时代》月刊于 1941 年 8 月创刊，张晓峰（镜湖）先生总其事，连续四十期未间断，后因日军压境，贵阳物价飞涨而一度中断，1947 年再度复刊，该刊物集当时的知识精英，导思想于正轨，期能振兴中华文化，复兴民族生机，善尽时代使命，谢幼伟在前四十期中，共发表论文 32 篇之多。

一书虽未成，而《孝之哲学》一书的雏形已具于这些论文中。[①] 今观其论文集，论孝的论文主要是谈论“孝与中国社会”和“孝治与民主”，相关涉之论文有《论人的价值》、《论道德自觉》、《论价值意识的培养》、《论感通与解蔽》、《论儒家变化气质的方法》等。

二　对英哲罗素误解儒家孝道之批评

罗素原是毕业于英国剑桥大学三一学院数学系的数学家，后来转为数理逻辑家，之后又转为著作等身的哲学家。他在1921年满50岁时访学中国一年，返国后出版《中国问题》（*The Problem of China*）一书，对中国人的生活智慧，特别是《老子》哲学中“生而不有，为而不恃，长而不宰”的玄德思想颇为赞赏，断言：“许多世纪以来，中国人的生活方式，如能为全世界的人所采取，将可使他们蒙受幸福。”（原著12页）他也正反俱立地点评了孔子，认为中国的知识分子以孔子的理论生活代替宗教的精神生活。因此，若从孔子的社会影响而言，实在可以如宗教的教宗般来看待。他认为孔子对人类制度及思想的影响力，其范围之广，乃与基督、释迦或穆罕默德无异，性质却迥然不同。孔子是历史人物（不是神），垂训了严格的伦理规则，永为后人所崇拜，却极少与宗教教条相关联。尽管他如此高度评价孔子，但是他对儒家所倡导的孝道，却有不正确之批评。他认为儒家所主张的孝道和一般的家庭力量，可能是孔子伦理中最弱之处，也是孔子伦理严重和常识脱节的仅有之点。对罗素而言，家庭情感是和公共精神相冲突的，老人的权威曾强化了古代风俗的专横。显然，罗素对儒家的孝道之理解仍是片面的、表层性的。

1950年罗素79岁时荣获诺贝尔文学奖。他获奖的评语是“一位人道主义与自由思想的勇猛斗士”。他享寿98岁，于1970年2月2日逝世。谢幼伟曾撰《罗素的思想与为人》一文追悼他，刊登于是年3月16日在台北出版的《文艺复兴》月刊（第一卷第三期）。文中追述了他和罗素的一面之缘，他亲自听过罗素在哈佛大学的公开性演讲，且持一本

① 谢幼伟：《中西哲学论文集》，香港九龙，新亚研究所印行，1969。

书请罗素签名，谢先生在这篇追悼文中说：“远在1923年，我在苏州东吴大学读书的时候，我即对哲学有兴趣，而首先读的一本英文哲学原著，就是罗素著的《哲学问题》（*The Problem of Philosophy*）这一本书。……这本书的优点，一在文字流利，二在思想清晰，三在分析精细，差不多罗素著的书，都有这些优点。所以尽管笔者不赞成罗素的思想，但对罗素所著的书，却很喜欢读，特别是这一本《哲学问题》。”谢先生批判罗素的思想“始终在变化、在冲突、在摇摆不定”，直至1959年他的《我的哲学发展》一书出版后，才算是晚年定论，他批判罗素在知识构成上只承认感性（sensibility）而不承认悟性（understanding）和理性（reason），同时，罗素的方法论过于注重分析法而不提综合法，这些是偏见。

谢先生更是批判罗素的伦理观，未能深层了解人性，昧于人之所以为人的道理。他在文中指出：“罗素是从物以论人的，他视人为一束的欲求，情感或情绪，而与禽兽没有多大的区别。”这种昧于人禽之辨的说法是罗素最大的错误。因此，罗素对儒家孝道的批评也立基于这一错误的观点所衍生。虽然，罗素曾论及良善生活乃是为爱所感动以及为知识所指导的生活，可是对“爱”应如何培养与发展的实践功夫，未置一言，谢先生认为西方伦理学者的通病就在于不讲究存养省察的功夫。谢先生认为罗素哲学立基于个人的偏见，他自己就始终局限于偏见，且言行不相顾而不一致，他在《中国问题》一书中，就批儒家的孝道，却又赞美中国人的道德生活，肯认中国文明的显著优点乃在人生目的之正当概念，就如同罗素排斥人伦道德，但是罗素在个人生活及文化观点上乃是重视道德的。谢先生评罗素说：“但他一生究无大过，而其晚年，九十高龄，尤为反战而游行而入狱的精神，更是可佩的道德精神。”尽管罗素的言行具有前后不一致的缺点。我们透过谢幼伟驳斥罗素对儒家孝道的误解，可探索出谢先生论孝道的两条进路，一是历史文化和社会的进路，为罗素所谓孝道会导致家庭情感与公共精神的冲突做澄清；二是以儒家的人禽之辨及自觉性的德道实践功夫来肃清罗素的昧于人禽之辨所导致对中国孝道的误判，谢先生的主要论证集中在其所著《孝与中国社会》、《孝治与民主》以及几篇论人的价值、论儒家变化气质的方法等文章上。

三　论孝与中国社会

谢先生在这篇论文中主要以“孝”的伦理来解释中国社会的特质，且进一步解释孝道与中国人的实际生活关系及其所衍生的影响。首先他肯定中国哲学，包括哲学和伦理是注重成圣成贤的身体力行之实践性，究其本质和目的而言，志在成就人之所以为人的理论性或道德性的生命价值。他举证《大学》首章：“大学之道，在明明德，在亲民，在止于至善”为经典依据，指认这几句话实在就是中国哲人传统的中心思想。[①] 若就中国哲学的基源问题在探讨宇宙人生的终极性意义和人生终极性价值的安顿而言，确是如此，然而就先生所举《大学》文本及孝道的价值意识而言，当指儒家的精神传统较为适切，事实上，谢先生对中国哲学的主要关注在儒家未推展至其他学派的哲学。

谢先生以《大学》标举的三纲来界说中国哲学（更精确言之乃是儒家哲学）的目的在于修己，安人而成就完美的人格。他很赞同名儒许敬庵所言：“学不贵谈说，而贵躬行，不尚知解，而尚体验。”[②] 认为这几句话最足以表现中国传统伦理学反躬实践的精神，他说：“中国哲人不重思想系统的创造，不重文字语言的解说，而重身心之躬行与体验。没有躬行与体验的实践生活，则所有言说都是靠不住的，都是空言废语，无益身心。”[③] 儒家以人之先验道德本性“仁”为人禽之辨的形上根据，是人之所以为人的实存性之本真，由人性内在之“仁”德首先萌发出来的道德行为是子女对父母亲所自发性呈现的孝爱，他说：中国儒者言人必言孝，这绝不是偶然的，这殆有重大的理由。这理由有二：一是仁必须有仁的根据，二是仁必须谋仁的实践。仁的根据何在呢？我们何处见人类之有仁呢？孟子曰：

---

① 参见谢幼伟《中西哲学论文集》首篇论文《孝与中国社会》第 1 页。这篇论文是谢先生于 1959 年在夏威夷举行东西哲人会议上，用英文发表的万余字论文，曾引发东西学者们的热烈讨论。

② 重编《明儒学案》卷三十二，台北正中书局版，第 354 页。

③ 《中西哲学论文集》，第 4 页，他在《孝与中国社会》一文中也引钱穆《中国思想通俗讲话》所言“一切思索言辨，本从人生实际来，而人生实际，则并不从思索言辨来”（香港民四四版，第 53 页）来佐证谢先生同样的观点。

"恻隐之心，人皆有之。"又曰："恻隐之心，仁之端也。"人皆有恻隐之心，就是人皆有仁的证据。但人类的恻隐之心，又从何而来呢？或从何处首先见人类之有恻隐之心呢？孟子的回答是，恻隐之心，随人类的天性而来，是人类的良知良能，而其最初的发现，即发现在人类的爱亲敬长上。所以他说："人之所不学而能者，其良能也，所不虑而知者，其良知也。孩提之童，无不知爱其亲也，及其长也，无不知敬其兄也。"……敬爱其父母是人类天生之处，即人有孝心。这种孝心的存在，便是仁的根源，便是仁的萌芽或开端。[①]

对谢先生而言，人类敬爱父母的心，由纯真无邪的儿童不自觉地呈现出来，足以证明孝爱是天生的而非后天外力性学习而成的，这是就人性道德心灵在实存的生活世界中，当下就是开显，这是开显本体的真、存有的真，得透过道德主体实存性的体验，非知识理性抽象的思辨之知，概念分析性的解说。然而，孝爱的体验之知是否对每一个人而言皆有必然性及普遍性呢？我们实在很难就实证性的个别性案例来证成普遍性命题，笔者认为这是就正常的亲子互动关系而言，可呈现为普遍性实情，当然不排除有个别性的特例除外，同时在父不父的非人伦之常的状态中，子不子亦有较高的可能性。虽然，我们也可举在父不父前提下，仍有人子尽善孝道的舜为例子。《孟子·尽心上》曰："仁义礼智根于心"，《中庸》二十二章云："仁者，人也，亲亲为大。""孝"之观念的显豁处可追溯至《诗经》的大、小雅及周颂，共计十六个"孝"字。《论语·学而》载有子之言："孝弟也者，其为仁之本与？"子女对父母亲所自发性地开显出来的，是人性最原始的"爱"之现象。《孟子·离娄上》针对这一天生流露的"爱"亲事实，做一事实陈述说："仁之实，事亲是也。义之实，从足是也。"儒家针对这一普遍性的孝爱事实，证成了道德形上信念，奠立孝爱父母是本于人之道德天性的道德形上命题。谢幼伟虽认为人类道德的良知良能最初系发露在儿童的爱亲敬长上，孝心虽有仁心仁性为其根荄，但是若不加启发、培养，则仁心仁性亦有萎缩甚至消失的可能。因此，谢先生认为"仁"既然是人道德生命的根本，则对"仁"能存在的存养以及发展成完

① 《中西哲学论文集》，第5页。

美的德行人格，亦即对“仁”这一道德心源的体证以及对仁心最初所萌发的孝道予以自觉性的培养有其必要性。儒家论证言仁必孝的主要理由，扼要言之，“孝”是仁德或人伦道德实践的起始点，因此，谢先生以此为理据来理解《孝经》首章所云：“夫孝，德之本也，教之所由生也。夫孝始于事亲，中于事君，终于立身。”以及《孟子·尽心上》所言：“亲亲而仁民，仁民而爱物”，《孟子·梁惠王上》曰：“老吾老以及人之老，幼吾幼以及人之幼。”他对孝道有一个创建性的论断：“一切品德有孝出，一切品德亦包括于孝德的完成中。中国经典上，无仁经而独有孝经，孝在中国伦理上的重要性可见。盖中国伦理实视孝为道德的根源，道德的起点，亦是道德的完成。”①

谢先生在《孝与中国社会》中论及孝道与家庭生活、社会生活、政治生活以及孝代替宗教的孝的宗教生活。由于篇幅有限，无法尽述，兹仅就其所谓中国社会的伦理立基于孝道予以扼要论述。他认为中国人的伦理社会系以家庭为基础而层层推广出各种社群生活。首先由家庭推广出去的是婚姻关系所连接的亲戚生活圈，其次由纵向横摄关系推广出宗教生活圈，再次就是由自己及父母祖宗生命生长地所连属的同乡情谊，再推广出去就是师友了。他指出中国伦理特别注重尊师，每一家庭供奉神位的排序为“天、地、君、亲、师”，教师的地位仅次于双亲。他追究其中的原因在于中国人具有不忘本的孝心。他说：

> 盖我的肉体生命，虽是由父母而得，我的精神生命或文化生命，则多半由师而得。我知自生命来源上孝父母，自然应知从精神或文化的来源上尊敬老师。至朋友的关系，一样是由精神或文化的关系而产生。……如友道为师道的扩大，则中国人的师友关系，一样是尊源于孝道。亲戚、同宗、同乡及师友，这些关系构成中国人的主要社会关系。他们的社会生活，亦多半是这些关系中的生活。我们看今日海外华侨的集会结社，差不多不是以同姓同宗为基础，就是以同乡同邑为基础，便知孝的精神，仍洋溢于今日华侨的社会。中国人对于亲戚师

① 《中西哲学论文集》，第8页。

友，同乡同宗，常表现极浓的情谊，解衣推食，毫无吝啬。[①]

谢先生所描述的当属传统的农业社会所重视之伦理亲情，盖周代社会顺夏、商、周三代以氏族形态之社群所塑成的宗法社会。宗法社会系有血有缘的宗法社会，由亲疏远近的血缘关系构成等差有序的伦理亲情之社会，讲究的是由亲及疏、由近及远的仁爱，仁爱源于人伦亲情的天伦挚性，孝亲之爱是人情真意切的道德本性之流露，如同梁漱溟在其《东西文化及其哲学》所分判的中国社会有别于西方工业化以来以个人为本位以法律权益为诉求之社会。中国社会以家庭伦理为本位，伦理情谊的感通为诉求。换言之，中国传统社会是伦理本位，职业分途，是道德理性早熟的伦理社会。孝道及敬爱亲长的家庭伦理是宗教社会的伦理基础，孝道不是单一的美德，而是由横纵互联的亲属关系网络，透过孝道亲子之间、兄弟姊妹之间有相互依赖的归属感和共同的根源意识，凝聚成共同的生命意识之价值感，孝爱是家庭精神生活的意义源泉，使整个家庭生活获得充实、丰富和深刻的人文意义。

家庭是组成社会的最大基本社群，社会是统摄所有家庭的大社群。孝爱洋溢着对生命的感恩与珍惜，对家庭生活之温暖与幸福满怀着无限的愿景。谢先生论述孝与中国社会之密切关系说：“孝肯定人生，肯定生命的价值，同时也肯定了社会，肯定了社会的价值。”[②] 孝道不但肯定社会的存在，同时也是团结社会的根本力量，因为社会既然是国家的扩大，则可由人人爱家庭的新扩展迁移于对社会的爱，谢先生指出孟子所谓“老吾老以及人之老，幼吾幼以及人之幼”乃是社会成立的条件，社会之爱是团结社会和人类的根基和动力，孝爱是人性中所流露出来最真挚纯洁的爱，这是可资培养社会大爱的根苗。

四　孝治与民主

继《孝与中国社会》之后，过几年谢先生又在香港《人生》杂志发表

---

① 《中西哲学论文集》，第 16 ~ 17 页。

② 《中西哲学论文集》，第 21 页。

《孝治与民主》一文，阐明其所提倡的孝道和当代普世所肯定的民主政治并无冲突。他之所以要研究这一问题源于两个因素，其一是熊十力在《原儒》一书中反对孝与政治的结合，理据是“但以父道配君道，无端加上政治意识，定为名教。由此有王者以孝治天下，与移孝作忠等教条，使孝道成为大盗盗国之工具，则为害不浅矣”①。若我们回顾历史，魏晋时代豪门士族以道德礼法的名教之治为标榜，将孝置于显要德目，且以不孝罗织罪名陷害政治敌对者，确有其事。此外，民初五四时代的陈独秀在《新青年》月刊上曾发表宣言说：“要拥护那德先生（民治），便不得不反对礼教、贞节、旧儒理、旧伦治；要拥护赛先生，便不得不反对国粹和旧文学。”谢先生的质疑是为何可言孝道而不可言孝治呢？先生也质疑，是否谈民主和科学的人都是无礼、无义、无廉、无耻的人呢？针对这一个孝治天下的问题，他肃清“孝道”应该具备亲亲、敬长、返本、感恩四项含义，“亲亲”旨在培养爱根以保存和发展人性中所蕴涵的天伦挚爱，他引用名儒罗近溪所言：“如言孝，必老吾老以及人之老，天下皆孝，而其孝始成，有一人不孝，即不得谓之孝也。”为孝治之极义，始说立意颇佳，但是实践的过程和孝治的机制为何？笔者认为有仁智互见的不同意见，就终极目的而言，始难达成人人皆孝的高度理想，只能说“苟志于仁，无恶也”②。原则与方向有意义，至于能做到何种程度也只能以义立命，无法强求。虽然如此，孝治仍有立乎其上、取于其中的意义，“敬长”有知识上的意义以及精神上或道德上的意义。前者意指尊敬长者的学识经验，后者所谓精神上的意义，意指长者纵使在学识经验上比我丰富，但是我若认同他的价值理想，则我应采取精神性的尊敬态度。谢先生自认这一论点乃资取于唐君毅的观点③。“返本”指返乎生命之本，意指人子对父母的敬爱之情源发于人子爱一己的生命，进而爱国家民族，甚至爱上帝、爱全人类等人文教育即可得而施行。若不实施这种反本报恩的教孝教育，则爱社会、爱民族、爱国家、爱上帝、爱全人类的教育很难成功。“感恩”指感念父母生、养、教的恩情之重，教孝旨在知恩、感恩及报恩，由感念父母之恩

---

① 熊十力：《原儒》，第28页。

② 《论语·里仁》。

③ 见唐君毅《文化意识与道德理性》上册，第二章。

进而感念社会与国家之恩，甚至感念上帝之恩。谢先生指出民主政治若只知究明义务和权利而不谈感恩的意义和价值，则民主化的社会将沦为刻薄寡恩德的无情社会。他所谓的“以孝治天下”旨在以德治国，由其重视以孝德普及化的改教治理方针。①

他的孝治天下并不局限在政府的一项教育理念和政策之中，认为民主政治虽然有其优点，却也有不少流弊存在，举出四种由孝治可整治的流弊：（1）民主国家中存在着层出不穷的人与人和国与国之间的争端，若能彰显亲亲之义，推展人类本有的仁心仁性，则可减少一些斗争；（2）青少年犯罪率高的社会若政府提倡敬长之义的教育，使青少年们能受教于长者老者，则至低限度人们能知敬长，则青少年犯罪率或可下降；（3）今日民主国家崇尚自由开放的政策，人们常滥用自由而杀人风气盛行、自杀率也逐渐上升，若提倡孝道以自觉性的珍爱生命及返本报恩的孝道，将可稍戢轻视生命价值的不良风气；（4）民主国家偏重权利主体，人与人的关系首重利害关系，轻忽人与人之间的道义情义，如此，则人沦为利益主体，社会沦为无人情味的个人主义社会。谢先生认为孝治是倡导人与人之间的感恩教育，教导人们能知感父母之恩、他人之恩、社会之恩和国家之恩。若社会充满人与人之间的感恩之情，则不但可降低人与人间的敌意，也可增进人与人之间的人情味。② 谢先生这些真知高见对今日个人主义挂帅的民主化社会而言，针对人际间的冷漠疏离和异化确有深刻的启发性意义，问题在于我们应该如何去做这一实践性的公共议题。

五　论孝道的实践

谢先生在论孝道的实践这一问题上发表过一些相关涉性的论文，诸如《论人的价值》、《论道德的自觉》、《论价值意识的培养》、《论感通与解蔽》、《论儒家变化气质的方法》等，笔者认为所列举之最后两篇论文颇为切要，他在《论感通与解蔽》一文中指出“弊”是人类的通病，不论人在思想上或行为上的错误，乃至历史上人类的一切祸患，主要原因就在于

① 《中西哲学论文集》，第 30～34 页。

② 《中西哲学论文集》，第 36～37 页。

“弊”之病。人类由于弊于名、色、权、利而深陷罪恶而不自觉。解弊端在于人德行自觉与理性自觉，获得感而遂通之“通”字上，人心若无不通即无障碍障蔽，自然能融会贯通人情事理而无所不畅通，他认为人的解弊之道在求“通”，其要诀在儒家所倡言的智、仁、勇三远德。儒家所言的“感而遂通”（《易传》），主要以仁为主体，人若能自觉地培养仁的道德意识，至于精纯的状态，则不会麻木不仁。然曰仁心仁性，却常因识理不明，而不能无所蔽。他指出好人有时也会为恶（做错事）就是“智”德不足。因此，任何美德，包括孝道，必须仁、智双摄互补，同时还须有“勇”德。盖一切品德的实现，除兼备仁、智之外，仍非有勇德不可，“见义不为无勇也”就在于缺乏道德的勇气，乃致道德意志力不能贯彻到真切之实践。他总结出儒家的全部学问，以及存养省察的功夫就在于以仁为体，以智为用，以勇行之，如此居仁由义才能“感而遂通”而无所蔽。[①]

此外，他在所发表的《谈儒家变化气质的方法》一文[②]中极力提倡孝道，志在自觉、保存、培养和发展人类天赋的一点仁心仁性。他认为仁心仁性之不能彰显常蔽于人的气质之性或非理性的兽性。因此，儒家在超化兽性方面提出变化气质的方法，旨在减少人类的恶性，增进人类的善行，尤其是孝道。他归纳出儒家在变化气质上有自省、慎独、研几、主敬等四种核心方法。“自省”旨在每天都要自动自发地“自我批评”检验自己所做过的行为是否有过失。“慎独”本于《大学》所言：“所谓诚其意者，毋自欺也，如恶恶臭，如好好色，此之谓自谦。故君子必慎其独。”他认为这是儒家预防恶行的德行修善法，他更进一步地采四要点来说明，所谓：“（一）这是关乎己所独知的，非若行为之可已公开的；（二）这是关乎行为前的内心活动，一切可以因其行为的动机；（三）这也是每日必须实行的工作，而不能间断的；（四）这是以‘毋自欺’为主要的功夫的。”[③] 至于“研几”功夫他也是从四点来说明，大致上是对“慎独”功夫的延伸性解释，重点它是人之意念初起时的自觉性省察功夫，也是净化动机的功夫。“自省”、“慎独”、“研几”是一层深于一层的方法。“主敬”是对道

---

① 参见谢幼伟《论感通与解蔽》一文，出处见前揭书第 79 ~ 82 页。

② 参见谢幼伟《论感通与解蔽》一文，出处见前揭书第 83 ~ 89 页。

③ 参见谢幼伟《论感通与解蔽》一文，出处见前揭书第 85 页。

德主体的仁心仁性能自觉自重的一种庄严肃穆的精神状态，谢先生也以四点来说明：“（一）在用敬以引起我们对内心之善的注意；（二）在用敬以加强我们内心之善的力量；（三）在用敬以加强我们对恶念的厌恶；（四）谋在敬的状态中把恶念加以超化。”① 谢先生所提的孝道实践方法，其要旨在于他所推崇的明儒许敬庵强调的“贵躬行”、“尚体验”而不再深奥隐晦的理论之构作。

六　余论

谢先生最后一篇论孝道的文章刊于台湾省中国文化大学中华学术院印行的《哲学论集》中，题目是《孝之性质及其需要》。文中较引人注意的论点有二：其一为“讲孝乃关人类的命运与前途的事件”；其二为“讲兼爱或博爱，必先讲孝，则其爱为有根之爱；不讲孝而光讲兼爱或博爱，则其爱为无根之爱。无根之爱，会有什么好结果呢?”谢先生长于英美哲学的概念分析、命题论证及理论的系统化，文字清晰易懂，哲理深微富启发之性灵生命的作用。相信一般人读其著作能有“深人不觉其浅，浅人不觉其深”的普遍受益处。

① 参见谢幼伟《论感通与解蔽》一文，出处见前揭书第86页。

由“天人关系”看先秦儒家的生态思想

赵诺亚*

本文从“天人关系”的主线出发，挖掘先秦儒家的生态思想，理清了先秦儒家生态思想是以孔子创立的“自然天道观”为基础，孟子得以完善；以《易传》和《中庸》为文本的学者进行了“自然天道观”的哲学化；以荀子“天人相分”的天道观为终结的生态思想的路径。同时指出，至孔子建立“自然天道观”之后，先秦后期儒家学者的思想之间相互交融，影响颇深，文中所说的路径特指思想，不具有时间的确切规范①。

一　自然天道观的初步建立

儒家学派创始人孔子，继承了“和实生物”的思想成果，抛弃了神学天道观，在中国历史上第一次明确提出自然天道观：“天何言哉？四时行焉，百物生焉，天何言哉?”（《论语·阳货》）他认为天只是自然的外界环境，按照自己的运行规律在不断地周而复始，并不是有意志的人格神。在孔子这里的“天”，只是人类赖以生存的物质世界自然界。“四时行”、“百物生”不是按上帝的意志，而是自然界按规律运动。这就在一定程度

---

* 赵诺亚，中央民族大学哲学与宗教学学院硕士研究生。

① 由于《易传》成书的时间争论问题，并没有在学界形成统一的共识。笔者认为《易传》成书可以说是孔子及孔子弟子和后期儒家学者共同成就的一本儒家经典，时间跨度之大，所以文中特别说明就前秦儒家的生态思想而言，路径是指思想的大概脉络，并不具备时间前后的严格分界。

上否定了神学天道观，阐明了自然天道观的思想。同时他指出了自然界（“天”）的功能是有规律运动和生长万物。对于“桓公九合诸侯”，孔子断言是“管仲之力”，不认为是“天命”所然；孔子一直强调圣人不是天生的，任何人通过努力学习实践都可以学好，这是明确否定传统的神学的天命决定一切的旧观念。自然天道观是孔子对于先前天人关系的一大转变，成为先秦后期儒家思想家的传承炳坤。

孔子不信鬼神、灵魂的存在。“子曰：非其鬼而祭之，馅也。”（《论语·为政》）（在孔子的文本中，鬼神一般指已故的祖先）在他看来不是自己的祖先而去祭祀，则是谄媚、阿谀奉承之举。孔子一贯认为，祭祀和尽孝，都主要是表达出自内心深处的真情，不在乎祭品的多少、排场的大小。鲁迅的断语“孔丘先生确是伟大，生在巫鬼势力如此旺盛时代，偏不肯随俗论鬼神”① 说得有道理。相反，确切证明孔子信鬼神和信奉有意志的人格神“天”的材料找不到一条。孔子是我国第一个把“天”视为自然界的了不起的思想家。但是，在孔子这里“天人关系”多少还带有神秘的色彩，其对于天的模棱两可的态度决定了孔子的生态思想中的局限性，自然天道观在孟子那里得到了彻底的确立。

“亚圣”孟子认为，“今之事君者，皆曰：我能为君辟土地、充府库，今之所谓良臣，古之所谓民贼也。君不乡道、不志于仁，而求富之，是富莱也。我能为君约与国，战必克；今之所谓良臣，古之所谓民贼也。君不乡道，不志于仁，而求之强战，是辅莱也”②。对那些盲目主张乱砍伐、开荒种地、为君主获取财富、奋力作战的人应当严厉斥责，这一行为等于帮助夏莱富有强盛，但是是对老百姓资源的掠夺和对自然的破坏之举。孟子特别关心与人民生活密切相关的水资源等物。山、石、土、木是生态环境组成的每个有机部分，是与人民生活息息相关的物质条件，所以从孟子与君主的谈话间，我们都可以看见孟子在雄辩中对于自然环境的拳拳之情。

可以说《孟子》一书所记他的言论，都主要是为解决社会问题而发的，但涉及生态问题的地方仍然不少。“不违农时，谷物不可胜用也；数署（密网）不人垮池，鱼鳖不可胜食也，斧斤以时入山林，材木不可胜用

① 鲁迅：《再论雷峰塔的倒掉》。

② 孟子：《孟子·离娄上》。

也。谷与鱼鳖不可胜食，材木不可胜用，是使民养生送死无憾也。养生送死无憾，王道之始也。”“孟子曰：牛山之木尝美矣，以其郊于大国也，斧斤伐之，可以为美乎？……牛羊又从而牧之，是以若彼濯濯（光秃的样子）也。……此岂山之性也哉。”① 在这里表现出孟子对自然界生态问题的基本看法，即他对人与自然关系的基本态度：对自然界万物要“养”，要有自觉爱惜之心，不能无限度地乱开发，要保护它们不受破坏。更为有趣的是，孟子把山上的森林、植被称为“山之性”，他认为破坏了这些，就是破坏了“山之性”。山与生命紧密联系，被视为有生命的，主张养护万物“故苟得其养，无物不长；苟失其养，无物不消”。在孟子这里把是否爱护万物，提高到是否具有人性的参考条件之一，孟子一直坚持认为天是不以人们的意志为转移的大自然，绝对不是有意志的、主宰一切的人格神。天象变化有其原因，也有其结果，都与人事无关。孟子认识到了因果关系这一人类认识自然、认识世界的基本形式。

孟子坚持敬畏自然，必须严格遵循自然规律不可违的科学态度。他认为必须顺应事物的本来性质及其规律行事。所以，他强调指出：“顺天者存，逆天者亡。”孟子还对天命作出了解释：“莫之为而为者，天也；莫之致而至者，命也。”孟子直接以人的心性作为沟通“天”与“人”的桥梁。他认为，“天”是最高存在，“人”是道德主体。人性受自天而根于心，人性中包含着天性。仁、义、礼、智四德，既是人性又是天性。人性与天性完全是相通的。人只要善于扩充自已心中的“善端”，就可以认识人所固有的仁义礼智本性，同时也就认识了天的本性。孟子提出了一套“知心知性知天”。“存心养性事天”的思维模式，对后世影响很大。可以明显地看出，在孟子这里“天人关系”已经不再有神秘色彩，而是自然天道观的完整呈现。这是孟子在孔子天道观基础上的发展，有着很强的理论意义。

二　自然天道观的哲学化

由孔孟之“天人关系”中可以看出，其生态思想只是在论述中简要提

① 孟子：《孟子·离娄上》。

出，并没有形成完整的理论体系，更没有哲学化的概论。这一历史任务由后期的儒家学者在《易传》和《中庸》中得以完成，成为先秦儒家伦理思想的哲学表达。

《易传》明确指出："形而上者谓之道，形而下者谓之器。"形而下指可感知的事物具体的现象范围的东西，形而上指从事物中抽象得出无形的法则。这是先秦时期关于法则与现象的最重要也是最深刻的抽象概括，反映了理论思维的高度。

《易传》提出了"旧新之谓盛德，生生之谓易"、"天地之大德曰生"的哲学思想。在《易传》中把宇宙自然界视为充满无限生机的、不断生长、繁衍的一个有机整体，即使是无生物，也因其与生命的密切联系，与生命不可分离，是生命不可或缺的条件和根基，看作与生物一样而受到关爱和保护。天地（指自然界，有时也以"天"代表天地）生万物（包括人类）。所以说"乾，天也，故称乎父；坤，地也，故称乎母"，把天地视为父母，其顺从、尊敬、爱戴与报恩之真情就不必多说。人要认识、理解自然界，更要感恩自然界、尊敬自然界。天地所生之物，是一样的（平等的），都有自己存在的权利和价值。物与物之间虽然有竞争，有选择，甚至有相残的情况，但不妨碍万物"并育而不相害，道并行而不相悖"。人作为自然界的一员，既是自然界的产物，人的德性和目的性源于自然界，又是自然界的"功臣"，有职责，有义务辅助、促使自然界万物和谐发展，即万物靠人的善心、诚性，得以生长化育，人类才能昌盛繁荣。

《系辞下》又指出："《易》之为书也，广大悉备。有天道焉，有人道焉，有地道焉。兼三材［（集解）本作三才］而两之，故六。六者非它也，三材之道也。"是说，《易》作为书，内容广大，一切都具备。有天道，有人道，有地道。兼有天、地、人三才而各重为两丈，故成为六交。六，不是别的，是天、地、人三才之道。把天、地、人统一称为三才，这是一个宇宙观的重要命题。天地有阴阳，人有阴阳，万物有阴阳是一致的，是统一的基础。天、地、人的变化，被合在一个卦体之中，正表现出三才阴阳变化的协调一致，三才一统，也就是人与自然紧密配合，并指出了人与天地自然的内在关系。从宏观人与自然统一为一体，到微观，天地的阴阳变化与人息息相关。人处于重要的地位，有作协调天地自然界的重要作用，人的行为可能促进其协调，也可能破坏其协调，但圣人、大德大才之人，会以善心善待自然万物，就能促使人与自然协调发展。“危者安其位者也，亡者保其存者，乱者有其治者也。是故君子安而不忘危，存而不忘亡，治而不忘乱”，必须保持警惕，安危、存亡、治乱应该包括社会方面和天人关系方面两个层面，因为儒家主张把社会伦理推广到对待自然界万物，成为生态伦理。只有人保持警惕，以正确态度对待他人和他物，才能做到社会和谐发展，以及人与自然和谐发展。《系辞下》说：“夫乾，天下之至健也，德（性质）行（指具体表现）恒易以知险；夫坤，天下之至顺也，德行恒简以知阻……”是说，乾是天下之至健，性质表现为永恒平易，所以知道危险（就能克服其危险，就能至健）；坤，是天下之至顺，性质表现为永恒简易，所以知道阻碍（就能克服其阻碍，就能至顺）——这些是精湛的辩证法思想。《易传》崇尚刚健有为，认为天的本性是健（刚强不屈的意思），人应该效法天的健，自强不息，奋斗不止；另一方面又必须知柔知刚，刚柔相济，宽猛相济，无过无不及，不左不右，进退适度。

《文言》曰：“先天而天弗（不）违，后天而奉天时。”旨在指出在天象变化之前不违反自然规律而引导、开发之；在天象变化之后，又尊奉、适应自然规律而不相背。还有“裁成辅相”论“财（裁）成天地之道，辅相天地之宜，以左右民”的命题提出天地变化的规律不可抗拒，但可以裁制、成就之，即可以认识、掌握并运用天地变化的规律，从而能辅助客观规律的变化而不违背它，从而左右民生，利于民众。

《易传》实现了天道自然观的哲学化，但是我们同时也应指出由于受到历史时代的局限，文本中反映的思想往往把“天人关系”中的人主体局限在君主、圣人等社会的主导者身上，并没有使每一个人成为与天并起的主体性。

《中庸》提出了“诚”的概念：“诚者，天之道也；诚之者，人之道也。”“诚”作为天之本体，人就是要认识这一本体的主体。《中庸》对儒家生态思想，特别是对其中的人的主体思想问题作出了进一步提升。“唯天下至诚，为能尽其性；能尽其性，则能尽人之性；能尽人之性，则能尽物之性；能尽物之性，则可以赞天地之化育；可赞天地之化育，则可以与天地参矣。”只有天下至诚的人，才能尽量发展自己的本性，也就能尽量发展一切人类的本性，就能尽量发展万物的本性，就可以赞助天地生成化育万物，就可以和天地并立为三了。可见《中庸》的作者跟孟子一样在心性方面做了更多的探索，在这方面对人的地位、价值和作用，对人类的主体性、目的性，以及人的职责、义务和神圣使命做了极高度的肯定和评价。只有天下至城（即仁）的人，才能尽量发展人性、物性，从而能跟天地一起化育万物、达到与天地并立而三的崇高地位。

《中庸》最后把“中和”即无过无不及的思想扩展到自然界。自然界化育万物是和谐有序的，因而才有人类的出现，人类不同于其他生命，人类有认识能力，有理性，能不能按照自然规律办事，能不能做到无过无不及，直接影响到自然界的化育，也直接关系着人类自身的生存和发展。“中者也，天下之大本也；和也者，天下之达道也。致中和，天地位焉，万物育焉。”即是说，实行“中和”理念，是达到平等而有序、对立而统一的理想境界的最佳方法。天地万物，各正其位，是一个和谐有序的自然界；万物生长化育、和谐共存，生生不息——这就是人与人、人与自然和谐发展的局面。

《中庸》继承了孔子的“天是自然界、天命就是自然界”的生态思想，沿着自然天道观的路线挖掘了自然之性“诚”的概念，并吸收了孟子心性论的思想使“人”成为认识天道“诚”的主体，从而达到“中和”的“天人关系”，儒家“诚”本体升格的一大进展，对后世的儒家思想提供了理论基础。

三　“天人相分”的天道观

荀子针对旧有的“天命”决定人事的神学观点，提出了“明于天人之分”的重要命题。他认为“天”是自然界，列星相随旋转，日月交替照耀，四季更替，风雨博施……都属于天，其运行是有序的，按常规进行的：“天行有常，不为尧存，不为桀亡。”自然规律是不以人的意志为转移的客观存在，因而与人间的好人、坏人无关。荀子在《天论》中指出：适应自然规律就吉利，违背自然规律就要遭凶险。加紧生产，节省费用，天不能使人贫穷；供养不足又活动适当，天不能使人患病……反之，供养不足而又少活动，天不能使人健康；违反自然规律而胡作非为，天不能使人吉利；等等。这里肯定了人为的巨大作用。总而言之，天是自然，天不能干涉人事，人也不能影响天的作为。这就是荀子的“天人相分”思想。

“天人相分”的命题是对天命决定论的一种有力的批判，也对孟子的天道与人性同一的论调提出了异议。荀子指出“天有其时，地有其财，人有其治，夫是之谓参”，就是要利用天时、地利，与天地相“参”——“参赞化育”，完成自然界的生命流行，保持人与自然界的平衡与和谐，而绝不是主宰自然界。这就是荀子学说的归宿。

荀子对于儒家生态思想的贡献之一在于突出了“知”的重要性，“凡以知，人之性也，可以知，物之理也”。有能力认识自然界，这是人的本性；自然界是可以被认识的，这是物的道理。这是荀子的可知论，也是唯物论的反映论，更是荀子对人的主体性的肯定。孟子主张寡欲，虽然讲贵民、富民，却要更多关注心性和道德理想的提升。荀子则主张足欲，重视人的物质欲求的合理性。他指出：“人生而有欲，欲而必得，则不能无求，求而无度量分界，则不能不争。争则乱，乱则穷。”于是就有“制礼义以分之”。“礼”规定不同的人有不同的享受。荀子根据“人生而有欲”、“生而好利”、“必争”，提出著名的“人性恶”论点，以为人性恶的本性任其发展，而不受遏止，社会就混乱不治，要安定不乱，首先要对人的恶的本性进行治理，就是要用“礼义之道”去端正和改变人的恶的本性。这就是“礼”产生的由来。

荀子说的“天命”，指的是自然规律，他指出“万物各得其和（协调、和谐）以生，各得其养（给养）以长”。他认为自然界和谐、有序、协调地运行变化就生成万物，产生生命，又由低到高地不断繁衍、进化，就产生了人类。所以人类是自然界所生，而且依赖自然万物才能生存发展。人的七情六欲也是天所生，叫“天情”。荀子把自然生成的、先天赋予的、非人为的都称为“天”。相对的人为，称“人”（指人的思想和活动、包括人为的成果）或“为”。人类应该顺从自然界的法则行事。天有天之道，人有人之道。天道有“常”，人不能改变它；人道应该顺应天道，不可违反天道，只能修人道以适应天道，服从天道。但也不能屈从于天道，而放弃人为，不能坐等自然界恩赐。

荀子一别以往儒家思想家对于自我主观能动性的克制，强调发挥人的主观能动性，提出了“大天思之，孰与物畜而制之；从天而颂之，孰与制天命而用之”的战斗号召。与其思慕自然，屈从于自然，不如控制与掌握自然规律而利用它。过去人们总爱把这一思想概括为“人定胜天”思想，但不完全查考，“人定胜天”的提法是近世随着西方科学文化传入才出现的提法，荀子并无战胜自然之情，却有崇敬自然之意，他仍不失为儒家学者。荀子强调人的主观能动作用和人的主体地位，却没坠入人类中心主义的泥潭，实在是难能可贵。

四　先秦儒家生态思想价值所在

从孔子创立的“自然天道观”开始，儒家建立的“天人关系”就是一条“致中和”的生态思想路线。就是讲和合、和谐，特别是重视生态和谐。这一思想在人类历史中得以证明，在人类历史长河中，一些古老文明的国家和地区之所以消亡，其共同根源，就是过度砍伐森林，过度放牧、过度垦荒和盲目灌溉等，使广袤的森林和草原植被遭到破坏，河道淤塞，水土流失加剧，土地沙化、盐碱化，肥沃的地表土遭到侵蚀、剥离，失去了作物生长所需的大量矿物质营养，于是随土地生产力的衰竭，它所支持的文明也就必然日渐衰落、消亡。

综上所述，前秦儒家的生态思想在我国历史文明的延续中发挥了巨大作用。其价值有三：其一，天为自然天，而非神格化的天，“天人合一”的生态思想；其二，敬畏自然，尊敬生命；其三，尊和乐天的思想。儒家的生态思想就表现在：从先秦开始，儒家就一直从宇宙生命统一论的意义上考察、探索天人关系问题，成就超凡。美国著名历史学家、生态哲学家林恩·瓦特指出，西方的生态危机源于西方人的犹太教－基督教的观念，即认为人类应该“统治”自然，我们对生态环境的所作所为取决于我们对人－自然关系的认识。更多的科学和技术将无法使我们摆脱现在所面临的环境危机，除非我们能找到一种新的信仰。他认为，具有深刻历史渊源的中国文化中关于人－自然互相协调的观念，值得全体西方人借鉴。现代生态伦理的创始人之一，法国哲学家施韦兹在对西方人对待人与自然关系的观念进行反思过程中，读了中国先秦几位思想家的书，对这些思想家追求天人关系的和谐一致，表示由衷的敬佩与赞赏。他认为，这种哲学以“奇迹般深刻的直觉思维”体现了人类的最高的生态智慧，称赞它是“最丰富和无所不包的哲学”。

中国先秦儒家各位学者所追求的“天人合一”境界，他们所强调的“天道”与“人道”合一，即是以“人道”去适应、顺从“天道”而达到“合一”，这是要求人的思想和行为，人制定的道德规范必须适应自然界的普遍规律，不能自大妄为。还有“畏天命”、“万物皆备于我”等，都可以作如是理解，即“我”应该敬畏自然界及其规律，“我”心中应该包容、关怀、关爱着万物。存心养性的功夫都可以理解为“改造主观世界，使之与客观规律”相符合、相一致。但是无疑，其学说并非是万能全善的真理，也有其时代的局限性，只有在扬弃中才可使前秦儒家生态思想焕发出新的价值。

姓氏与社稷关系考辨

张宏斌*

关于姓氏的记载有：郑樵《通志·氏族略》，“三代以前，姓、氏分为二。男子称氏，妇人称姓。氏所以别贵贱……姓所以别婚姻。……族者氏之别也；以亲别疏，以小别大，以异别同，以此别彼”。《左传·隐公八年正义》曰：“姓者生也。以此为祖，令之相生，虽下及百世，而此姓不改。族者，属也；与子孙共相连署。其旁支别属，则各自立氏。……氏犹家也。……氏、族一也，所从言之异耳。……姓则受之于天下，族则秉之于时君。”郑玄《驳五经异义》云：“姓者所以统系百世不别也，氏者所以别子孙也。”《白虎通》云：“姓，生也；人秉天气，所以生者也。”近人刘申叔《遗书·溯姓》篇曰：“古者氏与姓别。姓由于血统，氏由于徽帜……后世以氏为姓，姓、氏混而为一，而古姓亡矣。”以上，诸家各说言之有据，但又不尽同一，姓、氏其意究竟如何，分殊之处又在哪里，实在难以遽下论断，但是，在这众说纷纭的背后，不争之处就是：先秦之前，姓氏有别。

《国语·晋语》载司空季子曰：

> 同姓为兄弟。黄帝之子二十五人，其同姓者二人而已；唯青阳与夷鼓皆为己姓。青阳，方雷氏之甥也。夷鼓，彤鱼氏之甥也。其同生而异姓者，四母之子别为十二姓。凡黄帝之子，二十五宗，其得姓者

* 张宏斌，中国社会科学院世界宗教研究所儒教研究室助理研究员。

十四人，为十二姓。姬、酉、祁、己、滕、箴、任、荀、僖、姞、儇、依是也。唯青阳与苍林氏同于黄帝，故皆为姬姓。

昔少典娶于有蟜氏，生黄帝、炎帝。黄帝以姬水成，炎帝以姜水成。成而异德，故黄帝为姬，炎帝为姜，二帝用师以相济也，异德之故也。异姓则异德，异德则异类。异类虽近，男女相及，以生民也。同姓则同德，同德则同心，同心则同志。同志虽远，男女不相及，畏黩敬也。黩则怨，怨乱毓灾，灾毓灭姓。是故娶妻避其同姓，畏乱灾也。故异德合姓，同德合义。

前文分析如下：少典娶于有蟜氏，生黄帝、炎帝。炎黄兄弟同父同母，但是姓却不同。黄帝之子二十五人，其同姓者二人，即青阳与夷鼓，但是青阳与夷鼓之母亲却分别是方雷氏和彤鱼氏。其中意蕴不过，姓既不是得自父亲，亦不是源于母亲。杨希枚先生认为，同姓者二人即青阳与夷鼓皆为姬姓，是得自其母亲的姓，即方雷氏和彤鱼氏都是姬姓，而非从父姓的结果，从母姓这是母系氏族社会的产物[①]。为理论上说得通，显然忽略了关键一句“唯青阳与夷鼓皆为己姓”，文中之意再明白不过了，二人“为己姓”就是得自其父亲——黄帝的姓。结论：姓原始不是代表纯粹血缘的关系。那究竟代表什么呢？

关于姓的记载和训诂，难以计数，且众说纷纭。综考史实、文献、诸说，杨希枚先生括列三义。（一）训子或子嗣。故分言之，曰子或姓；合言之，则为“子姓”，泛言之，则为百姓。如庶姓别姓某姓百姓，义即庶子别子某子众子。（二）训族或族属。故分言之，曰族或姓；合言之，则为“族姓”，如姜姓，义即姜族，也即姜族的族属或其集团。（三）训民或属民。故分言之，曰民或姓；合言之则为“民姓”。如百姓群姓万姓，义即万民兆民，也即天子国君所统治的属民或各族族属[②]。

如果以上精研考证以及结论没有太大问题的话，取其（二），即训族或族属。分言之，曰族或姓；合言之，则为“族姓”，并结合姓在原始上

① 详见杨希枚《先秦文化史论集》，中国社会科学出版社，1995，第249页。

② 详见杨希枚《姓子古义析证》，载《中央研究院历史语言研究所集刊》，第23本，1951，第409～442页。

并不是纯粹血缘的象征，那么可以说，姓本在最初的意义上是政治术语，只是在后来才渐进到血缘共同体的族属含义上了。

氏是什么呢？《孝经纬》云："古之所谓氏者，国也。"《史记正义·五帝本纪》曰："黄帝，有熊国君……号曰有熊氏。"《氏族略序》云："古之诸侯多言'坠命亡氏，踣其国家'，以明亡氏则与夺爵失国同。"《左传·隐公八年》众仲亦曰："胙之土，而命之氏。"近人刘师培推之："古帝所标之氏国言，非之号言。"显然于此，氏亦是一个政治论域内的概念。杨希枚先生考镜氏之源头和流变，括之为三：一是指个体或某个人，如《左传·隐公元年》："郑武公娶于申，曰武姜，生庄公……庄公寤生，惊姜氏……公曰：姜氏欲之"，此某氏。自指武姜。二是族的意思，《左传·定公四年》："分鲁公以……殷民六族——条氏、徐氏、肖氏、索氏……"第三种就是如上所言，指"邦国"或"国家"[①]。合上言之，氏在很大程度上是一个王朝、诸侯国和卿大夫采邑之类大小政治集团。

姓与氏区别何在？姓作为一个政治术语，源起并不必然具有血缘关系体的意味，后之衍化才具有此意的表征。过程是怎样发生的呢？

以黄帝姬姓为例，"黄帝以姬水成，炎帝以姜水成。成而异德，故黄帝为姬，炎帝为姜"，以姬水成德，就以德为族属的名称，即姬。此处姬是一个族属的代名词，也就是其族名，并不是由其血缘关系而来，也并不代表血缘关系的连续，更大意义上就是一个集团乃至政治团体的符号。既然作为一个族属的代名，那么对外宣称以及族人的相互识别就以姬为表征，族外之人称这个族属也就以姬为志。反过来说，姬这个政治集团内部也必然是以血缘为主体建立起来的，衍之，同姓则同德，同德则同心，同心则同志，姬就从一个政治集团的代名词渐进为一个血缘关系的表征了，即以血缘世系相结合的亲属集团。

前已言之，氏亦是政治术语，以同例来征看，黄帝姬姓，又称轩辕氏。姬姓族属是血缘的共同体，对外部族的战争胜利以及其他部族的归顺使这个部族更加强大，所建立的部族联盟就成了以姬姓部族为主导的混合体。因为姬姓是血族亲属的团体，自然不能代称整个部族联盟，那么相对

① 详见杨希枚《先秦文化史论集》，中国社会科学出版社，1995，第249页。

于其他的部族联盟，所自称以及与外相别的集团名称就是“轩辕氏”了。

合上言之，姓后来成了以血缘世系相结合的亲属集团，更倾向于出自同一祖先的血族脉系。“氏”后来也就形成了政治性社会集团或族，亦可称“氏族”，氏族由若干不同姓的亲属集团，以及各姓的若干宗氏分族所组成，族属分子间无必然的血缘世系关系，与同姓宗亲的宗族或姓族组织截然不同。氏族组织可大可小，大者即天子诸侯的邦国，如周氏、殷商氏、夏后氏；小者则为邦国中各姓族中的宗氏或小型氏族，如鲁国的叔孙氏、孟孙氏以及成王所赐鲁公殷民的条氏、徐氏等①。

申言之，氏的外延涵盖了姓的范围，不仅如此，由于氏的属性政治性更强，“氏所以别贵贱”，“有氏者何？贵功德”，涵盖范围更为广泛，“氏焉者类族也，贵贵也”，毋论诠解妥当，一定程度上亦可表明氏尊于姓。周朝分封制度“天子建德，因生以赐姓，胙之土，而命之氏”，赐姓在很大程度上就是赐予诸侯以各个部族。例如《左传·定公四年》载，“分鲁公以大路大旗……殷民六族：条氏，徐氏，萧氏，索氏，长勺氏，尾勺氏，使帅其宗氏，辑其分族……分康叔以大路，少帛……殷民七族：陶氏，施氏，繁氏，树氏，樊氏，饥氏，终葵氏”。赐给鲁公的条氏，徐氏，萧氏，索氏，长勺氏，尾勺氏，以及卫国的陶氏，施氏，繁氏，树氏，樊氏，饥氏等。就是分赐的商朝的诸小宗族。而命之氏，则是天子邦君分封功臣子弟为附庸天子或诸侯的独立的政治集团的统辖者，承认其自成一个氏族或邦国的领袖，且有其统治人民土地的主权。以晋国范宣子言之，《左传·襄公二十四年》：范宣子问鲁穆叔三不朽，追溯自己祖先时说道：“昔匄之祖，自虞以上，为陶唐氏，在夏为御龙氏，在商为豕韦氏，在周为唐杜氏，晋主夏盟为范氏，其是之谓乎？”穆叔曰：“以豹所闻，此之谓世禄……若夫保姓受氏，以守宗祊，世不绝祀，无国无之，禄之大者，不可谓不朽。”显然，只说氏，不说姓，正表明了氏作为被封的一个集团的称谓，其代表了政治、功禄等，如鲁穆叔所言“夫保姓受氏，以守宗祊，世不绝祀，无国无之，禄之大者”也。

后来，姓氏又如何合二为一了呢？首先是由于姓、氏的属性不同，导

---

① 详见杨希枚《先秦文化史论集》，中国社会科学出版社，1995，第104页。

致了姓渐渐被氏所取代。姓既是族又作为血缘世系相结合的亲属集团，只是同一宗族的表征，并没有高低、贵贱的等次之别，而氏表明拥有属地、主权以及民众的政治社会性统治者，政治色彩浓厚，可以显见功德、世禄、尊爵等，氏尊于姓。自然许多人以氏代姓，以显其尊贵性，如上述的范宣子即是一例。

其次，氏渐渐趋于平民化、大众化。周朝封建胙之土而命之氏，即分封功臣子弟为一方的统治者，承认其为一氏族或是某地域的领袖。这种命氏赐不赐国号或族号，并不一定，但是被命氏者一定是土地、人民等的拥有者。但是进于后来，命氏就不局限于土地和人民了。应劭《风俗演义》曰："或氏于号，或氏于谥，或氏于爵，或氏于国，或氏于官，或氏于字，或氏于居，或氏于事，或氏于职。"氏不再只限于国君，有官职、爵谥者的子孙都可能有氏，而这些子孙却不一定都有官职或者爵谥。①

再次，由于氏是一个政治集团的属性，那么一个邦国或者说一个氏之内，包含了众多的姓和小氏，例如鲁国，其亦可以鲁氏自称，其集团内所属各个分支，无论是主导的姬姓还是其他的殷商遗民，如子姓等都可以说是鲁氏族属。而鲁氏的后裔，特别是为了掩饰其被俘灭而被统治的子姓或其他姓族属，自然皆可冒称是姬姓。于是姬姓或子姓的人都可以说是姓鲁，而姓鲁的人也可称为姬姓，姓氏族名就趋于混乱了，姓氏也就渐趋于合一了。②

以上分述了姓、氏的缘起与流变，以及姓氏合二为一的历史逻辑和过程。但本文重点并不止于此，这样的条分缕析是为以下的问题作出铺垫，即姓、氏既然意义上并不相同以及其侧重点是两分不合的，那么在姓与氏为基础层构的家庭、社会、国家体制结构中，如何来统合这两种资源，或者说政治统治与社会的合理操作如何平衡、取舍两者？以上范宣子的例子正好表明了这个问题的症结以及切入点。春秋末年仍以姓、氏分殊来溯源自己的谱系，弦外之音不外是姓、氏的集团春秋时代并没有合流，或者说两者的治理方式和统合模式是两分的。

---

① 见杜正勝《编户齐民——传统的家族与家庭》，载《吾土与吾民》，台北，联经出版事业公司。

② 参见杨希枚《先秦文化史论集》，中国社会科学出版社，1995，第 86 页。

姓族作为以血缘世系相结合的亲属集团，自然是以血缘关系作为主要的纽带，但是随着种族人数越来越多，就不得不建立大、小宗，藉“尊祖”而“敬宗”，因“敬宗”以“收族”。钱穆先生曾言，同族的人，不但是同姓，而且由于他们供奉祭祀同一祖先，也就是同宗。同宗是指同一庙宇同一神，“宗”字就是一个庙和一个神，同族是指同一队伍作战，“族”字就是一面旗与一支箭。临祭同一庙宇的同宗常是出征同一旗帜的同族。宗庙里面敬奉着其始迁祖，以对此始祖血统上的亲疏，而定政治上地位之高低，及应得的经济权益的多少。① 宗庙是一切活动的中心，诸如君主的即位之典、告朔视朝、立储君以及婚冠等典礼等。显然，宗庙是血缘亲团凝聚为统一整体的主要中介。

姓族以血缘宗庙来收族，使之团聚为一个整体，而在一个邦国之内，氏族是一个混含了诸多族姓的政治集团，其得以聚集和凝合的方式和手段，除了武力的征服与强制之外，首先就是诸姓族之间的通婚制度。《礼记大传》曰：“系之以姓而弗别，缀之饮食而不殊，虽百世昏姻不通者，周道使然。”同姓之间，互不通婚，于周朝自成制度，《左传·僖公二十三年》载：“男女同姓，其生不蕃。”杜预注：“蕃，息也。”疏：“其生子不能蕃息昌盛也。”何以要实行外婚制？除却其生不蕃的原因之外，其意有两个。一是安定内部团结之需要。《国语·晋语》云：“同姓则同德，同德则同心，同心则同志。同志虽远，男女不相及，畏黩敬也。黩则怨，怨乱毓灾，灾毓灭姓。是故娶妻避其同姓，畏乱灾也。”即认为，同姓族间互相通婚容易引起怨恨、黩敬，以至于同室操戈，遂酿成种族灭亡、无嗣无后的恶果，故禁止同姓通婚。二是收拢异族、政治统和之需要。郑樵《氏族略序》曰：“氏不可呼为姓，姓所以别昏姻……氏同姓不同，昏姻可通；姓同氏不同者，昏姻不可通。”大到封君邦国，小至卿大夫之家，避开血缘近属，非同姓通婚者，实是利益、政治之关联，如《晋语》载胥臣劝重耳在秦国娶怀嬴时说道：“异德合姓，同德合义。义以导利，利以阜姓。姓利相更，成而不迁，乃能摄固，保其土房。今子与子圉，道路之人也，取其所弃，以济大事，不亦可乎？”

---

① 钱穆：《中国文化史导论》，商务印书馆，1994，第58页。

其次，似于整合和链接相同姓族及同姓诸侯之间的宗庙祭祀模式，异姓族属以及异姓诸侯之间得以交合而团聚为一个政治盟属和国家的方式莫过于树“社”了。《尧典》云：“克明俊德，以亲九族。九族既睦，平章百姓”，“平章百姓”之有效原则以及制度操作就是要以社稷之信仰共同体作为中介。

社之起源，论者颇多，典型如日本人池田末利和中国台湾人王健文。池田末利撰有《社的起源与变迁》[①]，以为社有三个阶段的变迁，从祖社一体，进而随着农业经济的发展，土地观念的变迁，社的祖神性格消退而为自然神，第三个阶段就是随着封建制度的建立，社就演化成为国家的保护神。王健文认为，社是早期氏族社会的神圣祭祀场所，是直接属于氏族共同体的，对氏族成员不分尊卑地同等对待，当家族兴起时，破坏了氏族共同体的社会结构后，社与家的祭祀就具有不同的功能了，进一步的，当某个特定的家族取得了氏族中的支配地位时，其家庙也就随之取得了高于其他家庙的特殊地位。[②]

笔者认为，上述两位先生的论证显然一是前提预设有问题，二是史实认识有错误。关于一：前文述及姓氏的起源与衍化时，早已点明，作为氏族最初的团体姓，显然是以血缘为基础建立的，如姬姓的黄帝部落以及姜姓的炎帝部落，部属壮大之后的分离，是团结在同一个姓的旗帜之下的。那么在同姓部落的内部其得以联结形式和操作基础莫过于似于宗法的血缘宗教模式了。与外族部属的交接或者结亲的形式，或者是武力的强制，若是以共同祭祀的神灵来团结的话，或是社，当然也许是其他的形式。那么得出，社在很大程度上是联结异族的、非血缘的形式，申言之，即使社或者其他的神灵崇拜作为全体的信仰形式，也是非血缘为主体的。

关于二：事实上，如果按照两位先生的论述，社作为信仰的共同体在氏族社会中广为流行，那么后之衍生的国家，诸如夏、殷商等必然因袭了这种形式，然而征诸文献，不难发现，商朝却没有以社作为联结形式的记

---

① 见池田末利《社の起源とその變遷》，收入氏著，《中国古代宗教史研究》，第112～115页，东京，东海大学出版社，1981。本文转引自王健文《奉天承运》。

② 见王健文《奉天承运》，台湾，东大图书股份有限公司，1995，第146页。

载。《管子》载：“百盖无筑，千聚无社，谓之陋。一举而取天下，有一事之时也。”唐代房玄龄注解说，“言纣人苟且，虽有千聚之夫，不立一社以统之。如此者，为政之陋也。故武王一举取天下而有之，此万代一时之事也”。强势的商纣王面对弱势的周武王之所以不堪一击，根本原因就在于不立“社”以凝聚民众，不能以信仰共同体的形式将民众组织成社会，其政权没有社会组织做保障，没有一套“社会宗教制度”将政权与民众连为一体，便只有孤立的王权，没有国家社会的主权，虽有千聚之夫，也只是一盘散沙，所以被有组织的周族一击而溃①。合而言之，社的逻辑起点主要是团结异族、收拢异心的。

姬周以“社”作为封建国家制度的基础的一个面向，自有其渊源。《诗经·大雅·绵》记载：“乃召司空，乃召司徒，俾立室家。其绳则直，缩版以载，作庙翼翼。”此为作宗庙。“乃立皋门，皋门有伉。乃立应门，应门将将。乃立冢土，戎丑攸行”。此为作社稷。这是记载早期古公亶父率领族人来到岐山后的情形。东征以后，诸族威服，据《逸周书》载：“乃建大社与国中，其壝东青土，南赤土，西白土，北骊土，中央亹以黄土，将建诸侯，凿取其方，一面之土，苞以黄土，苴以白茅，以为土封。故曰，受列土于周室。”

显然，宗庙是作为同族同宗宗教祭祀的场合，质言之，是为同姓而社。建大社于国中，以封建诸侯，如果揣度不过于离谱的话，显然此种意蕴涵有封建同姓与异姓两个方面。那么，社是为异姓而设，还是为同姓而建？还是和而有之呢？姑且搁置，来看下面的材料。

《礼记·祭法》曰：“王为群姓立社，曰大社。王自为立社，曰王社。诸侯为百姓立社，曰国社。诸侯自为立社，曰侯社。大夫以下，成群立社，曰置社。”

如果只是为群姓而置社，作为信仰的共同体一个大社足矣，国社亦如是。为什么王与诸侯还有自己独立的王社、侯社呢？明代王樵《尚书日记》引张子话曰：“大社祭天下之地祇，王社祭京师之地祇，此二语最分明。以此知天也不合祭，亦别无北郊以祭地也”，进一步阐发为：“惟

① 详参卢国龙《隆礼以率教，邦国之大务》，《中国哲学史》2011年第2期。

天子祭天地有郊有大社是也。诸侯为百姓立社曰国社自为立社曰侯社，大夫以下立社曰置社，各以所主而祭。”料王樵是受后世左宗庙右社稷成型定制的影响，以及王奉天承运的帝制郊、祭天地等祭祀体系的束缚，而以社稷祭祀为受天命之一面。其实《逸周书·作雒》中早已明言：“周公敬念于后曰：予畏周室不延，俾中天下。及将致政，乃作大邑成周于土中。立城方千七百二十丈，郛方七十里，南系于雒水，北因于郏山，以为天下之大凑……乃设丘兆于南郊，以祀上帝，配以后稷，日月星辰先王皆与食。封人社壝，诸侯受命于周，乃建大社与国中，其壝东青土，南赤土，西白土，北骊土，中央亹以黄土，将建诸侯，凿取其方，一面之土，苞以黄土，苴以白茅，以为土封。故曰，受列土于周室。乃位五宫、大庙、宗宫、考宫、路寝、明堂，咸有四阿。”已经包含了受天承命的面相，即“乃设丘兆于南郊，以祀上帝”，后面的大社才是与此不相干的。

《白虎通》于此记载的阐释倒较为分明，其曰：“王者、诸侯俱两社何？俱有土之君，《礼记·三正记》曰：王者二社，为天下立礼曰太社，自为立社曰王社；诸侯为百姓立社曰国社，自为立社曰侯社。太社为天下报功，王社为京师报功，太社尊于王社。土地故两报之。”一目了然，王社、侯社得以建立正在于王与侯“俱有土之君”。

有学者认为有土之君，才可立社，其家之宗庙便成了宗庙，紧邻社稷之旁，显示其作为支配者的地位①。显然作者见其一而忽略了更重要的一面，即“太社尊于王社”。显然，大社才是最重要的。《史记·三王世家》载汉立诸侯之诏书，褚少孙附记云：“诸侯王始受封，必受土于天子之社，归立之以为国社，以岁时祠之。”《续汉书·百官志五》载：“诸王封者受茅土，归以立社稷，礼也。”刘昭注引胡广曰：“诸王受封，皆受茅土，归立社稷。本朝为宫室，自有制度。”上述《逸周书》亦载：“诸侯受命于周，乃建大社与国中，其壝东青土，南赤土，西白土，北骊土，中央亹以黄土，将建诸侯，凿取其方，一面之土，苞以黄土，苴以白茅，以为土封。”

---

① 王健文：《奉天承运》，台湾，东大图书股份有限公司，1995，第147页。

承上，大社与国社显然是作为一种政治的操作来进行的，从其祭祀的差级上亦不难看出，《白虎通·社稷》："天子社稷皆大牢，诸侯社稷皆少牢。宗庙俱大牢，社稷独少牢何？宗庙大牢，所以广孝道也。社稷为报功，诸侯一国所报者少故也。"天子诸侯祭祀宗庙皆为太牢，而天子祭祀社稷用太牢，而诸侯则降为一级，用少牢。显而易见，作为列土分封的诸侯，其始于大社的"苞以黄土，苴以白茅"，是代表了政治上的隶属关系的，而祭祀之礼的降杀则是尊卑、上下的必然。

那么，王社与侯社其作用若何呢？

上已言之，大社与国社乃是政治上的操作，而且从建大社以分封诸侯来看，这就意蕴了大社与国社承担了政治上的象征意义，而大社与国社如果是有土之君的专利的话，与前述《白虎通》亦所表明的有土之君才得立两社，而且特别之处是分别多出了王社与侯社，貌似是相互矛盾的。其实究其社的缘起以及原始义，反而更加明白了这种两可之间的旨趣。社的逻辑起点主要是团结异族、收拢异心的。其基础是以信仰的共同体来合成一个有力、兼容诸族属的宗教社会组织。当与国家的架构合流，或者说进于政治社会后，作为被政治的整合资源，必然成为国家、社会的一个有机组成部分。社的宗教凝聚力以及社会的整合效用使国家的政治必然倒其趋向。自然，王建大社、诸侯见国社在政治层面的意义更为突出，毕竟王与诸侯是相对意义上的政治独立体。而所自立的王社、侯社，想当然的保留其原初团体宗教信仰的一面，而且事实上更为突出。明代唐顺之《稗编》解释为："祭法云：大夫以下成群立社曰置社，注云：大夫不得特立社与民族居百家以上则共立一社，今时里社是也。如郑此言则周之政法百家以上得立社，其秦汉以来虽非大夫民二十五家以上则得立社，故云今之里社。"大夫以百姓百家或二十五家以上立社于此显现信仰共同体的意蕴。

进一步的，杜正胜说，"古代灭人之国，存其社稷，除掉原本的统治贵族，对被统治的人要善加防御，他们的社坛当然要维系"①。而史书记载多与此相悖，《左传·成公二年》齐侯使宾媚人使晋国求和，宾媚人曰：

① 杜正胜：《周秦城市的发展与特质》，载《"中央研究院"历史语言研究所集刊》，51集第四分册，第631页。

“吾子惠徼之福，不泯其社稷。”《韩非子·有度》篇曰：“庄王之泯社稷也，而荆以亡。”《国语·越语上》亦曰：“吾将残汝社稷，灭汝宗庙。”又《春秋公羊·哀公四年》：亳社灾，公羊云亡国之社，盖掩之掩其上而柴其下，释为“丧国之社屋之，示与土地绝也”。

其意云何？以为断绝其与天地气之交通，消灭其社稷的神圣性，因为原先社稷的神圣性是建立在与天地气通、交通神鬼的特殊功能上①。估可备一说，其实细想来，泯除与保留其实自然相容，被灭之国，所毁坏的社稷不过是象征性的政治含义，如大社、国社等。而保留或者说并没有因此而失去的则是民众的信仰小链接体，如里社、置社等，当然也包括所谓有土之君的社稷。《史记·高祖本纪》曰“令民除秦社稷，立汉社稷”，类如是。秦蕙田于《五礼通考》之一说，或可折中：

> 诸侯皆立两社，先儒谓大社国社为公，王社侯社为私。夫社以祭土天下之土，皆天子之土也；一国之土，皆诸侯之土也，又何公私之有？窃谓：大社天子为群姓所立，即所称五色之土用以分封诸侯与天下共之者乎？王自立社则畿内之土神，王所自主而与畿内公卿大夫士共之者乎？诸侯国社即分封茅土之社与国同为存亡，百姓之所系属者乎？自立之社则国邑之土神，所谓旱干水溢可以变置者乎？春祈秋报则两社皆可并行，如此虽略有分别，而皆属于公，于义为合。观大夫以下成群立社，无有一家自立一社者亦可证也。

综上，可做出如下结论。宗庙与社稷同作为封建制度的两块基石，宗即在同一个庙宇祭祀之意，宗庙显然基于血缘的同姓信仰的链接；而社稷其更大程度上是对于异姓的一种政治联合和信仰的连体。王成天下建大社以封诸侯，诸侯列土分封，立社建国。王为群姓立大社，自立王社，诸侯为百姓立国社，自立侯社，而大夫以及以下不能独自立社，《白虎通·宗庙》以为王与诸侯皆有土之君，故可两立社稷。《社稷》又云：“天子社稷皆太牢，诸侯社稷俱少牢”，从中窥见社稷祭祀的层级差别，所涵蕴不过

---

① 见王健文《奉天承运》，台湾，东大图书股份有限公司，1995，第173页。

政治关系的隶属以及尊卑上下，以此，大社以及国社所表达的是政治上的意义和象征。社的另一面相——群体乃至集团宗教信仰的共同体则从王社、侯社以及所谓大夫以下成群立社、非大夫民二十五家以上则得立社，故云今之里社等述说中探测出来，诸侯灭国，隳宗庙、社稷，绝其天地交通之神圣性，而保留个体集团的、非政治意义上的社等详细史实更可以证其信仰共同体的面相。

道家与道教

正言若反：《道德经·绝圣弃智章》释义

刘纯泽*

"绝圣弃智，民利百倍。绝仁弃义，民复孝慈。绝巧弃利，盗贼无有。此三言也，以为文未足，故令之有所属。见素抱朴。少私而寡欲。绝学无忧。"①

关于这一章，存在两种误解。第一种误解，是死板地依文解义，所谓按照文字解释义理，将"绝圣弃智"解释成"抛弃智慧"，将"绝仁弃义"解释成"抛弃仁义"，将"绝巧弃利"解释成"抛弃奇巧货利"。这样的解释，将使《道德经》不能为人所理解，因为它掩盖了老子常用的"正言若反"表述技巧；这样的解释，将使老子蒙受不白之冤，因为世俗的人们乃至各家各派的学者们不可能接受一个反仁爱、反智慧、反科学、反物质利益的人；这样的解释，最终将使人们无法领略人类历史上最伟大的思想，所谓"不得其门而入"，你又怎能见到"宗庙之美、百官之富"呢？②

第二种误解，是武断地削足适履，所谓按照己意解释文字，运用训诂

---

* 刘纯泽，中南财经政法大学公共管理学院讲师，研究方向为《论语》、《道德经》、大乘佛法与人力资源管理、劳动经济学。

① 引自高明撰《帛书老子校注》第十九章，第311页，中华书局。

② 比如，汉河上公对"绝圣弃智"的注解是：绝圣制作反初守元，弃智慧反无为。对"绝仁弃义"的注解是：绝仁之见恩惠，弃义之尚华言。对"绝巧弃利"的注解是：绝诈伪乱真之巧，弃贪权之利（《老子道德经河上公章句》第75页，王卡点校，中华书局）。再如，唐李荣的注解是：圣生则盗起，智用则贼来。仁义虽曰立人之道，实亦矫人之情；息机械之心，掷玉毁珠（《道书辑校十种》，蒙文通，巴蜀书社，第589页）。

手段，将“绝”训为“达到极点”，将“弃”训为“抛弃”，自然的，“绝圣弃智”意思是“达到至圣而抛弃伪智”，“绝仁弃义”意思是“达到至仁而抛弃狭义”，“绝巧弃利”意思是“达到至巧而抛弃私利”。这样，老子一下子就变成了崇尚圣智、崇尚仁爱、崇尚科学的人，不但与时代同步，而且与各家各派的学者们同流。人们也许会说，这样的解释即使错误，也比前一种错误要好，其实，“过犹不及”，甚至比“不及”更坏，因为它更具欺骗性。按照这种解释，《道德经》同样不能为人所理解，理由是人人都可以不顾文理而随意作解，他就很难客观地去领会自己所不熟悉的“正言若反”表述技巧；按照这种解释，老子同样不能为人所理解，理由是人们实在看不出老子有什么高明的地方。最终，这样的解释同样阻碍了人们了解最真的本体哲理、最善的修身治国法则以及最美的文字表现手法。①

因为上述缘故，“故造斯论”。

（一）

笔者认为，要真正理解这一章的含义，关键在于准确解释“此三言也，以为文未足，故令之有所属”。因为它在“绝圣弃智，民利百倍。绝仁弃义，民复孝慈。绝巧弃利，盗贼无有”等前三句与“见素抱朴，少私而寡欲。绝学无忧”等后三句之间起着承上启下的作用。

“此三言也”意为：前面所说的三句话。

“以为文未足”，其中“文”可以当“言”来讲，即本应作“此三言也，以为言未足”，老子为了避免重复，把“言”换成了“文”。意为：前

① 比如，胡良任先生的解释：“绝圣弃智”即是“发展通达客观事物规律的聪明于至极”而“去掉主观穿凿附会”。“绝仁弃义”即是“发展以人心为心的仁爱于至极”而“打破亲疏关系，消除亲疏分际”。“绝巧弃利”即是“师法自然，穷绝生成天地万物的技巧”而“抛弃垄断技器的自私行为”（《论老子的“三绝”技器观》，《衡阳师范学院学报》1997年第4期）。再如邓球柏先生的解释是：三继三弃。继承智慧，抛弃偏见。继承仁爱，抛弃奸诈。继承技巧，抛弃私利（《内圣外王之道：〈郭简·老子〉的主题》，《哲学研究》2004年第1期）。又如振今先生的解释是：最能的人弃除知人手段；最好的助人是不义气行事；最好的技巧是不唯利是图（《论老子研究中存在的问题》，《学术交流》1994年第5期）。

面所说的三句话，作为三句话来说，还不足以完整、清晰地表达我的意思。[①]

“故令之有所属”，“属”在现代的合成词有“亲属”、“部属”、“属于”等，许慎在《说文解字》中对它的解释是“连也”，这表明它自身有把两者“连缀”起来的基本意，在这里指把前后文连贯起来，意为：所以我要把这三句话补充完整，使之清晰。[②]

按照上述解释，可以得出两点结论：一是老子本来就知道人们会误解他，所以他紧接着就做出了解释；二是要想知道老子的本意，就必须把前后文对照起来看。

（二）

“绝圣弃智，民利百倍。”这句话“以为文未足”，故“属”之以“见素抱朴”。

“绝圣弃智”可置换为“弃绝圣智”。《论语·子罕》中，太宰曾这样评价孔子：“夫子圣者与，何其多能也。”可见，“圣”是无所不知、无所不能的意思，说“圣”就包含了“智”，说“智”就体现了“圣”，为简练起见，我们把这半句解释为：“抛弃智慧”。

《论语·卫灵公》中，孔子引古人之言云：“工欲善其事，必先利其器。”要想把麦子快些割完，当然要把刀磨利一些；要想把事情做好，当然少不了智慧，所以“利”具有聪明智慧的意思，“民利百倍”这半句的意思是：老百姓聪明百倍。[③]

由于“民利百倍”主体指的是“民”，“绝圣弃智”主体指的就应当是“君”。整句话意为：“做君主的抛弃了智慧，老百姓就会聪明百倍。”

显然，这句话令人费解，做君主的没有智慧，老百姓怎么就会聪明百倍呢？老子所加的注解是“见素抱朴”。

《道德经》第十章说：“载营魄抱一”，“抱”与“载”构成一对范畴；

① 河上公的注解是：文不足以教民。李荣的注解是：文，教也。今皆弃之，于教不足。胡良任先生的解释是：用这三条经纬天地社会，还会遇到重重阻力。

② 李荣的注解是：属，继也。继以后文，示令立行也。河上公的注解是：当如下句。胡良任先生的解释是：用这三条经纬天地社会，还必须辅之以行政手段。

③ 李荣把这半句解释为“其利实多，略言百倍也”（第589页）。宋代陈景元则解释为“民始获其利也”（第766页）。

第四十二章说："万物负阴而抱阳"，"抱"与"负"构成一对范畴，表示内与外。依理，"见素抱朴"中的"见"与"抱"同样构成代表内外的一对范畴。第七十二章说："是以圣人披褐而怀玉"，"怀玉"的"怀"与"抱朴"的"抱"同义，代表内；依理，"见素"的"见"与"披褐"的"披"也一定同义，代表外。按照训诂的一般方法，"见"应当看作是"贝"的误写，而"贝"正好是"被"的同音通假字，"被"正好与"披"同音同义。这样，"见素抱朴"应首先还原为"被素抱朴"，进一步还原为"披素抱朴"。"朴"代表原木，抱在怀中无义，结合"披褐而怀玉"来看，"朴"应当是"璞"的同音通假字，"披素抱朴"最终应还原为"披素抱璞"。所谓"披素"，表面意思是穿着没有染色的衣服，比喻没有文采，没有才华，没有聪明才智；所谓"抱璞"，表面意思是怀揣着未经雕琢的璞玉，比喻不成器，不成才，没有用。整句话的意思是：内心认为自己不成器，少智慧，表现在外，便不敢在人前卖弄自己的聪明才智。

至此，"绝圣弃智"的本义就凸显出来了，原来老子是说做君主的有智慧而不用自己的智慧。因为不用自己的智慧，所以表面看来他好像是抛弃了智慧；实质上，不卖弄自己的智慧，这恰恰是真正的智慧啊！老子在这里运用的正是"正言若反"的手法。有人会问：做君主的有智慧而不用，怎么百姓就会聪明百倍呢？试想，做君主的如果不认为自己有智慧，站得高，看得远，他便不会利用自己的权势，把自己的意愿强加给所有人，捆住大臣和百姓的手脚。他便会认真听取大臣们的意见，便会让各行各业的人们自主谋求生计，这样，臣民们不就聪明百倍了吗？《论语·卫灵公》中，孔子说："无为而治者，其舜也与！夫何为哉？恭己正南面而已矣。"舜不过恭恭敬敬地坐在君主的座位上，没有做什么，没有说什么，天下就治理好了，这是什么道理呢？就是因为他不用自己的智慧啊！就是因为他能让天下的臣民发挥自己的智慧啊！《尚书·舜典》中说：他启用了二十二位贤明的大臣。《论语·泰伯》中，孔子说："才难，不其然乎？唐虞之际，于斯为盛。"意思是，人才难得，难道不是这样吗？尧舜的时代，人才可是多得很啊！这些都从正面印证了老子的观点。

（三）

“绝仁弃义，民复孝慈。”这句话“以为文未足”，故“属”之以“少私寡欲”。

“绝仁弃义”可置换成“弃绝仁义”。因为说“仁”就涵摄了“义”，所以“绝仁弃义”可简化为“弃绝仁爱”，意为：做君主的不讲仁爱。

“民复孝慈”，“孝”为子待父的态度，体现着仁爱，“慈”为父待子的态度，也体现着仁爱，所以“民复孝慈”可简化成“民复仁爱”，意为：做百姓的就能在家里互相仁爱。

显然，“做君主的不讲仁爱，百姓就能在家里互相仁爱”这句话令人费解。老子所加的注解是“少私寡欲”，即：做君主的要减少自己的私欲。试想，做君主的不自私自利，就不会只爱自己而不管家亲眷属的死活，他对自己不讲仁爱，不恰恰意味着对亲人充满了仁爱吗？做君主的不自私自利，就不会只爱亲眷与宠臣，掠夺天下人以养肥他们，他对自己的亲眷与宠臣不施所谓的仁爱，不恰恰意味着对天下人充满了仁爱吗？做君主的能仁爱自己的家亲眷属，天下的臣民怎会不仁爱自己的亲人呢？做君主的能仁爱天下人，天下的臣民怎会反而不仁爱自己的亲人呢？可见，老子仍然是以正言若反的方式在表达观点。相应的，孔子也有正面的论述，比如，在《论语·泰伯》中，孔子说：“君子笃于亲，则民兴于仁。”意为：为政的人能爱自己的父母亲眷，百姓就会对自己的父母亲眷生起仁爱之心啊！之所以会有这样的结果，孔子在《论语·子路》中做了说明：“君子之德风，小人之德草，草上之风必偃。”意为：为政之人譬如风，百姓譬如草，草上来了一阵风，草自然会顺着风势倾倒。为政的人有德行，百姓怎会不受到感染呢？

（四）

“绝巧弃利，盗贼无有。”这句话“以为文未足”，故“属”之以“绝学无忧”。

“巧”代表奇巧之物，“利”代表货利之物，都指难得之物，所以“绝巧弃利”可解释为：做君主的把难得之物抛弃在大路上。

“盗贼无有”意为：老百姓就不会去偷去抢。

显然，这也是令人费解的话，所以老子加了一个注解：“绝学无忧。”试想，做君主的如果不学聚敛之术，他哪里有难得之物抛到路上呢？难得之物都在百姓手里，人人富足，谁又愿去做盗贼呢？做君主的又有什么可担忧呢？在这里，老子再次运用了正言若反的手法，表面上好像说君主抛弃了难得之货，实际上是说君主根本没有难得之货可抛弃。关于这一点，孔子也有精辟的议论，《论语·子路》中，季康子患盗，子曰：“子所不欲，虽赏之不窃。”表面意思是：你所不想要的东西，即使鼓励人们去偷去抢，人们也不会去偷去抢啊！实际意思是：你所聚敛的难得之货，老百姓也想拥有啊！得不到，他当然只好去偷去抢啦！

（五）

根据上述训诂，我们可以把这一章意译为：做君主的没有智慧，做百姓的就会聪明百倍。做君主的不讲仁爱，做百姓的就会父慈子孝。做君主的抛弃奇巧货利，做百姓的就会不偷不抢。上述三句话，作为三句话来说，还不足以完整、清晰地表达我的意思，所以我要把这三句话补充完整，使之清晰。我所谓的“没有智慧”，是说君主不应当自以为是，对天下人指手画脚。我所谓的“不讲仁爱”，是说君主不应当只爱自己而不顾及黎民。我所谓的“抛弃奇巧货利”，是说君主不应当聚敛奇巧货利，把本来属于天下人的东西据为己有。

按照上述解释，自然可以得出两点结论。第一，所谓老子反对智慧、反对仁爱、反对巧利，纯属望文生义；所谓老子崇尚智慧、崇尚仁爱、崇尚技术进步，其实也是捕风捉影。因为大家都没有看出“醉翁”之意本不在“酒”，而在“山水”之间，老子之意本不在要不要圣智、仁义、巧利，而在君主应当具备道之德，或说天地之德，或说无为之德。

第二，孔子与老子之间并不存在对立关系，实际上，他们的观点总是珠联璧合。甚至在文字表现手法上，两人也惊人的相似。比如，《论语·颜渊》中，司马牛问仁，孔子回答说：“仁者其言也讱。”意思是：仁者很少说话。司马牛接着问：“其言也讱，斯谓之仁矣乎？”意为：很少说话就是仁者吗？孔子说：“为之难，言之得无讱乎？”意思是：你想收回说出的话，那怎么可能呢？你说话的时候能不谨慎又谨慎吗？这里，孔子同样运用了正言若反的表现手法，“其言也讱”是反言，它包含的正义要通过“为之难，言之得无讱乎？”来显现。假如没有后面的一番问答，我们所能理解的也许只会是字面意思。不论人们把“讱”解释成孔子主张言辞少，还是解释成孔子主张言辞多，所谓像刀一样锋利，其实离孔子的本意已是万里之遥了。

张三丰生卒年代考及生平考

徐　平[*]

张三丰生卒年代考

张三丰的生卒年代引起学者的考据热情，但因确切材料缺乏，致使学者考据结果各异。有人考证张三丰为元末明初人，比如黄兆汉的《明代道士张三丰考》持这一观点；有人考证张三丰为宋末元初人，比如清代汪锡龄（1664～1724）《张三丰本传》持这一观点；有人考证张三丰为金时人，比如何乔远的《名山藏》持这种说法；有人考证张三丰为五代时人。

一　关于张三丰为元末明初人的考证

在《明史·方伎传》中有关于张三丰的列传。《明史》是一部史料价值较高的正史，与以前诸史相比，修纂时间更久、用力更勤。修成之后，得到后代史家的好评，被认为是自欧阳公《五代史》以降未有如《明史》之完善者。当时可资引用的诸如邸报、方志、文集和大量私家史乘等第一手史料很多，使《明史》具有一定的可信性；编撰者如朱彝尊、万斯同、洪承畴等都是博学的文学家、史学家，使《明史》具有权威性；编撰者持

* 徐平，中国社会科学院博士，中央党校博士后，中国哲学专业，以道家与道教文化为研究方向。

论公允、秉直书写，使《明史》具有客观性。所以《明史·方伎传》中有关于张三丰的记载应该是相对权威的史料依据。下面介绍一下考证张三丰为元末明初人的情况。

首先，《明史·方伎传》没有给出张三丰的确切生卒年代，认为张三丰为金时人，不可考；元初与刘秉忠同师，不可考。因不可考，所以不认为张三丰为金元时人，而述说明太祖朱元璋、明成祖朱棣对张三丰的寻访成了这篇列传的主体，最早记载太祖访张三丰的文献是明宣德六年（1431）任自垣撰的《太岳太和山志》说：

> （洪武）二十四年（1391）太祖皇帝遣三山高道使于四方，清理道教，有张玄玄可请来。①

《明史·胡濙传》说：

> 惠帝之崩于火，或言遁去，诸旧臣多从者，帝（指成祖）疑之。（永乐）五年（1407），遣（胡）濙颁御制诸书，并访仙人张邋遢，遍行天下州郡乡邑，隐查建文帝安在。②

如果张三丰本人已经不存在，两位皇帝为什么会找他呢？皇帝的苦心寻找以及张三丰的显化事迹使人们认定在明初他依然生活于世间。明太祖朱元璋和明成祖朱棣寻找张三丰的原因如下。

第一，皇帝位高权重，拥有甚多，欲望所及皆可满足，唯有长生一事不在掌控范围之内，所以汲汲于求得长生不老之药，秦皇汉武之辈亦未免于此，何况朱元璋和朱棣？朱元璋曾经向道士周颠仙访药。

《御制周颠仙人传》中记载：

> （洪武二十五年）（1392）朕患热症，几将去世，俄赤脚僧至，言

---

① （明）任自垣撰《太岳太和山志》卷六，出自杜潔祥主编《道教文献》第5册，丹青图书有限公司印行，1983，第431页。

② （清）张廷玉等：《明史》第169卷，中华书局，1974，第4534～4535页。

> 天眼尊者及周颠仙人遣某送药至。……朕遂服之。当夜病愈，精神日强一日。服过三番，乃闻有菖蒲香，盏底有丹砂沉坠，鲜红异世有者。……①

朱棣曾服灵济宫仙方。《明史·袁忠徹传》云：

> 帝每遘疾，辄遣使问神。庙祝诡为仙方以进，药性多热，服之辄痰壅气逆，多暴怒，至失音，中外不敢谏。（袁）忠徹一日入侍，进谏曰："此痰火虚逆之症，实灵济宫符药所致。"帝怒曰："仙药不服，服凡药耶？"②

这说明两位皇帝都有信奉神仙方术及尝试丹药的经历。而在民间传说中，张三丰是得道高人，独树一帜，在道门"鹤立鸡群"，可以致长生，所以两位皇帝极力寻访之。

第二，皇帝寻访张三丰有政治原因。明成祖朱棣于永乐三年（1405）、永乐五年、永乐十五年、永乐十七年分别遣淮安王宗道、胡濙、宝鸡医官苏钦等人以访寻张三丰为名，隐察建文帝所在。其间，王宗道、胡濙等人访寻张三丰长达十年之久。明初两位皇帝对张三丰不遗余力的寻访使人们相信张三丰在明初应该有活动，至少有显迹的存在。

其次，明成祖朱棣一直没有停止"名义"上对张三丰的找寻。那么为什么以访张三丰为名，而不是其他人？张三丰作为高道，传说中时有显迹出现，朱棣以寻张为名求长生，不会引起怀疑。张三丰的徒弟卢秋云卒于永乐八年（1410），正是成祖大肆寻访张三丰的时候，说明此时张三丰仍在世，至少可以推测卢秋云认为他在世，否则会阻挡成祖继续寻人。但是在永乐十五年（1417）以后，朱棣不再找寻张三丰。

《明史·胡濙传》：

---

① 明太祖《御制周颠仙人传》，见《纪录彙编》卷六（上海涵芬楼影印明万历刊本），商务印书馆，1938，第5页。

② （清）张廷玉等：《明史》第299卷，中华书局，1974，第7644页。

> （永乐）五年（1407），（成祖）遣（胡）濙颁御制诸书，并访仙人张邋遢，遍行天下州郡乡邑，隐察建文帝安在。濙以故在外最久，至十四年（1416）乃还。……十七年（1419）复出巡江、浙、湖、湘诸府，二十一年（1423）还朝，驰谒帝于宣府。帝已就寝，闻濙至，急起召入。濙悉以所闻对，漏下四鼓乃出。先濙未至，传言建文帝蹈海去，帝分遣内臣郑和数辈浮海下西洋，至是疑始释。①

可知在永乐十七年至永乐二十一年之间成祖派遣胡濙寻访的，不是张三丰而是建文帝。由此判断张三丰在永乐十五年（1417）不在世间。《太岳太和山志》记载张三丰弟子丘玄清卒于洪武二十四年（1391），享年六十七，可知其出生年为元泰定四年（1327）。按常理老师年龄高于学生，故张的出生年应该早于1327年，将张三丰以修道有成且为常人活100岁左右计，则其出生年应该在（1314～1320）的元仁宗延祐年间，为元末明初人物。

二　驳斥上述张三丰为元末明初人的考证

首先，不能因为明太祖和明成祖寻访张三丰，而认定他在明初存在过。因为《明史》《名山藏》《明书》《明史稿》都说朱元璋没有访寻到张三丰。《名山藏》说："太祖晚年闻其（按：指张三丰）名，四求不得。"②《明史·方伎传》说："太祖故闻其名，洪武二十四年遣使觅之不得。"③

没有寻访到张三丰的原因有二：一是其人已经不存在于世间；其二是存在但尚未找到。我们就第二点来谈一下。在明太祖朱元璋时期，道教并不受宠，甚至遭到打压。《太岳太和山志》载："（洪武）二十四年

---

① （清）张廷玉等：《明史》第299卷，中华书局，1974，第7641页。

② （明）何乔远撰《名山藏》卷103，福建人民出版社，2010，第2896页。

③ （清）张廷玉等：《明史》第299卷，中华书局，1974，第7641页。

(1391) 太祖皇帝遣三山高道使于四方，清理道教，有张玄玄可请来。”[1]在清理道教的背景之下，张三丰就算是存世也未必敢来或愿意来见朱元璋。那么有没有张三丰在世，朱元璋却未访到的可能性呢？我们以唐末陈抟为例，谈谈是否存在皇帝求见山中不愿入仕的隐逸之士而不得见的情况。陈抟不得志而隐，以奇才远略被后周世宗于后周显德三年（956）召到阙下问以飞升黄白之术，抟答曰：“陛下为四海之主，当以致治为念，奈何留意黄白之事乎？”[2] 后来固辞“谏议大夫”职，归山。两年后世宗令赍帛五十匹、茶三十斤赐抟。太宗赵光义曾两次召见陈抟求授玄默修养之道，抟赞其为有道仁圣之主，勉其兴化致治，数月后放还山。可见陈抟隐逸山中无出仕意愿，但皇帝若想见他，必能见到无疑。“普天之下，莫非王土；率土之滨，莫非王臣。”[3] 未有访寻不到的可能性，同理，张三丰若存世，在明朝的疆土上也难逃皇帝股掌。此外，明朝具有非常严密的户籍制度。比如有“军户”“民户”“阴阳户”“乐户”等，各有各的户籍，不得混淆。明朝户籍制度的特征如下。一是户籍地域性，明朝统治者规定“其令四民务在各守本业。医、卜者土著，不得远游”，严格限制人口流动。二是户籍世袭性，一旦被定为了某种户籍，即须世代相承，永当此役，不得更改，且将其以法律的形式加以固定。所以如果张三丰是明朝人，在严格的户籍制度之下，没有寻访不到的理由。综上可知，明太祖朱元璋从 1391 年开始访寻不到张三丰说明张三丰已经不在世间，正如南郡杨浦（1372～1446）撰《神玄显教编》所说“本朝洪武二十六年（1393）九月二十日，自言辞世，留颂而逝”[4]。杨仪《高坡异传》说：“元末，张三丰居宝鸡金台观，忽留颂而逝。土民杨轨山买棺殓之，临窆，觉棺中展动有声，发视之，乃复生。”[5]《明史》亦有类似记载：“太祖故闻其名，洪武二十四年遣使觅之不得。后居宝鸡之金台观，一日自言当死，留颂而

---

① （明）任自垣撰《太岳太和山志》卷六，出自杜潔祥主编《道教文献》第 5 册，丹青图书有限公司印行，1983，第 431 页。

② 《宋史》第 457 卷《隐逸列传》之《陈抟传》［（元）脱脱等撰］，中华书局，1976，第 13420 页。

③ 《诗经·小雅·谷风之什·北山》。

④ 杨浦：《神仙显教编》。

⑤ （明）杨仪：《高坡异纂》上卷，第 2 页。

逝，县人共棺殓之。”①

其次，考张三丰在永乐十五年（1417）前后去世，理由是明成祖朱棣在永乐十五年之后不再访寻张三丰。朱棣曾数次寻访张三丰，未得。

《明史·方伎传》说：“永乐中，成祖遣给事中胡濙内侍朱祥，赍玺书香币往访，遍历荒徼，积数年不遇。”②

但依然继续找，而且伴随着“隐察建文帝安在”这件事情。《明史·胡濙传》说：“先濙未至，传言建文帝蹈海去，帝分遣内臣郑和数辈浮海下西洋，至是疑始释。”③ 说明朱棣在此时已经对建文帝的事情释然，自此不再寻找张三丰。所以永乐十五年之后不寻张三丰不意味着张三丰死亡了，而恰恰说明朱棣之寻找张三丰意在“隐察建文帝安在”。所以定张三丰的死亡时间为永乐十五年（1417）是不确切的。

三　关于张三丰为宋末元初人的考证

有人考证张三丰为宋末元初人。

首先，《道藏辑要》163 册《传考记》汪锡龄（1664～1724）《三丰先生本传》记载，张三丰生于元定宗丁未年四月初九日子时。“延祐元年（1314）年六十七始入终南，得遇火龙真人传以大道。”④

其次，《道藏辑要》163 册李西月《三丰全集》《正讹》“别传谓祖师为元末明初人，而不知为宋末元初人也。尝对万三自叙云：延祐初，余年六十七，逆而数之，正在元定宗之初年，宋理宗之淳祐年也。”⑤《三丰先生本传》和《正讹》皆谓张三丰生于元定宗时期（1246～1248），或宋理宗淳祐年间（1241～1252）。

再次，《道藏辑要》166 册汪锡龄撰的《隐镜编年》谓张三丰为“元

① （清）张廷玉等：《明史》第 299 卷，中华书局，1974，第 7641 页。

② （清）张廷玉等：《明史》第 299 卷，中华书局，1974，第 7641 页。

③ （清）张廷玉等：《明史》第 169 卷，中华书局，1974，第 4535 页。

④ 贺龙骧校勘、彭文勤等纂辑《道藏辑要》，新文丰出版公司发行，版藏成都二仙庵，1978，第 7651 页。

⑤ 贺龙骧校勘、彭文勤等纂辑《道藏辑要》，新文丰出版公司发行，版藏成都二仙庵，1978，第 7656 页。

初人正；金时人误；元末人误；明初人误”①。

最后，明嘉靖人陆西星（1520～1601）《淮海杂记》载，张三丰“子道意，孙鸣鸾、鸣鹤。鸾入明初，迁淮扬。六世孙花谷道人即鸾嫡孙与余为方外友”②。陆西星与六世孙同世，张三丰之孙张鸣鸾是明初人，可证张三丰是生于元初，与1241～1252年之说大致相符。

清代李西月《三丰全集·芦汀夜话》称张三丰自述，出生于元定宗三年（1248），曾为南京中山博陵县令，后弃官从道，于终南山遇火龙真人传真诀，赴武当山修炼多年。

该考证的论据来自《道藏辑要》中的汪锡龄《三丰先生本传》，李西月《三丰全集·正讹》、《隐镜编年》，陆西星《淮海杂记》，以《道藏辑要》版本为依托，考察该版本内的《张三丰全集》，对张三丰的生卒年代以及生卒日期进行界定和厘正。这里面就涉及《道藏辑要》是否应该为可依据的文献；陆西星的《淮海杂记》所记是否为真；汪锡龄所收藏的张三丰作品是否真为张三丰所作；李西月的《张三丰全集》是否可以作为论证的依据。

首先，考证一下《道藏辑要》的情况。因为《道藏》没有收集《张三丰全集》，《道藏辑要》是最早的可以考察《张三丰全集》的文献。该文献由蒋予蒲（1755～1819）于1796～1819年间首次刊刻，所收道书皆来自《道藏》，无有增加。1821～1900年间，两次刊刻《道藏辑要》，加入了96种《道藏》中没有的道书。1906年贺龙骧、彭瀚然刊刻成都二仙庵本的《道藏辑要》，在此本的《续毕集》中收入了道光甲辰二十四年（1844）李西月编写的《张三丰全集》。丁福保（1874～1952）编《道藏精华录》显示《道藏辑要总目》共收279种道书，该《总目》里面没有《张三丰全集》，说明此番收录的可能是第二次或第三次刊刻的《道藏辑要总目》，所以我们可以得出结论，成都二仙庵本的《道藏辑要》首次收录了李西月编写的《张三丰全集》。我们考察张三丰所必须依赖的《张三丰全集》要到

① 汪锡龄：《隐镜编年》，出自贺龙骧校勘、彭文勤等纂辑《道藏辑要》之《张三丰全集》，新文丰出版公司发行，版藏成都二仙庵，1978，第7833页。

② 陆西星《张三丰列传》（《淮海杂记》），出自贺龙骧校勘、彭文勤等纂辑《道藏辑要》之《张三丰全集》，新文丰出版公司发行，版藏成都二仙庵，1978，第7649页。

1906年版的《道藏辑要》中查看。

其次，我们需要考证李西月编写的《张三丰全集》的情况。

李迦秀《叙》："长乙山人，遁园居士忘名利者也，得先生书于梦九六世孙名昙者之家，十存七八，因采诸书以补之……"① 李西月得书于汪锡龄六世孙汪昙，所编《张三丰全集》实根据汪锡龄所藏旧本而写。

董承熙《序》："常于李子斋头得故剑南观察汪梦九先生所藏《三丰全集》……李生以其书历年既久，腐不堪披，亟欲梓而存之，并搜名山碑版，道院抄存者以补其阙，由是郁郁然成一家言也。"② 可见李西月编写的《张三丰全集》以汪锡龄所藏旧本为核心及依据，搜罗名山、道院的碑版和抄本充实其中，显然是刻有诸多李西月痕迹的《张三丰全集》。这为我们从中考察张三丰的作品带来很大的麻烦，我们也会对书中所记张三丰的生平及事迹等产生怀疑，需要努力鉴别。

再次，我们考证汪锡龄所藏的张三丰旧本。李西月所依据的汪锡龄旧本就是张三丰作品的真实记录吗？汪锡龄所写《张三丰本传》的内容一定是事实吗？汪锡龄所藏旧本的真相，我们不易得知，只可从李西月的重编本中零碎得之。汪藏旧本虽因故未能刊刻，然其首创之举，功莫大焉！

1. 汪锡龄在《全集·序》中说："因将我祖师丹经二卷、诗文若干篇夙夜寻求，以图解脱。龄乃记祖师显迹三十余则藏之。"③

2. 汪锡龄在《三丰先生本传》中说："幸遇先生，鉴龄微忱，招龄入道，并示《丹经秘诀》一章及《捷要篇》二卷。"④

3. 藏厓居士《汪锡龄传》："汪校正《玄要篇》，及著《三丰本传》、《显迹》等章传世。"⑤

4. 李西月《度汪梦九》中认为张三丰授汪梦九《金丹要旨》。

---

① 贺龙骧校勘、彭文勤等纂辑《道藏辑要》，新文丰出版公司发行，版藏成都二仙庵，1978，第7642页。

② 贺龙骧校勘、彭文勤等纂辑《道藏辑要》，新文丰出版公司发行，版藏成都二仙庵，1978，第7642页。

③ 贺龙骧校勘、彭文勤等纂辑《道藏辑要》，新文丰出版公司发行，版藏成都二仙庵，1978，第7641页。

④ 贺龙骧校勘、彭文勤等纂辑《道藏辑要》，新文丰出版公司发行，版藏成都二仙庵，1978，第7652页。

⑤ 藏厓居士《汪锡龄传》。

5. 李西月《全集·凡例》说《张三丰全集》集中《大道论》《玄机直讲》《玄要篇》之名称（照汪仙所藏先生自订者名之，不复更易）。

由此可知，汪锡龄所藏旧本的真相如下：

丹经：二卷（可能为《大道论》和《玄机直讲》）；《丹经秘诀》一章；《金丹要旨》

诗：《云水前集》；《云水后集》；《捷要篇》（或称《玄要篇》）二卷

文：内容不详

传：《三丰本传》

显迹：三十余则

汪锡龄作：《张三丰本传》；《藏蜕居记》；《云水前集序》；《云水后集序》

我们需要考察汪锡龄作品内容是否属实，其中是否真有张三丰的作品。由此判断他作的《张三丰本传》内容的可信度，如果不可信，前面的论证论据就是错的。

第一，《三丰先生本传》说："奇峰异水间幸遇先生，鉴龄微忱，招龄入道……""龄侍先生已久，得悉先生原本又甚详，爰洗浊怀，恭为纪传，以付吾门嗣起者。"[①] 汪锡龄（1664～1724）是清康熙年间的人，他如何能见到他在本传中所提到的元明间的张三丰呢？从这点来看其所得一部分张三丰的作品可能是扶乩或有意假托。但应该还有一部分是从以前的刻本和抄本那里得到的。比如最早记载"张三丰传"的文献《太岳太和山志》，作者是镇江府阳县人任自垣（1350～1431），曾纂修《永乐大典》，又同胡滢寻访张三丰，还是纂修明《道藏》的总负责人。所写张三丰传当是信史。汪本三丰传和任本三丰传微有出入，所以汪本可以作为论证的依据。此外，在汪锡龄以前的正史、文集、笔记以及地方志乘中关于张三丰的记载就有很多。例如：《皇明恩命世录》记载张宇初（1361～1410）寻访张三丰的事迹；明宣德《太岳太和山志》记载明成祖寻访张三丰的《御制

① 贺龙骧校勘、彭文勤等纂辑《道藏辑要》，新文丰出版公司发行，版藏成都二仙庵，1978，第7652页。

书》；1427 年蒋夔撰《张神仙祠堂记》记录永乐十五年吴伯理奉旨访请张三丰的事情；南郡杨浦（1372～1446）撰《神玄显教编》，记录张三丰事迹数则；天顺三年（1459）明英宗《御赐张三丰铜牌》；天顺五年（1461）李贤纂修《大明一统志·仙释》，其中青州府志、凤翔府志、襄阳府志、邛州府志都有关于张三丰的记载；天顺六年（1462）宝鸡金台观刻有《张三丰遗迹记》一碑；明弘治间纂修的《贵州图经新志》、万历二十五年（1597）纂修的《贵州通志》记录张三丰的事迹。可见，在汪作之前已经有很多传世著作中记录张三丰的事迹，他们可以成为汪本的依据。

第二，我们以汪锡龄的《云水前集·序》为例进行论证，看看汪锡龄所藏旧本是否真为张三丰所作。他在《云水前集·序》中提到：一、《云水前集》是三丰元明间的作品。二、胡广将《云水前集》收入明《永乐大典》。三、明嘉靖年间诏求方书，从《大典》中翻出梓行，颁示国师。

汪在康熙五十九年（1720）得《云水前集》（即《云游诗若干篇》或《花谷藏书》）于扬州书肆，认为是张三丰六世孙花谷道人的藏书，认为花谷藏书来自《永乐大典》。在清乾隆《四库》开馆之前的清代，只有极少数的特权分子可以看到《永乐大典》，就算有机会见到亦不能窥其全部，因其部分在明已毁，正如近人李致中所说：《永乐大典》现“仅存帙的百分之三多一点”。《大典》又是用韵编写，恐无详目，汪如何得知《大典》内有《云水前集》？但不能因为这些否定《永乐大典》中没有《云水前集》。明朝道士张宇初两次寻访张三丰。在《皇明恩命世录》中有《命邀请真仙张三佯敕》：“敕真人张宇初，今发去请张真仙书一通，香一柱，真仙到山中，尔即投此，敬邀一来，以慰朕，企伫之诚，故敕，广运，永乐六年十月初七日，之宝。”[①] 还有永乐七年八月十三日的《再命寻访张三佯》一敕。张宇初曾纂修过《永乐大典》，又奉敕命寻访过张三丰，不能排除他在编纂《大典》的道教典籍时采用过张三丰的《云水前集》，所以汪锡龄的说法有可信之处。此外，我们将《云水前集》中诗歌内容与历史文献相对照，发现其中若合符契的地方很多。现举一例：《云水前集》有《呈廉阁老》诗云：“真人不露真，玄门不露玄。方士乃何物，自然徒纷

① 《道藏》之《皇明恩命世录》，文物出版社、上海书店、天津古籍出版社，1988，第 34 册，第 793 页。

然。尧舜享高寿，无为静也吉。几曾饵金石，而乃得遐年。我爱廉夫子，忠悃心拳拳。上书攻异教，肝同铁石坚。吾家有二老，至今作天仙。了房师避谷，志和隐钓船，素与天子近，不谈汞和铅。功成身勇退，英雄则在焉。帝王自有一，其在白云边。凡为大臣者，孔戒心当先。我爱廉夫子，正气与阵贤（时人有廉孟子之目）。”[①] 另一首《送廉公之江陵》：“我有老亲，头已白矣。我得微官，公之德矣。公自爱才，我非贪禄。公往江陵，民皆受福。”[②]《元史·廉希宪传》，“廉希宪，字善甫，布鲁海牙子也……侍母居中山。……世祖为皇帝，希宪年十九入侍，见其容止议论，恩宠殊绝，希宪笃好经史，手不释卷。一日方读孟子，闻召急怀以进，世祖问其说，遂以性善，义利仁暴之旨为对，世祖嘉之，目曰廉孟子。……方士请炼大丹也。帝曰：然，遂却之。时方尊礼国师，帝命希宪受戒，对曰：臣受孔子戒矣。……十二年右丞阿里海牙下江陵，图地形上子朝，请命重臣开大府镇之，帝急召希宪还，使行省荆南。……希宪疾久不愈，十五年（1278）春，近臣董文忠言江陵湿热，如希宪病何！即召希宪还……卒年五十。”[③] 张三丰这诗与廉希宪之史实，已完全吻合，《呈廉阁老》，可能写于至元十一年，此时乃廉希宪诏起为北京行省平章政事之时，不久又奉旨到辽东，任辽阳等处行中书省。后又召还，有江陵之行，时间是至元十二年五月间。廉希宪南行经过真定路中山府（即今之河北正定县），故有张三丰送行之诗。从诗中反映此时张三丰正在任安喜县令，所以有“我非贪禄”之句（中山府，北宋为中山府博陵郡，元为真定路中山府，张三丰为博陵县令）。此外，方士炼丹及受戒，都符合廉希宪之传，而且廉希宪幼时“侍母居山中”，而任江陵府之职时，经过中山，寻访故地与友人，也是情之所趋，理所当然。也说明张三丰的诗是真实的记载，是信得过的史料，《云水前集》可作论据。

此外，李西月将所收集的作品与“梦九真本一一印证”，认为汪氏作

---

① 贺龙骧校勘、彭文勤等纂辑《道藏辑要》，新文丰出版公司发行，版藏成都二仙庵，1978，第7757页。

② 贺龙骧校勘、彭文勤等纂辑《道藏辑要》，新文丰出版公司发行，版藏成都二仙庵，1978，第7758页。

③ 《元史·廉希宪传》[（明）宋濂等撰]，中华书局，1976，第3085~3096页。

品可信。他说："又《神仙鉴》载胡广录呈祖师道诗名《捷要篇》（按：包括《无根树》、《大道歌》、《炼铅歌》、《琼花诗》、《丽春院》二阕、《青羊宫留题》、《金液还丹歌》、《真仙了道歌》）近来传本多所混杂，兹编广取博采，兼以梦九真本，一一印证，务使复还旧观。"

从汪本《三丰先生本传》中可以看到汪锡龄对张三丰充满虔敬之情。"龄乃跣足剪甲，恭祷眉山之灵。"① 如此虔敬，应该是汪本人确信张三丰及其作品的存在。所以以汪锡龄的《三丰全集》做依托考张三丰是元末明初人，未必是不妥当的。

最后，我们考证一下陆西星（1520～1601）的《淮海杂记》。这个作品有可疑之处。

一、陆西星的《淮海杂记》所述内容在其他文献中无从查找，无法比对验证，属于孤证，所以未必能够成为确切的依据。

二、《淮海杂记》是真为陆西星所写，还是托名陆西星的作品，有待考证。通常所知陆西星的著作有：《七破论》、《金丹就正篇》一卷、《玄肤论》一卷、《老子道德经玄览》等，收入《方壶外史》；佛学著作有《楞严述旨》十卷、《楞严经说略》一卷，没有《淮海杂记》，所以此作可能是托名陆西星而写。

三、陆西星说得书于张三丰六世孙花谷道人，花谷与其为方外友，"老仙尝至其家"。张三丰不能见到六世孙，所以可能通过扶乩得到张三丰的作品，扶乩之作不能作为确证。

而且汪锡龄的《三丰全集》和陆西星的《淮海杂记》有矛盾的地方。

一、陆西星的《淮海杂记》说："按（张三丰）访师终南，得闻火龙妙谛。渐乃佯狂垢污，人不能识。生平诗文，每起稿于树皮苔肉、茶汤匕箸间，积数十年犹能记诵，然未尝录以示人也。故元朝文艺中无有知者。"② 认为张三丰的作品在元朝没有刻本和抄本。

汪锡龄在《云水前集·序》中说："《云水前集》者，我三丰先生在

---

① 贺龙骧校勘、彭文勤等纂辑《道藏辑要》之《张三丰全集》，新文丰出版公司发行，版藏成都二仙庵，1978，第7652页。

② 贺龙骧校勘、彭文勤等纂辑《道藏辑要》之《张三丰全集》，新文丰出版公司发行，版藏成都二仙庵，1978，第7649页。

元、明间所作者也。”① 认为在元明之间有传世的关于张三丰的刻本和抄本。

二、汪锡龄在《云水前集·序》中说“嘉靖中，诏求方书，仍从《大典》中翻出梓行，颁示国师等等。锡龄于康熙五十九年，得此本于扬州书肆，宝而藏之。即花谷藏书也。”② 认为《云水前集》出自《永乐大典》。而记载花谷事的文献是托名为陆西星的《淮海杂记》（按：《明史·世宗本纪》记录在嘉靖年间曾诏求方书，所以可能处于嘉靖年间托名陆西星的人记录了张三丰六世孙花谷道人以扶乩的方式得到的张三丰作品）。陆西星的《淮海杂记》说：“其家有林园之胜，老仙尝至其家。叩以当年轶事，则书云游诗若干篇、宝诰数章、丹诀一函，命藏之。花谷每为余言，不胜使人遐想也。”③ 指出花谷藏书来自张三丰降授。

显然陆作有可疑之处，汪作也有可疑之处，汪陆之作还有矛盾之处，通过论证我们更倾向于用汪锡龄的《三丰先生本传》作为依据来界定张三丰的生卒时代，倾向于认为张三丰是宋末元初的人。

补：从汪锡龄的《三丰全集》到李西月的《张三丰全集》到收录于《道藏辑要》的《张三丰全集》，对《张三丰全集》的版本进行了梳理考证，发现在汪本全集和李本全集之间还有“补记”的环节。李涵虚在《叙》中说：“卓菴刘君得汪书而补记之，刊版传世……”④ 经考证，刘卓菴补记的就是刊版传世的《张三丰太极炼丹秘诀》。1994 年 6 月，中国书店将此本影印出版，于书前版权页上署“张通述”。1998 年 11 月，台湾文山遁叟萧天石先生主编《道藏精华》时将其收入第二集之五，并由台湾自由出版社再次以单行本影印出版，书前增萧氏撰《重刊太极炼丹秘诀前序》，书后版权页署著作者为“张三丰真人”，包含内容如下。

① 贺龙骧校勘、彭文勤等纂辑《道藏辑要》之《张三丰全集》，新文丰出版公司发行，版藏成都二仙庵，1978，第 7751 页。

② 贺龙骧校勘、彭文勤等纂辑《道藏辑要》之《张三丰全集》，新文丰出版公司发行，版藏成都二仙庵，1978，第 7751 页。

③ 贺龙骧校勘、彭文勤等纂辑《道藏辑要》之《张三丰全集》，新文丰出版公司发行，版藏成都二仙庵，1978，第 7649 页。

④ 贺龙骧校勘、彭文勤等纂辑《道藏辑要》之《张三丰全集》，新文丰出版公司发行，版藏成都二仙庵，1978，第 7643 页。

《张三丰太极炼丹秘诀》

卷一传纪：列传、三丰先生本传、张三丰外传、历代显迹纪。

卷二太极长生诀：重阳祖师十论、运用周身筋脉诀、打坐浅训、打坐歌、积气开关说、太极拳论、学太极须敛神聚气论、太极行功说、太极行功歌、太极拳歌、太极拳十三势行功心解、行功十要、行功十忌、行功十八伤、太极拳七十二图势。

卷三修道篇：大道论、安乐延年法、长生不死法、超凡入圣法、归源论。

卷四炼丹篇：炼丹大候说二篇、服食大丹说、圣母灵胎诀、制铅秘诀、制银秘诀、制砂秘诀、制汞秘诀、金精阳炁论、金火论、踵息炼气篇、九转龙虎金丹、大丹起手秘诀、长命金丹。

卷五炼丹耿咏：金丹诗、续金丹诗、大丹诗示武当弟子、无根树道情。

卷六水石闲谈：闲谈、诗谈、乩谈。

张三丰生平考

一　出生于宋末元初

对于张三丰的生年问题，涉及一个关键的事情就是“延祐元年（按：三丰）67 岁入终南山学道于火龙真人”。延祐元年，张三丰 67 岁，可向前追溯出其出生年。论证延祐元年张三丰 67 岁有如下论据。

1. 前面已经考证汪锡龄本有可信之处，我们可以作为论证的依据。汪锡龄《三丰先生本传》：“延祐元年，年六十七，始入终南，得遇火龙真人，传以大道。”① 汪锡龄《三丰先生本传》：“定宗丁未夏，先生母林太

① 贺龙骧校勘、彭文勤等纂辑《道藏辑要》之《张三丰全集》，新文丰出版公司发行，版藏成都二仙庵，1978，第 7651 页。

夫人梦玄鹤自海天飞来，而诞先生，时四月初九日子时也。”①

2. 李西月本以汪锡龄本为蓝本，对张三丰的出生日期依据汪本而来。李西月《三丰全集》之《正讹》言：“别传谓祖师为元末明初人，而不知为宋末元初人也。尝对万三自叙云：延祐初，余年六十七，逆而数之，正在元定宗之初年，宋理宗之淳祐年也。”②

3. 《玄要篇》之《炼铅歌》有云：“六十七岁入终南，得遇真人传至宝。”③《云水后集》接续《云水前集》的论证，其中的《玄要篇》之《一枝花》第四体：“愁则愁六十七年光阴短，入终南感得火龙亲口传。”④

4. 前面已经论证《云水前集》有与历史文献相合之处，可以作为论证的依据。《云水前集》中的《悠悠歌》：“悠悠歌，悠悠歌。四十八岁空消磨，人生寿命能几何！株守恒山十六载，燕赵往来成逝波。倒不如携琴剑，整笠蓑，东走蓬莱唱道歌。”⑤ 此诗于至元三十一年（1294）甲午岁作于北岳，从诗的情况反应，还未能遇人传真诀惆怅哀叹消磨岁月。由他写此诗时的48岁，可推出张三丰生于元定宗贵由二年（1247）丁未岁。此时为南宋理宗淳祐七年。

二　入仕出世于元朝

张三丰的人生与他所处时代的历史背景是分不开的。中统元年（1260）由于忽必烈在争夺帝位过程中得到了一大批儒士的支持，因此在中统即位之初，儒臣很受重用，实行“举茂才异”的政策，曾自言：“自国朝开创以来，论其得贤，于斯为盛。”张三丰时年13岁，便以文学才识

① 贺龙骧校勘、彭文勤等纂辑《道藏辑要》之《张三丰全集》，新文丰出版公司发行，版藏成都二仙庵，1978，第7650页。

② 贺龙骧校勘、彭文勤等纂辑《道藏辑要》之《张三丰全集》，新文丰出版公司发行，版藏成都二仙庵，1978，第7656页。

③ 贺龙骧校勘、彭文勤等纂辑《道藏辑要》之《张三丰全集》，新文丰出版公司发行，版藏成都二仙庵，1978，第7716页。

④ 贺龙骧校勘、彭文勤等纂辑《道藏辑要》之《张三丰全集》，新文丰出版公司发行，版藏成都二仙庵，1978，第7731页。

⑤ 贺龙骧校勘、彭文勤等纂辑《道藏辑要》之《张三丰全集》，新文丰出版公司发行，版藏成都二仙庵，1978，第7759页。

出众，被当地官府列名为奇才上报朝廷。至元元年（1264），汉臣刘秉忠被重用担任“太保”一职。在至元元年到至元十一年间，廉平章将张三丰举荐给刘秉忠，刘秉忠提携其成为博陵县令。至元二年（1265）忽必烈诏令以蒙古人充各路达鲁花赤，汉人充总管，回人充同知，永为定制。此外，府、州、县达鲁花赤也都必须由蒙古人充任。达鲁花赤在地方官中地位最高，即使不实际理事，也成为高居在上的特殊官员，汉儒地位低下。张三丰做官的时间正是此时，说明其在仕途上可能受到元达鲁花赤的压制，郁郁寡欢。《云水前集·有感》：“家国伊人任，孤哀独我单。潸然双泪落，飞雁影高寒。”（《有感》）① 张三丰不愿做官的心理已经显露出来。《博陵上仲晦相公》：“别求贤令尹，吾不坐琴堂。”② 至元十一年（1274）刘秉忠逝世，张三丰时年 28 岁，于博陵任上以《遥挽刘仲晦相公》一诗缅怀前辈。而后，儒士地位更加低下，甚至有“小夫贱隶，亦以儒为嗤诋”（《青阳先生文集·贡泰父文集序》）的说法，儒士在元朝仕途中面临十分尴尬的境地。自此张三丰出世之心日益坚定。至元十五年（1278）张三丰 32 岁时写《三十二岁北游》：“幽冀重来感慨忘，乌纱改作道人装。”③ 离开博陵县，“株守恒山十六载”到至元三十一年（1294）时，张三丰慨叹“四十八岁空消磨……倒不如携琴剑，整笠蓑，东走蓬莱唱道歌”④（《悠悠歌》）。而后在 67 岁的时候，正值延祐元年（1314）于终南山受火龙真人传以大道，而后前往武当山结庐而居修炼九载。“九年无事又无诗，默默昏昏不自知”，不自知之境即化境，说明其道法始成。得道之后的张三丰勤于度世度人，以至于享誉有明一代。我们可以从张三丰在元朝与朋友的交游了解更多他的入仕及出世思想。

首先，我们看一下张三丰与廉平章的交游。前文已经论述张三丰的

---

① 贺龙骧校勘、彭文勤等纂辑《道藏辑要》之《张三丰全集》，新文丰出版公司发行，版藏成都二仙庵，1978，第 7758 页。

② 贺龙骧校勘、彭文勤等纂辑《道藏辑要》之《张三丰全集》，新文丰出版公司发行，版藏成都二仙庵，1978，第 7758 页。

③ 贺龙骧校勘、彭文勤等纂辑《道藏辑要》之《张三丰全集》，新文丰出版公司发行，版藏成都二仙庵，1978，第 7759 页。

④ 贺龙骧校勘、彭文勤等纂辑《道藏辑要》之《张三丰全集》，新文丰出版公司发行，版藏成都二仙庵，1978，第 7759 页。

《云水前集》中关于廉平章的诗与正史文献记载是相符合的。从《云水前集》中《呈廉阁老》《廉平章以书荐余名于刘仲晦太保感而咏此》《送廉公之江陵》等诗歌中可以看出以下几点。

一、张三丰十分崇拜廉平章的为人，认为他“正气如孟贤”、以孔戒处理政事伦理、是功成勇退的英雄、秉直公正“肝同铁石坚”；在任上实行仁政——“公往江陵，民皆受福”。[①]（《送廉公之江陵》）

二、张三丰对廉平章十分敬爱并忠心耿耿。“我爱廉夫子，忠悃心拳拳。”[②]（《呈廉阁老》）

三、廉平章对张三丰有知遇之恩及举荐之功。“贤与贤相近，得逢推荐人。”[③]（《廉平章以书荐余名于刘仲晦太保感而咏此》）张三丰在元朝只有受到举荐才能得以进入仕途，所以对廉氏的感激之情溢于诗中。

四、张三丰对于廉平章的举荐感激之余更有满腔抱负，说“公自爱才，我非贪禄”以不辜负前辈的提携，而一句“愧非栋梁质，名动帝王臣”。[④]（《廉平章以书荐余名于刘仲晦太保感而咏此》）更显示出张三丰希望成为国家栋梁的一腔抱负。

其次，我们来看张三丰与刘秉忠的交游。尽管权威的《明史》认为：“元初与刘秉忠同师……然皆不可考。”[⑤] 但张三丰写的内容很多与正史吻合。根据《云水前集》里若干首张三丰写给刘秉忠的诗与《元史》相比对考证张三丰与刘秉忠的关系。《元史·刘秉忠传》：“十一年（1274）扈从至上都，其他有南屏山，尝筑精舍居之，秋八月，秉忠无疾端坐而卒，年五十九。帝闻惊悼！”[⑥] 张诗《遥挽刘仲晦相公》：“时至元十一年冬月初

① 贺龙骧校勘、彭文勤等纂辑《道藏辑要》之《张三丰全集》，新文丰出版公司发行，版藏成都二仙庵，1978，第7758页。

② 贺龙骧校勘、彭文勤等纂辑《道藏辑要》之《张三丰全集》，新文丰出版公司发行，版藏成都二仙庵，1978，第7758页。

③ 贺龙骧校勘、彭文勤等纂辑《道藏辑要》之《张三丰全集》，新文丰出版公司发行，版藏成都二仙庵，1978，第7758页。

④ 贺龙骧校勘、彭文勤等纂辑《道藏辑要》之《张三丰全集》，新文丰出版公司发行，版藏成都二仙庵，1978，第7758页。

⑤ （清）张廷玉等：《明史》第299卷，中华书局，1974，第7641页。

⑥ （明）宋濂等撰《元史·刘秉忠传》，中华书局，1976，第3694页。

旬也。……举世谁知我?[①] 登朝屡荐人。八盘他日过，清酒奠公神。”（从诗中可知刘秉忠对张三丰有知遇之恩及屡荐提拔之功）可见刘秉忠逝世这年，完全与张三丰的诗符合（《悠悠歌》中说至元三十一年张三丰48岁，说明写此诗时张三丰28岁，在博陵县令的任上）。1264年秋，张三丰游燕京，正赶上忽必烈下诏延揽人才，此时刘秉忠位居“太保”之职。《元史·刘秉忠传》：“至元元年（1264）翰林学士承旨王鹗奏：言秉忠久侍藩邸，积有岁年，参帷幄之密谋，定社稷之大方计。……帝览奏，即日拜光禄大夫，位太保参中书省事。”[②] 张三丰在等待入仕的过程中，被廉平章举荐给刘秉忠。1274年，刘秉忠59岁，张三丰28岁，二人相差三十一岁。刘秉忠对张三丰举荐、关注、提携，希望他能成就大的事业。“公何为者重贱子，此恩此德提吾耳。”[③]（《张三丰全集·答刘相公书》）张三丰对刘秉忠心存感恩，并以晚辈不辜负前辈的心情在仕途中前进着。

再次，张三丰与元朝道士画家黄公望（1269～1354）有交游的经历。黄公望是元季四大家之一，对明清两代山水画的发展有着极其深远的影响，在60岁左右（1330年前后）与倪瓒加入全真教，所画《富春山居图》分列北京故宫博物院和台北“故宫博物院”。明代姜绍书在《无声诗史》中记载张三丰与黄公望的交游：“黄公望往来三吴，与曹知白及方外莫月鼎、冷启敬、张三丰友善。”[④] 元代道士注重三教合一，黄公望博通三教，开三教堂于苏州之文德桥。《道藏》收录金月严、黄公望传的三种道教典籍《纸舟先生金丹直指》《抱一子三峰老人丹诀》《抱一函三秘诀》。从二人的交游能看出张三丰与全真教的关系密切，还能看出三教合一思想在当时很盛行。

---

① 贺龙骧校勘、彭文勤等纂辑《道藏辑要》之《张三丰全集》，新文丰出版公司发行，版藏成都二仙庵，1978，第7759页。

② （明）宋濂等撰《元史·刘秉忠传》，中华书局，1976，第3693页。

③ 贺龙骧校勘、彭文勤等纂辑《道藏辑要》之《张三丰全集》，新文丰出版公司发行，版藏成都二仙庵，1978，第7759页。

④ （明）姜绍书：《无声诗史》，见于安澜编《画书业书》卷一，人民美术出版社，1963，第2页。

三　逝世于元末明初

对于张三丰的逝世时期，不同观点甚多。

1. 认为张三丰的卒年不确切。《明史·方伎传》（1739）：“天顺三年，英宗赐诰，赠为‘通微显化真人’，终莫测其存否也。”[①] 对张三丰的卒年不做确切界定。

驳：因为对张三丰卒年给不出确切的考证结果，所以存而不论，是不负责任的。

2. 认为张三丰死于永乐十五年前后。黄兆汉（1941～　）的《明代道士张三丰考》认为朱棣于永乐十五年之后不再寻访张三丰，所以推断他死于永乐十五年至十六年（1417～1418）。

驳：不能因为永乐十五年以后朱棣不再寻访张三丰而断定其卒于永乐十五年或十六年。

3. 认为张三丰死于天顺初年。明代郎瑛的《七修类稿·续稿》说三丰“天顺三年（1459），又来谒帝”[②]。汪锡龄撰《隐镜编年》与此观点相类，并说张三丰感明英宗（1436～1464）之诚，现全神晋谒。

驳：明太祖朱元璋和明成祖朱棣寻访张三丰多次都不得，何况明英宗？而且若张三丰真的拜谒英宗，怎会无正史记载？

4. 认为张三丰于天顺末年“或隐或现”。《高破异传》《辽东志》《皇明泳化类编》《名山藏》《明书》等都这样记载。“或隐或现”说明记载之人不能确定其是否存在，“隐”是猜测，“现”可理解为传说。

驳：或隐或现，已然具有传说的神话色彩，何况出生于1247年的张三丰如何能活到天顺末年（1464）？

我们认为张三丰死于明太祖朱元璋洪武二十四年（1391）觅之不得之后的1391年。汪锡龄《张三丰本传》：“洪武十七年甲子（1384）太祖以

① （清）张廷玉等：《明史》第299卷，中华书局，1974，第7641页。

② （明）郎瑛：《七修类稿·续稿》卷四，中华书局，1959，第802页。

华夷宾服，诏求先生，不赴。十八年（1385），又遣沈万三敦请，亦不赴。"[①] 1384年、1385年，太祖曾经两次寻访，张三丰不赴，说明当时其还在世间。《明史》："太祖故闻其名，洪武二十四年（1391）遣使觅之，不得。"[②]《太岳太和山志》作为最早记录张三丰的文献，记载平实，可信度很高，说"洪武二十三年（1390），拂袖长往，不知所止"，[③] 与《明史》观点大概一致。综上所述，可以推断张三丰消失于洪武二十三年（1390）后，而与这一时期相符合、对张三丰去世有明确记载的是《明史·张三丰传》，"洪武二十四年（1391）……一日自言当死，留颂而逝"。[④] 尽管在这段记述之后又有"县人具棺殓之。及葬，闻棺内有声，启视则复活"[⑤]的记载，但是不能就此而言1391年张三丰未死，张三丰修炼有成，人身死后有异迹是不足为怪的，张三丰生于元定宗贵由二年（1247），140岁左右的寿命，对于修炼有成的张三丰而言应该是可能的。所以我们说张三丰生于宋末元初，跨有元一代，卒于明初1391年，经历宋元明三代。

四　享誉于有明一代

张三丰是修道有成之人，因其有诸多显迹，所以在明代享有盛誉，明太祖和明成祖都有寻访他的经历。因为认为他存在，所以不惜余力去寻访；因为他已经不存在，所以无论用多大的力气都寻访不得。这就是有明一代因张三丰而形成的悖论。因为张三丰有名气、有声誉，所以皇帝去寻访他；又因为皇帝的寻访使他的名声更大。甚至到了天顺三年（1459）明英宗还封了诰命（诰命往往是封给活人的）于他，叫"通微显化真人"，可见张三丰真的享誉有明一代。

明太祖寻访张三丰不得。明洪武十七年（1384），明太祖朱元璋下诏

① 贺龙骧校勘、彭文勤等纂辑《道藏辑要》，新文丰出版公司发行，版藏成都二仙庵，1978，第7651页。

② （清）张廷玉等：《明史》第299卷，中华书局，1974，第7641页。

③ 《太岳太和山志》出自杜洁祥主编《道教文献》第5册，丹青图书有限公司印行，1983，第4121~4122页。

④ （清）张廷玉等：《明史》第299卷，中华书局，1974，第7641页。

⑤ （清）张廷玉等：《明史》第299卷，中华书局，1974，第7641页。

请张三丰赴京师传道讲经。

任自垣著的《太岳太和山志》说：“（洪武）二十四年（1391）太祖皇帝遣三山高道使于四方，清理道教，有张玄玄可请来。”（前已引用过）

何乔远（1586年进士）《名山藏》：“太祖晚年闻其（按：指张三丰）名，四求不得。”（前已引用过）

《明史稿》：“太祖闻其名，洪武二十四年（1391）遣使遍觅之，不遇。”（前已引用过）

《明史》：“太祖故闻其名，洪武二十四年（1391）遣使觅之，不得。”（前已引用过）

明成祖朱棣对张三丰的寻访经历更多。抛开朱棣以访张三丰为名寻访建文帝安在这个角度不说，笔者认为朱棣寻访张三丰是事实，并且有一定的诚意。朱棣注重道教养生，曾经去武当山寻访药方“卫生简易方”；曾经在与袁忠徹对话时说：“仙药不服，服凡药耶？”张三丰是修炼有成的道士，人们认为他是长生不老的，这对朱棣有很强的吸引力。所以朱棣开始了对张三丰长达12年的寻访。

祝允明（1460～1526）《野记》：“太宗未登极时，喇闼异迹甚多，比即位，不复见，乃命胡忠安濙驰传遍索于天下，不限时月……”①

任自垣《太岳太和山志》：“永乐初太宗文皇帝（按：成祖）慕其（按：张三丰）至道，致香书累遣使请之……”②

根据陆深《玉堂漫笔》及何乔远《名山藏》记载，永乐三年（1405）成祖已遣淮安王宗道及胡濙等遍访张三丰于天下名山。

《明史·胡濙传》：“（永乐）五年（1407），（成祖）遣（胡）濙颁御制诸书，并访仙人张邋遢，遍行天下州、郡、乡、邑，隐察建文帝安在。”③ 一个“并”字说明对张三丰的寻访是永乐皇帝的目的之一。

《汉天师世家》记载天师道第四十三代天师张宇初被敕寻访张三丰：“戊子（按：永乐六年，1408）十月，（成祖）手敕俾邀请真仙张三丰。已

① 祝允明：《野记》，载《历代小史》第25册，第79卷，第57页。

② 任自垣：《太岳太和山志》卷六，出自杜潔祥主编《道教文献》第5册，丹青图书有限公司印行，1983，第4121～4122页。

③ （清）张廷玉等：《明史·胡濙传》第169卷，中华书局，1974，第4534～4535页。

丑（按：永乐七年，1409）再敕寻访张三丰。”①

永乐十年（1412）二月初十日成祖致张三丰的《御制书》更表达了他对张三丰的渴慕之情。《御制书》说：“皇帝敬奉书真仙张三伻先生足下：朕久仰真仙，渴思亲承仪范，尝遣使致香丰书，遍谒名山虔请。真仙道德崇高，超乎万有，体合自然，深妙莫测，朕才质疏庸，德行菲薄，而至诚愿见之心夙夜不忘。敬再遣使谨致香奉书虔请，拱候云车风驾，惠然降临，以副朕拳拳仰慕之怀。敬奉书。”② 成祖对张三丰的仰慕之情溢于言表。命道士孙碧云前往武当山见张三丰，并以御制诗赐之，其中有“若遇真仙张有道，为言伫俟长相思”③ 之句。

永乐十四年（1416），朱棣对张三丰始终不露面大失所望，怒谓胡广说：“朕屡次三番相邀，张三丰缘何拒而不见？”

永乐十五年（1417）明成祖遣宝鸡医官苏钦等斋香书遍访名山求之，又遣龙虎山道士奉书请之。

此后二百多年间，明朝历代皇帝都对张三丰崇敬有加。明英宗天顺三年（1459）朱祁镇封张三丰为“通微显化真人”；1486 年，明宪宗朱见深封张三丰为“韬光尚志真仙”；1563 年，明世宗朱厚熜封张三丰为“清虚元妙真君”；1623 年，明熹宗朱由校封张三丰为“飞龙显化宏仁济世真君”。其时，张三丰早已“莫测其存否”了。

五　衍传结集于清代

在清末、民国初期，张三丰依然具有强势的影响力，竟然有以张三丰为始祖的十五个道派流行，例如，邋遢派、新宗派、檀塔派、自然派、三丰祖师自然派、三丰派、三丰祖师日新派、日新派、三丰祖师蓬莱派、蓬

① （明）张正常（1335～1377）编，张宇初（　～1410）校，张国祥（1577～1607）补《汉天师世家》，见《道藏》（1924～1926 年上海涵芬楼据北京白云观所藏的明刊正续全藏的影印本）第 1066 册，第三卷，第 29 页。

② 任自垣：《太岳太和山志》卷二，出自杜潔祥主编《道教文献》第 5 册，丹青图书有限公司印行，1983，第 30 页。

③ 任自垣：《太岳太和山志》卷二，出自杜潔祥主编《道教文献》第 5 册，丹青图书有限公司印行，1983，第 33 页。

莱派、王屋山自然派、三丰自然派、三丰日新派、三丰清微派。可见张三丰及丹道思想和丹法实践到了清朝依然衍传不止。传播的途径之一就是文本。从明清两朝目录学家的记载中，可知在明初张三丰作品已有刻本传世。

1. 嘉靖《天水冰山录》…… 《张三丰金丹节》一部 手抄本 严嵩藏

2. 万历四年（1576） 朱睦㮮《万卷堂书》……《金丹小成》、《金丹直指》《秘旨》《修养保身秘法》（张三丰）

3. 赵鼎台著《脉望》…… 《道法会同疏》（张三丰永乐于明道玉家所写）

4. 宝鸡金台观碑刻（建于元末明初）……《金丹玄要》三篇 收录于陈垣《道家金石略》

5. 黄虞稷（1626～1692）撰《千顷堂书目》 （完成于1680年）……《金液还丹捷径口诀》、《金丹直指》

6. 王洪绪撰《明史稿》（成书于1722年）……《金丹直指》、《金丹秘旨》

7. 《明史·艺文志》（1739）……《金丹直指》、《金丹秘旨》

8. 康熙十二年（1673）《贵州通志》……《大道歌》、《无根树词》二十四首

9. 阮元、范懋撰《天一阁书目》（1804）……张三丰《金丹节要》二卷 蓝丝阑抄本

以上很多为《张三丰全集》失收之作，有些是李西月编写《三丰全集》时没有见过的，有些是见而拒收的（因为李西月遇道术之类，皆不合编），没有结集刊印。在以上刻本之后汪锡龄写了《张三丰全集》，但因故未能刊行。到了清朝，李西月重编《张三丰全集》。张三丰的作品便以全集的形式被刊发刻印。对于《张三丰全集》的版本源流我们已经在前文予以介绍。《张三丰全集》是研究张三丰的重要文献依据，是晚清李西月以张三丰的丹道体系为核心，以汪锡龄旧藏版本为依据，搜索名山碑版、

道院抄存以补其缺，并融入自己的丹法理论和实践，从而“郁郁然成一家言”。刻有李西月痕迹的《张三丰全集》俨然是李西月创立的西派丹法的理论根据和实践依托，也是隐仙派或犹龙派的道统经典。李西月编写的《张三丰全集》（亦称《张三丰先生全集》、《三丰祖师全集》、《三丰全集》、《三丰全书》等）在清和民国时期历经三次刊刻、一次石印。首刻于道光年间，称其为“清刻甲本”；次刻于同治、光绪年间，即张之洞督学四川时捐资翻刻，称其为“清刻乙本”；再刻于光绪年间，成都二仙庵重刊《道藏辑要》时以“清刻乙本”为底本重新镌刻。虽然称为《张三丰全集》，但里面的内容有一些是张三丰弟子的传记、道派承传、后人著作等，有的虽然题为张三丰所作，但却未必都是张三丰的作品。例如，林书立先生在《张三丰炼功八字诀解说》中引“道言浅近说”一段，实际就是李西月对《收心法》原文的增创。据李远国、郭旭阳考证《张三丰全集》中汪锡龄所藏《大道论》《玄机直讲》《玄要篇》应为张三丰所作。

李西月重编《张三丰全集》表现出严谨的治学精神。他以“崇道弃术、救世为用”为原则，翻检大量文献，搜罗历史遗著，涉及正史志乘、野史笔记、坊刻秘传等文献多达40余种，而且十分注重对史料的甄别考证，同时对一些作品进行了旁征博引、评跋批注，极尽用功之能事。这一举措对于后人了解张三丰丹道思想功不可没。

《修真图》道教修炼思想浅析

丛　伟*

在关于《修真图》的研究中，法国汉学家戴思博的专著《〈修真图〉——道教与人体》，应是最为全面的一种。在书中，她搜集了现今留传的各类《修真图》和其他相关图卷，如“山形体象图”、内景图①等。抛开这些相关图卷不论，在那些名为《修真图》的图卷中，均可看到“存思术”和“内丹术”，两种修炼思想的体现。

一 《修真图》所体现的内丹术思想

内丹术作为道教修炼的主要方式，其基本理念在于《道德经》中“反者，道之动”一语，将个体生命的生理活动视为一种由生到死的必然过程：在正常生理活动状态下，个体生命的必然结局就是死亡——这是作为道之造物的人向道的回归。然而与此同时，还存在另一种主动的回归模式，即是内丹修炼，这一过程逆转了个体生命的自然状态，同样是向道的回归，结果却是将由生到死的自然历程转化为由死到生的超越状态——这就是道教常说的“顺则生人生物，逆则修炼成仙”②。

---

* 丛伟，中国人民大学哲学系在读博士生。

① 参见〔法〕戴思博《〈修真图〉——道教与人体》，李国强译，第一部分“道教人体图”，齐鲁书社，2012。

② 《紫阳真人悟真篇三注》，洪丕谟主编《道藏气功要集》，上海书店出版社，1991。

在这样的思想前提下，内丹修炼实际上就是一种对自然的生理过程的逆转过程。而这个自然的生理过程被概括为“父母未生前，气足胎圆，形动胞裂，犹如高山失足，力地一声，而性命到此，则分为二矣。自此而往，性不能见命，命不能见性”①。个体生命以离开母体那一刻为起点，从无欲无求的状态转向追逐声色犬马的状态，即由生到死的过程。内丹的修炼就是要从此入手，将这样一个耗散精气的过程逆转为收束精气，并令其升华以合于道的状态。这一逆转过程要求精不外泄、神不外驰，抛弃一切本能、欲望，直至神形相守、身心合一，最终返本还源、与道为一。

其基本的修炼过程大致分为五个步骤：筑基炼己，炼精化气，炼气化神，炼神还虚，炼虚合道。其中筑基炼己是基础，炼虚合道是目标，中间的炼精化气、炼气化神、炼神还虚三个步骤是修炼的核心与主体，在某种意义上，可以将之视为整个修炼过程的代表。从理论表述上讲，筑基炼己是准备阶段，这一阶段的核心，是对个体生命落入对外部世界的无限追求状态前的回归，在此基础上才谈得上真正的内丹修行。

接下来的三个阶段实际上是环环紧扣的，因为这三个步骤所修炼的对象——精、气、神，通常被视为现实生命的全部内容。其中炼精化气就是将体内元精转化为元气，并将产生的元气通过周天运转，沿任、督二脉送入丹田。炼气化神则是将由体内元精所转化的元气进一步转化为元神，接下来的炼神还虚更是彻底从对现实生命的修炼转向对纯粹精神的修炼。三个步骤可以视为将生命从现实中必然要经历生死过程的肉体，向从道而出、抽象的精神性生命的转换。最后的炼虚合道则是向道的彻底回归，在这一过程中，纯粹精神性的个体生命被进一步淬炼，直至不再有自我与道的割裂为止。

在此需要着重指出的是，整个内丹术修炼的主要场所与参与者，即是人体的脏腑、脑以及任督二脉。其中五脏在内丹术中具有举足轻重的位置，因为狭义所致的内丹修炼过程，即由五脏的参与完成。这一过程是在对人体脏器生理功能的基础上，将正常的营养、代谢过程逆转，从而达成金丹的锻炼。在这一过程中，人体被视为一种纯粹的现实生命的承担者，

① 《金丹大要》，徐兆仁主编《金丹集成》，中国人民大学出版社，1990，第55页。

正常的生理机能运转是耗散生命力的罪魁祸首。而金丹的炼成或曰长生的实现，所依赖的是对这一系列正常生理活动的逆向运行，整个过程中人体是不可或缺的工具性存在，而且是一种有机的整体工具，不可分割，也不可能独立发挥作用。

以此反观《修真图》，则可清晰地看到，《修真图》所体现的，正是内丹术修炼的主体部分，即炼精化气、炼气化神、炼神还虚三者。因为《修真图》所绘制的人体图像，基本是一个人省略肢体后头部与躯干的形象，虽有双足，却无足轻重，并且以展示内部构造为主——这正是修炼精、气、神三个步骤的身体基础。

同时，《修真图》中在人体腹下腿上的位置明确写有“机关之窍，引仙之门”八字，而其位置沿人体脊椎而下，恰是会阴所在，为炼精化气的修炼起点。随后气循脊椎逆行，借由羊、鹿、牛三车牵引，冲破尾闾、夹脊、玉枕三关，直至头顶泥丸宫中。再由泥丸经舌、喉，降至胸中，然后才有心肾水火、肝肺龙虎，在脾脏的调和之下，烧铅炼汞，最后丹成。同时，图中还绘有在内丹术中代表气、神融合的“刀圭”，代表内丹修炼火候的八卦、二十八宿及月相。

由此可见，《修真图》的主体图像所体现的内丹修炼思想，主要是以炼精化气、炼气化神、炼神还虚为主体的三个步骤。

二 《修真图》所体现的“存思术”思想

在讨论《修真图》中所体现的“存思术”思想之前，有必要先对这一道教修炼理论进行简要的介绍。

“存思术”渊源甚为古老，有人认为《史记》所载扁鹊可以透视内脏的故事①，即是对存思术的描述，而道教上清派则通常被认作是最专擅存思术的道派。

上清派对存思术的论述主要集中于《上清大洞真经三十九章》和《黄庭经》中。其中《上清大洞真经三十九章》论述较为系统，它详细论述了

① 《史记·扁鹊仓公列传》，中华书局，1959。

存思的次序、方位、对象，还有气与神的颜色、名号、衣着，并且绘有相应的图案与道符。与之相应，经文还对存思术修炼的步骤进行了清晰的描述："首先'谨请'神真某某，再'真思'该神真降生不同颜色的真气为神云，罩于修炼者的头顶；再'次思'此神云从泥丸中入，乃口吸神云，咽津若千过，则真气结作若干神，在人体内运行，经过一定的关窍，达到神真所镇守的部位，修炼者然后咏诵《大洞玉经》，默念咒祝，佩戴各神真的'消魔玉符'，'存呼'神真名字，请求发挥其护卫功能。这便是每章经的存思过程和诵经大要。"[①] 相较之下，《黄庭经》的论述则简单了许多，但大致内容无二。

在上清派经典所论述的存思术中，最为核心的是存思脏腑之术。如《云笈七签》认为"存思之功，以五脏为盛"，"脏者何也？藏也。潜神隐智，不炫耀也。智显欲动，动欲日耀，耀之则败，隐之则成"。《老子河上公章句·成象》也提出："人能养神则不死，神谓五藏神也。肝藏魂，肺藏魄，心藏神，肾藏精，脾藏志。五脏尽伤则五神去。"从上述文字来看，存思脏腑可以长生的关键在于脏腑之中有"神"存在，存思脏腑可以令神常在脏腑之中，从而保全性命。

在《黄庭经》中，共列举了六位脏腑神真，分别是：心神名丹元字守灵，肺神名皓华字虚成，肝神名龙烟字台明，肾神名玄冥字育婴，脾神名常在字魂停，胆神名龙耀字威明。[②] 六位神真各有形象、服色，存思之后也可以获得不同的功效：存思肺神可以"神仙久视无灾害，用之不已形不滞"（《黄庭内景玉经·肺部章》），存思心神可以"临绝呼之亦登苏，久久行之飞太霞"（黄庭内景玉经·心部章），存思肝神可以"垂绝念神死复生，摄魂还魄永无倾"（《黄庭内景玉经·肝部章》），存思肾神可以"两部水王对生门，使人长生升九天"（《黄庭内景玉经·肾部章》），存思脾神可以"注念三老子轻翔，长生高仙远死殃"（《黄庭内景玉经·脾部章》），存思胆神可以"能存成明乘庆云，役使万神朝三元"（《黄庭内景玉经·胆部章》）。除了六位脏腑神真之外，还有九位居于脑中泥丸的神真，"但思一部寿无穷"；以及眼神、耳神、舌神、齿神等身中之神，皆是

① 卿希泰：《中国道教史·第1卷》，四川人民出版社，1996，第350~351页。

② 《黄庭内景玉经·心神章》，《道藏》第5册。

存思对象。

在此需要指出的是，以上所叙述的上清派存思术，其核心在于存思即可长生。在存思术的理论中，其基础首先是神真的存在；其次是神真可以在人体内存在并发挥作用，以达到长生的目的。由此衍生出的，即是存思身中之神的思想，正如《黄庭经》所说的“泥丸百节皆有神”，“千千百百自相连，一一十十似重山”，因此人可以直接借由存思这些体内之神而长生。

这些神真一方面依托于人体脏腑器官存在，掌控着人体的生理机能运行：肺神“七元之子主调气”，心神“主适寒热荣卫和”，肝神“主诸关镜聪明始”，肾神“主诸六府九液源”，脾神“消谷散气摄牙齿”，胆神“主诸气力摄虎兵”①。从这个角度可以说，这些身中之神实则为人体生理机能的抽象人格化。另一方面，在存思术理论中，这些神真除了宰制着人体正常的生理机能运行之外，其更为重要的功能在于，作为“二十四真出自然”的诸神真，赋予了这些人体机能以某些永恒性。在道教的语境中，自然即道之异名，所谓“道法自然”，故而存思术中所存思的这些身中之神，在上清派经典中，实际上即为作为本体之道在每一个生命个体中的具体展开。在这个层面上，这些身中之神虽然存在于个体生命中，并且参与了人体的生理活动，但却与现实中有限的肉体不同：他们既是每个个体生命所拥有的，依个体生命而成立，但却不会随个体生命的死亡而消逝，因为神真的存在源于道的赋予，与道相始终。如此，存思术思想中的身中之神，实际上构成了人的另一种生命形态——一种源自本体的道，分有道的永恒性的生命形态。

这一生命形态本来就是永恒的，一如上文所引《黄庭经》中所论述的脏腑神那样，其所宰制的生理机能本来就是可以无限运行下去的，只是由于作为个体生命的人并未意识到这一点，从而隔绝了与身中之神的联结，使之无法实现自身永恒层面功能的实现，所谓“百谷之实土地精，五味外美邪魔腥。臭乱神明胎气零，那从返老得还婴，三魂忽忽魄糜倾”②。以此为前提，存思术修炼的核心其实就是对这一永恒生命形态的回归，这一生命

① 《黄庭内景玉经》，《道藏》第5册。

② 《太上黄庭内景玉经·治生章》，《道藏》第5册。

形态从本质上讲仍然依靠人的基本生理机能运行而成立，两者并无二致。

在了解了存思术的基本内容之后，反观各种版本的《修真图》就会发现，在这些《修真图》中均有对存思身中之神内容的表现。

首先，在几个版本的《修真图》中，均依《黄庭经》绘有代表六位脏腑神真的灵兽图像，其对应关系为：肺神白虎、心神朱雀、肝神青龙、脾神凤凰、肾神玄鹿与胆神玄武。几个版本所不同之处，唯在代表肾神的玄鹿是一首还是双首。这六种灵兽形象与六脏的对应关系均是沿用《黄庭遁甲缘身经》中的图形与论述，而这部经典的内容，基本由《黄庭经》中阐述六位脏腑神真的文字敷衍而出。其主旨大体仍是存思六脏，除百害而得长生。故而《修真图》中所绘的六脏图形与援引之文字，不当简单视为对人体脏腑结构的解说，而应看作对《黄庭经》所代表的上清派存思术修炼法门的吸纳。

其次，作为主要以阐述在道教内丹修炼的图卷。若按通行的一般论述，则应采用广为人知的五脏六腑系统——主要是五脏系统，来解说人体内部构造，然而事实却是《修真图》将五脏与原属六腑之一的“胆”合并，成为六脏——这是《黄庭经》等上清派经典阐释存思术时所采取的系统。在这一脏腑系统中，胆脏居于核心位置，这一观点大概源自《黄帝内经》的说法：“胆者，中正之官，决断出焉”（《素问·灵兰秘典论》），“凡十一脏，取决于胆也”（《素问·六节脏象论》）。一些其他早期道教经典也提到了这一点，如《老子中经》也说：“肺为尚书，肝为兰台，心为太尉公，左肾为司徒公，右肾为司空公，脾为皇后贵人夫人，胆为天子大道君。”然而这种以胆统率的脏腑结构在流行的以钟吕为代表的内丹术中并不凸显，因此在这个角度上，可以说《修真图》中体现了上清派存思术的基本内容。

三　存思术与内丹术的糅合

从以上论述可以看到，《修真图》除直观地表现了内丹术之外，还在很大程度上，体现了存思术的基本内容。而从思想内涵上来看，这二者并非毫无区别或可以“无缝对接”，二者从理论基石、论述和修炼方式上都有着许多不可相融之处。

首先，从理论基石的角度来看，内丹术的基础是大道造物过程的顺逆，而存思术的基础则是道化为身中之神的观念。

内丹术的顺逆思想在谭峭的《化书》中表达得很清楚："道之委也，虚化神，神化气，气化形，形生而万物所以塞也。道之用也，形化气，气化神，神化虚，虚明而万物所以通也。是以古人穷通塞之端，得造化之源，忘形以养气，忘气以养神，忘神以养虚。虚实相通，是谓大同。"生命顺则由道而出，由虚而实，"形生而万物所以塞"；逆则由实而虚，"虚明而万物所以通"。

存思术的身中有神思想则如同《黄庭经》所说："至道不烦诀存真，泥丸百节皆有神"，"兼行形中八景神，二十四真出自然"。它将人体视为神灵的居所，而神灵皆是由道而出，同时神灵又是生命的真正主宰，所以在这个层面上而言，在存思术的修炼思想中，不存在生命的顺逆过程。生死的差异不在于顺逆的不同，而在于是否打通了身中之神、自我意识以及道三者之间的隔阂——主要是自我意识与身中之神：倘若打通了，则生命过程体现为一种时刻与道保持紧密联结、自我圆满具足、元气流转不失的状态；反之，则生命过程体现为一种被欲望驱使、追逐外物、耗损元气又无法从身中之神得到补充的状态，其结果就是死亡的如期而至。

倘若从大道造物的角度而言，二者都承认生命由道而出，但是内丹术强调天道与人道的顺逆不同，因而有生死之别，而存思术则强调天道与人道虽有不同，但道通为一，其本质仍是人道对天道的模拟与分有。

其次，从理论论述的展开来看，内丹术借由对人体生理机能运转有机性的理解，建立了以正常生理活动为基础的内丹锻炼理论；而存思术则借由对身中之神这一特殊生命层面的构筑，建立以纯粹精神内省、观照为内容的存思理论。

对内丹术而言，内丹的修炼在对自然生命历程的逆转，因而在手段上自然对现实生命有所依赖。比如内丹家认为精、气、神是人之三宝，筑基的本质就是补足三宝，要精满现于牙齿、气足现于声音、神旺现于双眼，此后才能进入真正的内丹修炼。而作为修炼核心的炼化精、气、神的三个过程中，均要求以自身意识对本能的生理活动进行控制，在这个过程中会通过人体的生理活动产生一些代谢产物，即所谓炼内丹所需的铅汞、水火等，对这些物质的锻炼，就是长生的根基。因而在内丹术理论中，对生命在顺逆模式下的不同生理活动的阐释是其核心。

反观存思术，对其而言，身体原本就是神灵所居，而其所谓的神灵更具有双重含义：其一，身中的神灵是大道所出，借居体内，与天地神祇无异；其二，身中之神真，以身体脏腑器官为居所，宰制人体生理活动，实则可视为个体生命意识的承担者，即相当于灵魂的异名，因此，在存思术的修炼思想中，其修炼的关窍在于与身中之神的沟通，这是纯粹精神层面的活动，不需要生理活动的参与，甚至一旦有生理活动参与则会打断这一过程，所谓“玄元上一魂魄炼，一之为物巨卒见，须得至真始顾盼，至忌死气诸秽贱”①。因此在论述存思术的上清经典中，总是不厌其烦地描述神真的名字、服色，所居宫室的位置、形制，包括《修真图》所援引的《黄庭遁甲缘身经》还要将六位脏腑神真与六种灵兽相配，其用意都在于辅助对神真的想象。在这个意义上说，现实的肉体生命所体现的生命历程并不是修炼的工具性依赖，相反的，是修炼有成的体现。

因而在理论具体展开的层面上，内丹术是一种结合精神与肉体的修炼方式，肉体在修炼过程中最重要的角色是参与者，但存思术是一种纯粹的精神修炼，当然它并不排斥身体的修炼，正如《上清大洞真经三十九章》所论述的那样，叩齿咽津等也是存思神真的一个环节，然而这些修炼方式更多地被视为存思的辅助手段。

最后，从修炼方式来看，内丹术基本是沿用自两汉以来确立的外丹术模式，通过将外丹术的炼丹器具、材料、法则含义的转换，将原本具体的金丹变成带有抽象意味的内丹，自然而然地将带有某种科学的炼丹活动变成了所谓的“性命修炼”；而存思术则在对自身意识的挖掘上一门深入，致力于将由体内神真构成的深层生命形式转化为常态。

由于修炼方式是从外丹术转化而来，所以内丹术的修炼显现为一个明显的按部就班的过程，一定要到最后一步才瓜熟蒂落，功德圆满。存思术则不同，由于体内神真同时沟通天道与人道的特性，对于存思术而言，只要能够完成与神真的沟通，那么从某种意义上讲，修炼就结束了——存思术似乎带有某些“顿悟”的成分。当然这并不意味着相较于内丹术，存思

① 《黄庭内景玉经注·玄元章》，《道藏》第6册。

术就是一种速成的办法，因为存思术在事实上仍需要反复的修习，才能完成与神真的沟通，而沟通完成之后，能否长时间保持这种状态，才是能否借助存思术超越生死的关键。

尽管二者在思想意涵上存在这样那样的龃龉，从《修真图》所直观表现的内容来看，二者也确实被同时表达着，其中关窍又在何处？这个问题似乎可以从《修真图》对存思术的选择性表达上来回答。从《修真图》的整体来看，存思术思想的表达并不明显。因为整个画卷中真正与存思术相关的只有对于脏腑神的文字与图画表达，以及在人像头部所绘的泥丸九真，而这些内容与内丹术从形式上是可以同时表达的。此外，《修真图》中的文字基本还是以表达内丹术为主，而单纯的存思技术通常也被认为是内丹术的基础，二者的冲突与不相容性最终还是可以用“殊途同归”来化解的。

四 结论

通过上文的讨论，不难看出，虽然《修真图》在表面上所表现的是内丹术修炼思想，但是在其所展现的图像与文字间，仍有很大一部分空间表达了存思术的思想内容。二者从思想内核而言，一者是从生命顺逆立论，一者是从身中有神奠基，在理论前提、论述和修炼方式上都存在出入。《修真图》通过一种有选择的并带有暗示性的表达方式，对两种修炼思想进行了糅合表达。至于其原因，大概如同袁康就在《〈内景图〉与〈修真图〉初探》一文中所说的那样：“《修真图》作者企图绘画一幅比《内景图》更清晰的修炼图，于是很努力地搜集资料。”① 只不过显然这种努力尚未臻于圆满。

① 袁康就：《〈内景图〉与〈修真图〉初探》，《中国道教》2010 年第 1 期。

儒教信仰

从半神到人到神：儒家圣人观的演变*

沈顺福**

圣人是儒家思想体系中的一个重要概念。在不同时期，它具有不同的内涵。不同内涵的演变体现了儒家思想的逻辑发展。本文通过检讨孔子、孟子、荀子，以及汉儒的圣人观的内涵，寻找其中的差异，通过揭示儒家圣人的神化过程，来展现儒家从世俗儒家到神圣儒教的历史进程。

一 半神半人：孔子的圣人观

孔子眼中的圣人有哪些特征呢？

子贡问："如有博施于民而能济众，何如？可谓仁乎？"孔子回答曰："何事于仁！必也圣乎！尧舜其犹病诸！夫仁者，己欲立而立人，己欲达而达人。能近取譬，可谓仁之方也已。"（《论语·雍也》）一旦一个人做到了博施济众，他不仅做到了仁，而且是圣人了。很显然，此处的圣人至少包含三层内涵：第一，圣人有仁；第二，圣人有功；第三，圣人神话。

首先，圣人有仁，持守仁义价值。仁者爱人。爱人的起点在于孝："孝弟也者，其为仁之本与！"（《论语·学而》）因此，孔子十分重视孝。孔子赞叹禹："禹吾无间然矣，菲饮食，而致孝乎鬼神，恶衣服，而致美乎黻冕，卑宫室，而尽力乎沟恤。禹吾无间然矣！"（《论语·泰伯》）禹

---

* 本文是山东大学儒学高等研究院学术研究项目"儒学与儒教问题研究"之阶段性成果。

** 沈顺福，哲学博士，山东大学儒学高等研究院教授，博士生导师。

贵为圣人的理由之一在于其孝顺。舜也是一个大孝子："舜其大孝也与？德为圣人，尊为天子，富有四海之内，宗庙飨之，子孙保之。故大德必得其位，必得其禄，必得其名，必得其寿。故天之生物，必因其才而笃焉。故栽者培之，倾则覆之。"（《礼记·中庸》）在孔子看来，圣人首先应当是仁爱之士，懂得孝顺。仁孝的执着标志着其学派的属性。

其次，圣人有功。所谓有功，即圣人能够利益天下，即博施济众。孔子赞叹尧帝曰："大哉尧之为军也，巍巍乎？唯天为大，唯尧则之！荡荡乎？民无能名焉！巍巍乎？其有成功也！焕乎？其有文章！"（《论语·泰伯》）巍巍昊天，只有尧等圣人才能够效法它。如何效法呢？以其功业。

功业依赖于贤能。因此，圣人的一项重要修养是能。"君子之道费而隐，夫妇之愚，可以与知焉，及其至也，虽圣人亦有所不知焉；夫妇之不肖，可以能行焉，及其至也，虽圣人亦有所不能焉。"（《礼记·中庸》）圣人是智慧与贤能的象征。孔子弟子大宰曾就此求证于子贡："夫子圣者与！何其多能也？"老师如此贤能，应该可以称为圣人了吧？子贡作了肯定的回答："固天纵之将圣，又多能也。"孔子听了以后高兴地说："大宰知我乎？吾少也贱，故多能鄙事。君子多乎哉？不多也！"（《论语·子罕》）还是大宰知道我！此时，师徒三人判定圣人的共同标准便是贤能。贤能造就功业，能够利益天下。

当贤能与忠发生冲突时，孔子选择了贤能。管仲背弃原主、转投桓公，时人以为不忠不仁。孔子的回答很明确："桓公九合诸侯，不以兵车，管仲之力也。如其仁！如其仁！……管仲相桓公，霸诸侯，一匡天下，民到于今受其赐。微管仲，吾其被发左衽矣！岂若匹夫匹妇之为谅也，自经于沟渎，而莫之知也！"（《论语·宪问》）管仲能否利益众生，自然可以不必计较其忠诚与否。在孔子看来，利益众生甚至要重于忠诚。

因此，孔子眼中的圣人一定能够功利众生。最能够功利众生的莫过于古代圣王了。所以，在孔子看来，尧、舜、禹等君王为圣当之无愧。

对功业的重视体现了孔子务实的、理性的、现实的道德观：能够为众人带来利益与幸福的人，哪怕他不能够做到忠诚，也是值得学习的榜样，譬如管仲。务实的、利益大众是孔子最为看重的道德价值观。从博施济众与利益平民的立场来看，孔子的圣人关注现实民众的利益，亲知人间之疾苦，显然具有某些人的视野和立场。

最后，圣人神话。即便是尧、舜等先王，在孔子看来，也不是真正的圣人："何事于仁！必也圣乎！尧舜其犹病诸！"（《论语·雍也》）从圣人的标准来看，尧、舜等犹有不足。事实上，如果连尧、舜都难为圣人，那么孔子所谓的圣人离神不远了。故，孔子曰："圣人，吾不得而见之矣，得见君子者斯可矣。"（《论语·述而》）一般人是看不到圣人的。对于这类人格形象，孔子将其奉为神圣："君子有三畏：畏天命，畏大人，畏圣人之言。小人不知天命而不畏也，狎大人，侮圣人之言。"（《论语·季氏》）圣人之言如同天命一般神圣。

既然圣人存在于神话中，对于弟子尊自己为圣人，孔子也明确回应："若圣与仁，则吾岂敢？抑为之不厌，诲人不倦，则可谓云尔已矣。"（《论语·述而》）自己哪能自诩为圣人呢？圣人神圣。孔子所谓圣人的神话性，被汉人发挥出来。

孔子所谓的圣人有三个特征：持守仁义、博施济众、神圣难见。第一个特征表明了孔子的价值观。这也是儒家的符号。第二个特征突出了利益众生的务实立场。孔子是务实的、求实的，也是人文的。圣人的视野也是人间的。第三个特征表明了圣人的神性或非凡性。这既是《诗》、《书》等神话或迷信时代的痕迹，同时体现了孔子力图超越现实的理想。只不过理想的内容依然是求实的。将后两者结合来看，孔子的圣人无疑是半神半人。

二　人伦之至：孟荀的圣人观

同孔子一样，孟子亦尊称古代贤王为圣人。孟子曰："舜生于诸冯，迁于负夏，卒于鸣条；东夷之人也。文王生于岐周，卒于毕郢，西夷之人也。地之相去也，千有余里；世之相后也，千有余岁。得志行乎中国，若合符节。先圣后圣，其揆一也。"（《孟子·离娄下》）舜与文王同为圣人、共守仁道。圣人甚至包括一些名士："伯夷，圣之清者也；伊尹，圣之任者也；柳下惠，圣之和者也；孔子，圣之时者也。"（《孟子·万章下》）

孟子评价圣人的标准是什么呢？以伯夷为例。孟子曰：“不同道：非其君不事，非其民不使。”（《孟子·公孙丑上》）伯夷出仕，看重是否同道、是否拥有共同的价值观。否则不作为。孟子曰：“伯夷，非其君不事，非其友不友。不立于恶人之朝，不与恶人言。立于恶人之朝，与恶人言，如以朝衣朝冠坐于涂炭。推恶恶之心，思与乡人立，其冠不正，望望然去之，若将浼焉。是故诸侯虽有善其辞命而至者，不受也。不受也者，是亦不屑就已。”（《孟子·公孙丑上》）志不相投，不相为谋，亦无作为。很显然，评价伯夷的标准在道，而不在于功业。

这个相同的志、道，即共同的价值观便是仁爱天下。孟子曰：“得百里之地而君之，皆能以朝诸侯有天下。行一不义、杀一不辜而得天下，皆不为也。是则同。”（《孟子·公孙丑上》）仁政天下是伯夷与孔子的共同之处。

以仁爱行天下乃是伯夷之所以为圣人的标准。以这样的标准，柳下惠等自然也是圣人了：“柳下惠，不羞污君，不辞小官。进不隐贤，必以其道。遗佚而不怨，阨穷而不悯。与乡人处，由由然不忍去也。‘尔为尔，我为我，虽袒裼裸裎于我侧，尔焉能浼我哉？’故闻柳下惠之风者，鄙夫宽，薄夫敦。”（《孟子·万章下》）在柳下惠看来，别人如何并不重要，重要的是自己修养德行、端正身心、仁爱处之。

仁爱从何而来？孟子以为，仁爱之端乃人之本性，生而具有。人皆有仁爱之可能性。孟子说：“尧舜，性之也；汤武，身之也；五霸，假之也。久假而不归，恶知其非有也。”（《孟子·尽心上》）尧舜等之所以仁爱、成为圣人，在于“性之”，即扩充其善良本性、德行。

普通人也有这种德行。从这个角度来看，普通人和尧舜等圣人同类：“故凡同类者举相似也，何独至于人而疑之！圣人与我同类者。”（《孟子·告子上》）尧舜和我等相同：“何以异于人哉？尧舜与人同耳。”（《孟子·离娄下》）圣人与我相同的地方便是德行。既然我们有尧舜一般的德性，尧舜可以做圣人，我们也可以为尧舜、做圣人。这便是那句响亮的口号：“人皆可以为尧舜。”（《孟子·告子下》）人人都有成圣的可能。人人都可以成为圣人。

本有德行仅仅是成圣的前提。成圣的关键在于涵养德行、彰显德行并能够化育众生。孟子说：“可欲之谓善。有诸己之谓信。充实之为美。充实而光辉之谓大。大而化之之谓圣。”（《孟子·尽心下》）“大”的主体是四端之性。将本性发扬光大且成为影响他人的榜样便是圣。故，圣不仅强调个体修身，而且强调能够成为别人的榜样：“穷则独善其身，达则兼济天下”（《孟子·尽心上》）圣能够成为楷模，从而善行天下。

圣人是道德楷模：“圣人，人伦之至也。”（《孟子·离娄上》）圣人为人间楷模。孟子曰：“圣人，百世之师也，伯夷、柳下惠是也。故闻伯夷之风者，顽夫廉，懦夫有立志；闻柳下惠之风者，薄夫敦，鄙夫宽。奋乎百世之上；百世之下，闻者莫不兴起也。非圣人而能若是乎？而况于亲炙之者乎！”（《孟子·尽心下》）圣人能够善为人师，成为人们行为的榜样。

圣人是人伦之至、道德楷模。荀子继承了孟子的某些主张，并予以改造。

首先，荀子认为：“人之性恶，其善者伪也。”（《荀子·性恶》）人天性向恶，需要改造。改造的工具便是礼义。礼义即儒家人伦与法度。礼义生于圣人。荀子说：“圣人积思虑，习伪故，以生礼义而起法度。然则礼义法度者，是生于圣人之伪，非故生于人之性也。”（《荀子·性恶》）圣人悯于苍生，制作礼义规范，从而引导众生向善。

圣人之所以能够制作礼义以法度人伦，原因在于圣人睿智。“彼学者，行之，曰士也；敦慕焉，君子也；知之，圣人也。上为圣人，下为士、君子，孰禁我哉！”（《荀子·儒效》）身体力行者为士，宽厚诚实者为君子，而圣人则为知者。“仁智之极也。夫是之谓圣人。”（《荀子·君道》）圣人乃仁智之极。圣人的仁智本领表现在祭祀中：“祭者、志意思慕之情也。忠信爱敬之至矣，礼节文貌之盛矣，苟非圣人，莫之能知也。圣人明知之……”（《荀子·礼论》）祭祀在百姓看来可谓鬼神之事，神秘莫测。但是圣人却知晓其中的奥秘。

不过，荀子也对圣人的智慧划定了一个界限：“圣人为不求知天。”（《荀子·天论》）圣人不要过多地去追问天的事情。对于自然世界，荀子主张敬而远之，并不主张与天有过多的接触与交往。由此看来，荀子尚未步入宗教阶段。

作为知者的圣人，自然成为人类的先师与导师。作为先师，圣人为人类作礼义、立规矩。作为导师，圣人以礼义教导人们。圣人通过《五经》

蕴涵天下之至道："圣人也者，道之管也，天下之道管是矣，百王之道一是矣。故《诗》、《书》、《礼》、《乐》之道归是矣。"（《荀子·儒效》）

圣人是人类的导师。人们应该自觉师从圣人来学习礼义："故学者以圣王为师，案以圣王之制为法，法其法以求其统类，以务象效其人。"（《荀子·解蔽》）学从圣王。其中圣人乃人伦之极、王者乃制度之极。圣王给人类带来了制度与文明。人们自然应该向其学习。

人们不但要向圣人学习礼义制度，而且要学习为人。荀子认为，圣人与百姓天生无异："涂之人可以为禹。"（《荀子·性恶》）但是，他们却由于对待礼义的认识、态度与行为的差异，二者表现为天壤之别。圣人知晓礼义、践行仁爱："凡贵尧禹君子者，能化性，能起伪，伪起而生礼义。然则圣人之于礼义积伪也，亦犹陶埏而为之也。"（《荀子·性恶》）圣人善于礼义积伪，故而能克性修身，"圣也者，尽伦者也"（《荀子·解蔽》）。圣人乃人道之极："圣人者，人道之极也。"（《荀子·礼论》）作为人伦之典范，圣人成为百姓学习的榜样。而小人则不同，"所贱于桀跖小人者，从其性，顺其情，安恣孳，以出乎贪利争夺。"（《荀子·性恶》）小人从顺性情，好物贪利，故而为小人。

在荀子看来，百姓也可以学为圣人："故学者，固学为圣人也，非特学无方之民也。"（《荀子·礼论》）没有成不了圣人之人。百姓要想成为圣人，就需在礼义上下功夫。圣人之道无他，积善不息："今使涂之人伏术为学，专心一志，思索孰察，加日县久，积善而不息，则通于神明，参于天地矣。故圣人者，人之所积而致矣。"（《荀子·性恶》）

在孟子看来，圣人乃人伦之至，为道德楷模；在荀子看来，圣人乃人道之极，为人类先师，充满智慧。它们都是人类可及的理想人格。圣人是人，是完美的人。

三　圣人通天：汉儒的圣人观（上）

和荀子的观点相似，汉代儒学家如董仲舒、扬雄、王充等也认为圣人是智慧的化身、文明的传人。

扬雄曰："大哉圣人，言之至也。开之廓然见四海，闭之然不睹墙之里。”（《法言》）圣人是言之至，为话语的顶端。“圣人之言，似于水火。或问水火。曰：水，测之而益深，穷之而益远；火，用之而弥明，宿之而弥壮。”（《法言》）圣人的话语如同水之深远、火之明壮。

圣人之言体现在两个领域。

第一个领域是系统的文字经典，即艰深的《五经》等：“圣人之《经》不可使易知与？曰：不可。天俄而可度，则其覆物也浅矣；地俄而可测，则其载物也薄矣。大哉！天地之为万物郭，《五经》之为众说郛。”（《法言》）《五经》乃圣人所作。

第二个领域是礼法制度等人类文明。董仲舒说：“故圣人之治国也，因天地之性情、孔窍之所利，以立尊卑之制，以等贵贱之差……”（《春秋繁露·保位权》）尊卑贵贱等级指政治制度与人伦制度。有了制度便于统一管理：“圣人之道，众堤防之类也，谓之度制，谓之礼节，故贵贱有等，衣服有制，朝廷有位，乡党有序，则民有所让而不敢争，所以一之也。”（《春秋繁露·度制》）圣人所制作的文明，简而言之，即制度，如贵贱制度、朝廷制度、衣着礼节等。

圣人是人类社会制度的创造者、人类文明的导师。这产生了一个问题：圣人为什么能够制作这些制度然后让人们相信他、师法他？这些礼法制度的权威基础何在？这是汉儒必须回答的一个问题。

董仲舒作出了回答：圣人之言乃天意。

圣人深察名号。“天地为名号之大义也。古之圣人，謞而效天地，谓之号，鸣而施命，谓之名。名之为言鸣与命也，号之为言謞而效也，謞而效天地者为号，鸣而命者为名，名号异声而同本，皆鸣号而达天意者也。天不言，使人发其意；弗为，使人行其中；名则圣人所发天意，不可不深观也。”（《春秋繁露·深察名号》）名号即圣人对天意的表达。

圣人制名以达天意。这个过程需要两个机制。第一个机制是名与真的关系。董仲舒说：“名生于真，非其真弗以为名。名者，圣人之所以真物也，名之为言真也。”（《春秋繁露·深察名号》）名生于真、名副其实。第二个机制是圣人与天意的关系，即圣人具备知晓天意并表达出来的本领。董仲舒给出了三点理由。

第一个理由是：圣人与天相通。他说：“故圣王生则称天子，崩颉则存为三王，绌灭则为五帝，下至附庸，绌为九皇，下极其为民，有一谓之三代，故虽绝地，庙位祝牲，犹列于郊号，宗于代宗。”（《春秋繁露·三代改制质文》）圣王乃天子，和天相通。《易经·系辞上传》曰：“圣人以通天下之志。”圣人具有某些神性，能够知晓天地之意。故此，圣人能够“尽人之变，合之天，唯圣人者能之，所以立王事也”（《春秋繁露·官制象天》）。圣人能够尽人之变以合天意。

圣人神通。圣人的这种神秘能力使圣人能够匹配上天，即“圣人配天”（《春秋繁露·威德所生》）。圣人能够和天相匹配。扬雄说：“史以天占人，圣人以人占天。”（《法言》）圣人能够通过人事知晓天意。

扬雄直接称圣人为神：“贤者？曰：义。圣人？曰：神。”（《法言》）圣人即神。《白虎通义·圣人》亦曰：“圣人者何？圣也，通也，道也。道无所不通，明无所不照。闻声知情，与天地合德，日月合明，四时合序，鬼神合吉凶。”这基本上和《易传》的立场一致：圣人即神。

第二个理由是：圣人聪明睿智，能够见端而知本。“天道施，地道化，人道义，圣人见端而知本，精之至也，得一而应万类之治也。”（《春秋繁露·天道施》）圣人能够以一知万、以终知始、以见知几，觉察到普通人无法知晓的东西，甚至包括天命：“天命成败，圣人知之，有所不能救，命矣夫！”（《春秋繁露·随本消息》）

第三个理由是“圣人法天”：“故圣者法天，贤者法圣，此其大数也。”（《春秋繁露·楚庄王》）圣人法天。因此，“圣人法天而立道，亦溥爱而亡私，布德施仁以厚之，设谊立礼以导之”（《汉书·董仲舒传·天人三策》）。圣人所做的一切，包括礼义法制、治理天下等均符合天意，是对天的效法。

所以，圣人所言所行自然能够动天地、化四时：“圣人天地动、四时化者，非有他也，其见义大，故能动，动故能化，化故能大行，化大行故法不犯，法不犯故刑不用，刑不用则尧舜之功德，此大治之道也。”（《春秋繁露·身之养重于义》）动天地、化四时表明圣人能够与天为一。这便是天下大治之道。

由于天与圣之间的这种关系，天通过圣人以言行：“天令之谓命，命非圣人不行；质朴之谓性，性非教化不成；人欲之谓情，情非度制不节。

是故王者上谨于承天意，以顺命也；下务明教化民，以成性也；正法度之宜，别上下之序，以防欲也；修此三者，而大本举矣。”（《汉书·董仲舒传·天人三策》）圣人的所言、所行皆承受天意、禀赋天命。故，“圣人矢口而成言，肆笔而成书，言可闻而不可殚，书可观而不可尽”（《法言》）。圣人之言因此具有了权威性，甚至有些神秘性。“圣人之书、言、行，天也。”（《法言》）圣人便是天的代理人。

圣人和天相通，圣人之言代表了天意，因此，圣人之言不仅有权威，而且神圣。圣人之言可“畏”：“天地神明之心，与人事成败之真，固莫之能见也，唯圣人能见之，圣人者，见人之所不见者也，故圣人之言亦可畏也。”（《春秋繁露·郊语》）畏圣人言，即尊重、听从圣人之言。

顾颉刚指出：“到了汉代，纬书中关于圣人神异的记载，更是发展到了顶点。……但是这些神话般的记载，不管它多么离奇古怪，它的内容只有一个目的，是根据时代的需要编造出来的，用来证明汉朝得天下，或王莽取代汉室，或光武继承汉统，都是符合天命的。”[①] 圣人神话的目的无非是寻找权威支持，从而确立自身存在的合理性与合法性。

四　神道设教：汉儒的圣人观（下）

一方面，圣人乃言之至，圣人之言伟大而神圣。另一方面，百姓之性需要教化。

董仲舒将人分为三等，即“圣人之性”“斗筲之性”与“中民之性”，认为只有中民之性才可以被称为性。所谓中民之性，“如茧如卵，卵待覆二十日，而后能为雏；茧待缫以涫汤，而后能为丝；性待渐于教训，而后能为善……性者，天质之朴也，善者，王教之化也；无其质，则王教不能化，无其王教，则质朴不能善”（《春秋繁露·实性》）。性即中民之性，乃是教化之质，为教化提供了条件。中民如果成善，则必须教化。即无王教，则质朴不能善。这意味着教化成为必要。

教化的内容便是王教，或曰礼教：“圣人之道，不能独以威势成政，

① 胡晓明主编《释中国》，上海文艺出版社，1998，第725页。

必有教化。故曰：先之以博爱，教以仁也；难得者，君子不贵，教以义也；虽天子必有尊也，教以孝也；必有先也，教以弟也。此威势之不足独恃，而教化之功不大乎！”（《春秋繁露·为人者天》）教化的目的是改造风俗：“圣人之道，同诸天地，荡诸四海，变易习俗。”（《春秋繁露·暖燠常多》）风俗即文化与文明。教化的目的是创建一种儒家的文化与文明。这种儒家文化，被称为礼教：“川有防，器有范，见礼教之至也。”（《法言》）礼教的功能便是抑恶扬善。

说教的方法之一便是以因果报应理论来说服世人遵从圣人之言、服膺圣人之教。董仲舒说：“是故事各顺于名，名各顺于天，天人之际，合而为一。同而通理，动而相益，顺而相受，谓之德道。”（《春秋繁露·深察名号》）顺从圣人之名，天人合一，便会相会辅益，收获福禄。反之会遭殃：“鲁宣违圣人之言，变古易常，而灾立至，圣人之言可不慎！”（《春秋繁露·顺命》）甚至包括天子也不离因果关联：“天子受命于天，诸侯受命于天子，子受命于父，臣妾受命于君，妻受命于夫，诸所受命者，其尊皆天也，虽谓受命于天亦可。……不奉顺于天者，其罪如此。”（《春秋繁露·顺命》）不听命于天、不听令于君等皆会招致惩罚。

这种因果报应不仅因人而异，而且相系于天人，形成天佑与天谴：“其大略之类，天地之物，有不常之变者，谓之异，小者谓之灾。灾常先至，而异乃随之。灾者，天之谴也，异者，天之威也，谴之而不知，乃畏之以威。……凡灾异之本，尽生于国家之失，国家之失乃始萌芽，而天出灾害以谴告之；谴告之，而不知变，乃见怪异以惊骇之；惊骇之，尚不知畏恐，其殃咎乃至。以此见天意之仁，而不欲陷人也。”（《春秋繁露·必仁且智》）这便是天谴说。天谴说的核心在于违背天意必致灾难。

从天佑与天谴来看，汉儒已经形成了因果报应说。

儒学的另类王充则不太相信圣人的神秘能力，主张圣人不是神，圣人只能学而知之，“圣人不能神而先知”（《论衡·知实》）。不过，他也承认，圣人之言契合天意：“《六经》之文，圣人之语，动言天者，欲化无道、惧愚者。之言非独吾心，亦天意也。及其言天犹以人心，非谓上天苍苍之体也。变复之家，见诬言天，灾异时至，则生谴告之言矣。验古以〔今〕，知天以人。受终于文祖，不言受终于天。尧之心知天之意也。尧授之，天亦授之，百官臣子皆乡与舜。舜之授禹，禹之传启，皆以人心效天意。”（《论衡·谴告》）圣人之言即《六经》寓意天志，它们能够帮助我们理解天意。不仅如此。圣人之行与天合：“圣人动作，天命之意也，与天合同，若天使之矣。”（《论衡·初禀》）圣人的举止如同天使一般。

在王充看来，古代十二圣的确不同凡响：“传言黄帝龙颜，颛顼戴午，帝喾骈齿，尧眉八采，舜目重瞳，禹耳三漏，汤臂再肘，文王四乳，武王望阳，周公背偻，皋陶马口，孔子反羽。斯十二圣者，皆在帝王之位，或辅主忧世，世所共闻，儒所共说，在经传者较著可信。”（《论衡·骨相》）十二圣人皆形象怪异。此时，汉儒开始为圣人立碑造像了。

儒家圣人不仅在民间具有强大的影响力，而且获得了官方的支持。《史记》记载曰：“鲁世世相传以岁时奉祠孔子冢，而诸儒亦讲礼乡饮大射于孔子冢。孔子冢大一顷。故所居堂弟子内，后世因庙藏孔子衣冠琴车书，至于汉二百余年不绝。高皇帝过鲁，以太牢祠焉。诸侯卿相至，常先谒然后从政。”（《汉书·孔子世家》）汉高祖经过鲁地，以太牢祭祀孔子。此时，孔子已经登入庙堂之上了。也正是从此时开始，各朝官僚通常以祭孔开始其从政之路。

因此，到了汉代，圣人从孔孟荀时期的人又上升为神，并从天那里获得绝对权威，从而完成了神圣化的改造。圣人成为神圣与权威。圣人之言代表了绝对的、神圣的天意。圣人之言因而成为绝对的权威。学习《五经》成为可能。通过学习经典，平民知道正理与善恶，从而向善；同时，圣人通过宣讲仁义，教化、改造中民，从而改造社会。以怪异而伟大的形象、系统而权威的学说教化世人成为汉代儒学的形态特征。汉代儒学成为礼教。

汉代的圣人由人上升为神。有学者曰：“‘圣人’再‘神圣’也是人，而不是非人格的神格。”① 这显然与事实不符，至少有悖于汉代圣人观。

结论：从神灵走向神圣

在儒家思想史上，其圣人观经历了一个复杂的演变历程。这一历程不

① 王中江：《儒家“圣人”观念的早期形态及其变异》，《中国哲学史》1999年第4期。

仅展示了儒家思想的丰富演变过程，而且体现了儒家思想从一个世俗学派走向神圣宗教的过程。

孔子时代的圣人半神半人。说其半神，理由在于：孔子眼中的圣人非常人所能及，即便是尧、舜等伟人，也不能够称为圣人。这显然是神话或迷信时代圣人观念的尾巴或残留。说其半人，理由是：孔子所谓的圣人非常务实，讲究功利。这完全体现了孔子对人间事务的关注。

孟子、荀子的圣人观显然是对孔子思想的一种超越，甚至是反动。孟子、荀子的圣人是人，人人皆可以为尧舜。孟子眼中的圣人十分务虚，不计较功利。这似乎反映了孟子思想的哲学特征，即孟子从经验的世界步入了超经验的、形而上的世界，从而走向务虚。荀子的圣人聪明睿智、创制礼义，是人类的先师与导师。人们可以从其学习礼法，化性起伪，成就圣人。教化成为必要与可能。

汉儒继承了荀子的观点，以为圣人制作礼义、教化众生，如同耶稣能够拯救世人一般。同时，它将圣人从人上升为神，从而成为神圣的权威，圣人之言成天经地义的经典，值得信任，如同基督教的“因信称义”观念一般。于是，汉代出现了两个特殊现象，一是读经风气盛行，二是为圣人立碑造像。圣人进入庙堂，成为人们礼拜的偶像。经典的确立与偶像的塑造，体现了儒家的神圣化与制度化建设的进程。其结果是：儒家走向了宗教。这个宗教教派便是礼教。

从神话（迷信）、世俗到神圣的演变，不仅揭示了儒家思想由世俗走向宗教的历史进程，更为重要的是，它同时演绎了人类思想的逻辑秩序，即从神话（或迷信）时代到世俗哲理并最终走向神圣宗教的逻辑。其中，笔者特别指出的是：从儒家思想史来看，宗教晚于哲学。这或许也是人类思想谱系学的共同逻辑。

段正元对《大学》的现代诠释

韩　星*

近代以来，西学东渐，对中国学术的现代转型有非常重要的贡献。但是与此同时文化激进主义对传统文化的激进批判，自由主义西化思潮唯西方马首是瞻，使得中国学术在割断传统、丧失自我主体性的同时走上了“以西释中”的西化误区，至今难以回归。当然，应该看到，在中国文化西化歧出的20世纪仍然有一些学者，他们对中国文化抱以温情和敬意，以同情的理解，以其远见卓识，深刻体察，坚守中国文化的基本义理，坚持阐扬中国文化主体精神，通过卓有成效的研究，取得了丰硕的成果，产生了深刻的影响，如现代新儒家就是这样一个精英群体。除此而外，还有一些隐居在民间，致力于传统文化复兴、儒学研究和国学传播的仁人志士，如本文要介绍的段正元就是一位思想深刻、道行通达、躬行实践，留下了丰富思想资料的民间大儒。只是由于诸多原因，这位在民间社会，甚至政界都有很大影响的儒者在当代学界未能得到应有的重视。他的著述公开出版的不多，研究者很少。近年以来，笔者研读了段正元的一些资料，发现其思想独特，自在圆融，自成体系，在经典诠释方面走的是以中释中，中道整合，而又不乏现代性的诠释学道路。笔者在这里仅以他对《大学》的诠释为例撰文进行初步的探讨，以抛砖引玉，希望学界对段正元儒学思想进行深入的研究，使之对儒学及中国传统文化的研究向纵深发展，为中国文化的复兴做出贡献。

---

* 韩星，历史学博士，教授，博士生导师，主要从事中国思想文化及儒学、儒教研究，现任职于中国人民大学国学院。

一 《大学》的作者、年代与主旨

对《大学》的作者和年代、版本，学术史上一直存有争论，历来研究者各有各的说法。其主要的观点如下。

（一）传统观点认为，《大学》是孔子弟子曾参所撰，并经他的弟子广为传播。这种观点在中国学术史上一直占据主导地位，至今仍有不少人坚持此说。

（二）班固在《汉书·艺文志》中认为《大学》是“七十子后学”所作，但没有言明“七十子后学”究竟为何人，言下之意《大学》是儒家学者集体创作的结果。

（三）汉代的郑玄在《礼记目录》中说子思作了《中庸》，但对《大学》的作者没有提及，而贾逵则说，子思“穷居于宋，惧家学之不明，作《大学》以经之，《中庸》以纬之”。

（四）宋代程颢、程颐认为，“大学，孔氏之遗书，而初学入德之门也”[①]。他们认为《大学》是孔子的遗书，不一定就是孔子亲自所著，也可能是他的弟子们记录成书。

（五）宋代朱熹作根据经文的“曾子曰”句，认为第一章的经是曾子所述的孔子之言，“孔子之言，而曾子述之”；十章的传，是曾子门人所记的曾子之意，“曾子之意，而门人记之”。

（六）清代著名学者崔述在《洙泗考信录》一书中提出了与传统截然不同的看法，认为《大学》不应该是孔子、曾子所著，因为孔子、曾子时代文简而隐、义多兼用，《大学》应该是战国时期的作品。

（七）近代以来傅斯年、胡适、钱穆等学者认为《大学》、《中庸》作者未详，著述年代也推测为秦、汉时期，傅斯年甚至认为《大学》总不能先于秦，而汉初也直到武帝才用聚敛之臣，如果《大学》是对时政而立论，应该作于孔桑登用之后，轮台下诏之前。[②] 郭沫若在《十批判书》中

① 朱熹：《四书章句集注》，中华书局，1983，第3页。

② 傅斯年：《与顾颉刚论古史书》，载《中国古代史学与学术十论》，广西师范大学出版社，2006，第205页。

认为，《大学》是属于“孟氏之儒”的著作，他断定为“乐正氏之儒的典籍”。冯友兰认为《大学》不是曾子所著，而应是荀子一派的学者在秦汉之际所作。

现行的《大学》共有三种不同的本子：（1）郑玄所注《小戴礼记》第四十二篇全文，王守仁尊之为“《大学》古本”；（2）由程颢、程颐兄弟及朱熹所改定的“大学章句”本；（3）魏正始四年刻的“三体石经”本，亦称“石经大学古本”。

二程兄弟对古本《大学》的章次进行了调整，各作《改正大学》，彼此不同，以为《大学》定本，并与《论语》、《孟子》、《中庸》一起称为“四书”，紧接着吕大临著述了《大学解》。至南宋朱熹继承二程之意，重新编订《大学》章次，作《大学章句》。关于《大学章句》的源流，朱熹在《记〈大学〉后》一文中说，《大学》“简编散脱，传文颇失其次，子程子盖尝正之”。在《大学章句序》中，他说，《大学》是曾参“作文传义，发明其意”。孟子死后，“而其传泯焉”，“其书虽存，而知者鲜矣”。“河南程氏两夫子出，而有以接乎孟氏之传，实始尊信此篇而表章之”，“次其编简，发其归趣”，然后“古者大学教人之法，圣经贤传之指，粲然复明于世”。朱熹又因二程遗说，“复定此本”，其中有些章从程本，又有些章从旧本，有些章则是朱熹自定，第五章“格物致知”乃“取程子之意”而“补传”，是程朱理学格物致知论的精髓。在此基础上，朱熹把《大学》分为“经”一章和“传”十章，并认为“传”的部分“旧本颇有错简”，因此，他“因程子所定”，对其基本结构、各章之间的关系加以调整并予以说明。朱熹认为，这样一来，《大学》就“序次有伦，义理贯通，似得其真”了。程朱以上的观点得到宋明学者的普遍响应，即使如王阳明等，虽然与朱熹在“格物”等问题上存在较大分歧，但也都承认《大学》是圣贤所传，这样，宋、元以后，《大学》成为学校官定的教科书和科举考试的必读书，对古代政治、教育产生了深刻的影响。

但是，明清之际陈确著的《大学辨》，不同意朱熹把《大学》列为“圣经贤传”，认为“《大学》首章，非圣经也；其传十章，非贤传也”。明代的陈道永认为《大学》是战国时代的儒生所作，清代戴震的《大学补注》及汪中的《大学平议》也认为朱熹的说法没有根据。崔述在其所作

《洙泗考信录》中有《〈大学〉非曾子所作》一篇，反对朱熹将《大学》分为“经”“传”两个部分，并说“玩通篇之文，首尾联属，先后呼应，文体亦无参差，其出于一人之手甚明，恐不得分而二之也”①。另外，董槐、叶梦鼎、程敏政、薛清、薛济、崔铣等学者一边批判朱熹的《大学章句》，一边随意出版了旧本的改订本，种类共十多种。

《大学》是古代教育理论的著作，也是儒家政治伦理思想的纲领。由于《大学》与《小戴礼记》中其他篇章不同，所阐述的思想从很早就引起了学者们的重视。刘向在《别录》中把它编入通论类，原因是他把《大学》看作儒家思想的概论性作品。东汉郑玄有注，郑玄在《三礼目录》中说：“名曰《大学》者，以其记博学，可以为政也。”郑玄是一个有政治抱负的人，他强调《大学》的为政功能，借以表达他的政治思想，显示他治理国家、为仕从政的才能。但是，他所处的东汉后期又是一个外戚、宦官轮流专制，政治昏乱，士人遭诛杀，生灵涂炭的时代，他没有机会入仕从政，便把自己的政治追求融入学术活动之中，以《大学》作为其政治理想的寄托，可以说有强烈的政治儒学的倾向。唐代孔颖达在郑玄注的基础上进行疏解，基本上传承了郑玄政治儒学的观点，但也并非纯粹沿袭郑注，而是加入了自己的看法，更重视“诚意”，他说：“此《大学》之篇，论学成之事，能治其国，章明其德于天下，却本明德所由，先从诚意为始。”②“本明德所由，先从诚意为始”即《大学》的主旨，这一诠释结论显示了一种学术转型的预兆，即由政治儒学往心性儒学的转向。

至中唐韩愈面对佛老大炽、儒学式微的社会现实，作《原道》，针对佛、老二家“欲治其心而外天下国家，灭其天常；子焉而不父其父，臣焉而不君其君，民焉而不事其事”的社会危害，引述《大学》“古之欲明明德于天下者，先治其国；欲治其国者，先齐其家；欲齐其家者，先修其身；欲修其身者，先正其心；欲正其心者，先诚其意”一段，强调正心诚意，积极有为的人生态度和内外贯通、德业兼修的伦理政治。与韩愈关系密切的李翱作《复性书》三篇，以性情为主题，以儒家的经典《中庸》为核心，吸收佛教思想为补充，值得注意的是对《大学》里的“格物致知”

① 《崔东壁遗书》，上海古籍出版社，1983，第 374 页。

② 阮元：《十三经注疏·礼记正义》，中华书局影印，1980，第 1673 页。

作了一番新的解释。韩愈引述《大学》没有提“格物致知”，李翱在韩愈思想的基础上对这个问题有进一步的分析，他说：“物者，万物也；格者，来也，至也。物至之时，其心昭昭然明辨焉，而不应于物者，是致知也，是知之至也。知至故意诚，意诚故心正，心正故身修，身修而家齐，家齐而国理，国理而天下平，此所以能参天地者也。”（《复性书》上）他把“格物致知”与“诚意正心”联系起来，将认识论问题纳入功夫论之中。当然，这里的“认识论”只是个方便说法，还不是今天一般哲学中的“认识论”含义，李翱所说的“格物致知”是以自己的“昭昭之心”去感应外物，能明辨而不为外物所迁，而不是通过感官接触外物进而获得真知。因此，李翱对韩愈作了重要的补充，初步显示了理学思想的基本特征，真正开启了政治儒学向心性儒学的转向。

二程作为宋代理学的奠基人，极力表彰《大学》，如程颐说：“《大学》，孔氏之遗书，而初学入德之门也。”[①] 并对其中的概念、范畴、思想进行了辨析和阐发，特别是将《大学》中格物与致知加以强调发挥，认为格物是穷尽事物中天理，致知是达到对天理的认识，致知以格物为前提条件。不过，比较起来程颢讲格物致知侧重以心内求，主要是追求一种物我为一的超然境界；程颐论格物致知则以穷事物之理为目标，展现为复杂的认识论体系。二程共同为理学认识论奠定了基础。

朱熹对《大学》的诠释最为用力，不但以经传划分，而且有格物致知的补传一章。他认为这本书是古代大学所以教人之法，相对于15岁前的小学而言。他说：“人生八岁，则自王公以下，至于庶人之子弟，皆入小学，而教之以洒扫、应对、进退之节，礼乐、射御、书数之文。及其十有五年，则自天子之元子、众子，以至公、卿、大夫、元士之适子，与凡民之俊秀，皆入大学，而教之以穷理、正心、修己、治人之道。此又学校之教、大小之节所以分也”，充分体现了“圣经贤传之指”[②]，所以，《大学》是“圣门最初用力处”，是入学门径，“《论》、《孟》、《中庸》，尽待《大学》通贯浃洽，无可得看后方看乃佳”[③]。这就使《大学》成为即物穷理

① 朱熹：《大学章句注》，载《四书章句集注》，中华书局，1983，第3页。

② 朱熹：《大学章句序》，载《四书章句集注》，中华书局，1983，第2页。

③ 朱熹：《答吴伯丰》，载《朱子文集》卷三。

之书，主旨在格物致知，完成了《大学》诠释学从政治儒学向心性儒学的转换。但是这种转换如果从儒家思想的内在逻辑理路上看其实只是彰显了儒家穷理尽性的知识之学，为后来王阳明从诚意正心方面诠释《大学》留下了空间。

王阳明反对朱熹重新编订《大学》和补“格物致知”一章，他以郑玄古本《大学》为正，在《大学古本序》中说：“大学之要，诚意而已矣”，而朱子的新本则以“格物”为主题，所以是支离。王阳明对《大学》具体的解释与朱熹也不同，如他根据古本认为三纲领的“新民”是“亲民”，对八条目中格物，朱熹的解释是“达到物”，而他却认为是“正物”。如果从儒家尊德行与道问学的内部张力来看，朱熹重视经验的求知，所以从道问学的观点加以解释；阳明言良知，与经验之知无关，所以从尊德行的观点加以解释。[①] 正如朱熹诠释《大学》为其理学思想体系之有机组成部分一样，王阳明诠释《大学》为其心学思想体系之有机组成部分。

清人对《大学》的诠释或从朱熹，或从王阳明，或选择折中于理学心学之间，往往成为学术争论的焦点，在思想上却也没有根本性的突破。

近代以降，对《大学》的诠释与20世纪中西古今文化冲突融会相联系，形成了类似于先秦诸子百家争鸣的多元化特征，但基本思想倾向还隐约可见朱熹与王阳明的影响，如冯友兰认为《大学》为荀学一派著作，“《大学》中所说‘大学之道’，当亦用荀学之观点以解释之”。“盖当时荀学之势力，固较汉以后人所想象者大多多也。”[②] 这一观点被许多学者接受，颇有影响。但也有持不同意见者，如徐复观认为《大学》“思想带综合性质”，虽然也受到荀子的影响，“但就其主要内容而论，则恐受孟子思想系统之影响，远过于荀子”。“《大学》乃属于孟子以心为主宰的系统，而非属于荀子以法数为主的系统。”[③] 今天，有学者结合最新出土文献，采取比较综合的看法，认为《大学》对以后的孟学和荀学各有影响，但就其思想的主要性格而言，似与思孟一派关系更近，将其看作思孟学派的一个

① 韦政通：《中国思想史》上，上海书店出版社，2003，第277页。

② 冯友兰：《〈大学〉为荀学说》，载《三松堂学术文集》，北京大学出版社，1984，第181页。

③ 徐复观：《中国人性论史·先秦卷》，三联书店，2001，第241、244页。

环节可能更为合适。[1]

不过，也有一些观点值得注意，如唐文治在《〈大学〉大义》中认为《大学》主旨是建立在周文王之道基础上的大学之教。《大学》讲明明德而广修身诚意之义，又引《尚书·康诰》，引文王之诗，其所言仁、敬、孝、悌、慈、信、让、絜矩都是文王之道。周人以此为教，奠定了八百年基业。[2] 胡适认为儒家到了《大学》、《中庸》的时代，已从外务的儒学进入内观的儒学。早期儒学只注重实际的伦理和政治，注重礼乐仪节，不讲究心理的内观。《大学》重心理学说，体现在已分别了心与意。心与意不同，心有所在便是意。《大学》论正心，更是对心理的微妙的剖析。到了《大学》儒学已演变为“内观的儒学”[3]。

港台新儒学的倡导者牟宗三先生试图解决宋明以来朱熹与王阳明对《大学》诠释的分歧，他说：

> 《大学》里面讲三纲领、八条目，它也是从主观的实践到客观的实践，它把儒家实践的范围给你规定出来，但是它本身的方向却不确定。它主要是列举了这些实践纲领，可是却没有对这些纲领作什么解释。比如《大学》说“明明德”，但是什么是“明德”呢？“止于至善”，什么叫“至善”呢？“至善”究竟是落在哪个地方呢？这在《大学》里面都不清楚。所以在这些地方就有不同的态度，讲《大学》的人也就有不同的讲法，最典型的两个态度就是王阳明的讲法和朱夫子的讲法这两者。朱夫子那个讲法是顺着《大学》讲《大学》，这是最自然的讲法，一般人也最容易走朱夫子这条路。朱夫子讲儒家是以《大学》为标准。朱夫子的讲法尽管很自然，比如致知格物、格物穷理，这很自然，但是他有一个毛病，他拿《大学》作标准来决定《论语》、《孟子》、《中庸》、《易传》，结果通通不对。可是，如果你把《大学》讲成王阳明那种讲法那也太别扭，你怎么知道《大学》里面

① 梁涛：《郭店楚简与思孟学派》，中国人民大学出版社，2008，第133～134页。

② 唐文治：《茹经堂文集》，载《国学大师说儒学》，云南人民出版社，2009，第143页。

③ 胡适：《中国哲学史大纲》（卷上），载姜义华主编《胡适学术文集·中国哲学史》上，中华书局，1991，第194～195页。

> “致知”的知就是良知呢？这也很麻烦。《大学》里面的致知、格物未必就是王阳明的那种讲法。王阳明是用他的良知教套在《大学》里面讲，他这种讲法在文字上是没有根据的，但是他的讲法有一个好处，在义理上来说他的讲法合乎儒家的意思。王阳明是拿《论语》、《孟子》来规范《大学》，朱夫子是拿《大学》来决定《论语》、《孟子》、《中庸》、《易传》。所以儒家系统后来就分歧了。①

他认为过去人们之所以重视《大学》是因为朱熹的权威很大，朱熹讲《大学》，所以人人讲《大学》。就是王阳明也是从《大学》入手，但是他把朱熹的那个讲法扭转过来。王阳明是孟子学，他讲《大学》是孟子的《大学》。朱熹的《大学》则是以程伊川的讲法为根据。那么，我们具体应该采取什么态度呢？他提出当以《论语》、《孟子》、《中庸》、《易传》来作标准规范《大学》。他指出《大学》提出了从主观到客观实践的纲领，可是却没有对这些纲领作什么解释，本身的方向不确定。这实际上是孟子以后道统不传，产生了对《大学》本义的隐晦和实践的缺失。

二　段正元讲《大学》

（一）段正元与道德学社

段正元何许人也？段正元（1864～1940），原名德新，道号正元，取天元正午、道集大成之意。四川威远县望集乡堰沟坝（现镇西镇红林村）人。段正元15岁时，因母病求医，遇一位81岁的老人姓龙名元祖。龙元祖一副汤药，使段母重病痊愈。段正元因此立志随龙元祖学医。但龙元祖不传医术，反劝段正元学道。于是，段正元即随龙元祖入青城、峨眉山学道。龙元祖授之以先天后天、内圣外王、修齐治平、全体大用一贯之道。4年之后，段正元明心见性，即奉师命下山四处云游，寻师访友，交谈学道、悟道的心得体会。民国元年（1912）于成都办人伦道德研究会。每周

① 牟宗三：《中国哲学十九讲》，上海古籍出版社，1997，第79～80页。

公开讲解四书五经，所讲内容皆由性分中发出，有问必答，百讲不穷，共讲123周。出《大成礼拜杂志》、《圣道发凡》、《上帝大中》、《外王刍谈录》等书。为弘扬孔子之道，携弟子杨献庭等二上京华。民国五年(1916)，北京道德学社成立，弟子中多有军政界要人，实现了其布衣教王侯之志。民国早年出有《道德学志》、《大同元音》等书，民国六年(1917)，成立南京道德学社，讲学于大江南北之间。嗣后，杭州、上海、武汉、徐州、保定、随县、张家口、太原、孝义、奉天、天津等地纷纷成立道德学社，段正元于各地讲学传道不止。各地所办之学社不花公家一文钱，不占国家一锥地，不受国家一名位，不向社会劝募分文，纯是弟子自由助捐。其道德学社宗旨为："阐扬孔子大道，实行人道贞义，提倡世界大同，希望天下太平。"道德学社的教纲为："受恩必报，有过贞改，明善实行，诸恶不作，福至心灵，从容中道。"段正元在各地讲学传道，形成广泛的影响，在民间形成一股复兴中国传统文化的热潮，在战乱中成为保一方平安、挽世道人心的正面力量。

北京道德学社成立后，先后经历了汪蒋内战、国共内战、抗日战争。这个时期，是中国历史上社会、政治最不安定的时期之一。面对这种局面，段正元从未袖手旁观，他不辞辛劳，游说于北洋军阀、蒋介石集团新军阀之间，甚至对于侵略中国的日本军国主义者，也苦口婆心，试图说服他们皈依儒家道义，修身、齐家、治国、平天下，实现他以道德平治天下的夙愿。他曾先后与萧耀南、卢永祥、吴佩孚、何键、何应钦、蒋介石等多次会晤，推行自己的政治主张。可惜都没有什么结果。74岁时卢沟桥事变，段正元声明退隐。各地道德学社改变功能，办难民收容所等。他本人从此不穿绸衣，以恢复布衣之身。1940年1月26日辞世归天。由于不得为政贞知音，大道难行于天下，政德未能合一，无奈之际段正元选择了以道德学社作为"阐扬孔子大道，实行人道贞义，提倡世界大同，希望天下太平"的手段。"泛言之，即是将历来圣圣相传之明明德，亲民，止于至善，格致诚正，修齐治平之固有道德，发挥于世界，使天下之人，皆知道德为人生之根本。"①

① 耕心：《道德学社访问记》，载《段正元语要》附录一，吉林文史出版社，2003，第717页。

（二）段正元谈《大学》的作者、时代与主旨

关于《大学》的作者与时代，段正元说《大学》一书，“其实非曾子所作，亦非孔子所作，是乃天经地义，历来大圣人递相传授之心法。至周时，孔子问礼于老聃，老聃举以告之，始著为明文。故原文载在礼经。其开首不标‘子曰’或‘孔子曰’，足以证之”①。“孔子……问礼老聃，得闻《大学》至善之道。……后游历列邦，道不行而辙还东鲁，删订纂修而约以《大学》。”② 是说《大学》乃上古以来圣人相传的心法，由老子传给孔子，孔子晚年删订整理古代文献时开始写成文字。原经只是“《大学》之道，在明明德，在亲民，在止于至善。知止而后有定，定而后能静，静而后能安，安而后能虑，虑而后能得。物有本末，事有终始，知所先后则近道矣”，共五十八字。而从“古之欲明明德于天下者”一句到“此谓知之至也”，这一大段，乃是孔子系辞。

关于《大学》主旨，段正元说《大学》一书，“实乃大道之元气凝结所化而成，为天之经，地之义，人之行也”③。又说：

> 乃自尧舜禹汤文武周公而后，是书已历数千余年，历世少有大同者何耶？因其中有秘密之传授焉。深知内圣之学者无几，故致外王之道者无多。况圣而不可知之谓神，得其道者更觉绝无而仅有。孔子之时，大道尚未宏开，是书虽著，不过浑言其理，不得多传其人。故子贡曰：“夫子之文章可得而闻也，夫子之言性与天道，不可得而闻也。”至复命之学，亦不得而闻，子思、孟子之时亦然。④
>
> 中国自河洛出而道统立，《大学》之真道，圣圣相承，迄今四千余年，并未昌行于世，故世道愈趋愈下，人心愈见奸险，即现在世界黑暗，达于极点，皆由世运否卦当权，气数之天作主，小人道长，君

① 段正元：《七三寿辰法语》，载《师道全书》卷四八，道德学会总会编印，1944，第15页。
② 段正元：《阴阳正宗略引》，载《师道全书》卷一，道德学会总会编印，1944，第20页。
③ 段正元：《道德浅言》，载《师道全书》卷六，道德学会总会编印，1944，第45页。
④ 段正元：《阴阳正宗略引》，载《师道全书》卷一，道德学会总会编印，1944，第21页。

子道消。[①]

段正元认为，《大学》是大道元气凝结所化而成，是天之经，地之义，人之行。《大学》作为上古以来圣人相传的心法，与道统的历史传承是一致的，或者说《大学》本身就是道统的体现，《大学》之道即道统之道。这里还指出“河洛出而道统立”，显然与《系辞传》中的“河出图，洛出书，圣人则之”相一致。《大学》由老子传于孔子，虽在孔子之后被写成文字，却因大道未开，特别是孟子之后，数千年来，《大学》之真道未得传承，《大学》之真谛遂多隐而不显。

段正元对《大学》有全面深刻的理解，他说：

> 《大学》一书，义理奥妙无穷，仅以文章言，已是语语真切，字字著实，简明无比，详尽无比，脉络一贯，次序井然。其承接处，紧严非常，有如天衣无缝。从前读书人，模仿些许，即可窃取功名。文章是假以状道者，其并非真道，得之尚有如此好处，我们若将真正大学之道学而时习之，必能成真作圣，毫无疑义。[②]
>
> 《大学》一书，乃万教之纲领。天所以广大道之传也。首明大道全体，次明入道之功。至能得而天道已尽，所谓先天大道与后天大道，贯而一之也。[③]
>
> 人为道体，为天地之心，为五行之秀，为万物之灵，为三才之贵。不过既已是人，则当作人事，完人格，不负大道之生成耳。《大学》之精华，即在性命双修，道法并行。[④]

段正元认为《大学》义理奥妙无穷，仅以文章言，已是语语真切，字字著实，简明无比，详尽无比，脉络一贯，次序井然。其承接处，紧严非常，有如天衣无缝，乃是先后合一、内外一贯、性命双修之学，是万教之

① 段正元：《道德浅言》，载《师道全书》卷六，道德学会总会编印，1944，第52页。

② 段正元：《元圆德道》，载《师道全书》卷二九，道德学会总会编印，1944，第34页。

③ 段正元：《阴阳正宗略引》，载《师道全书》卷一，道德学会总会编印，1944，第20页。

④ 段正元：《元圆德道》，载《师道全书》卷二九，道德学会总会编印，1944，第32页。

纲领，完美地体现了儒家内圣外王的主体思想。这就使儒经诠释走出了汉宋后儒把儒经作为章句训诂之学和功名利禄之具的误区，焕发了新的生机。

（三）段正元对程朱诠释《大学》的批评反思

段正元认为汉以后的儒生违背了儒学的真义，或埋头考据，或崇尚空谈，将至高无上的儒学引入了歧途。周公制礼作乐，发为文章，传诸后世，礼制与文章是一体的。孔孟以后“大道失传，后人惟奉文章以为金科玉律；汉儒经解，究文章之表面，过于覆实；宋儒理学，究文章之里面，过于虚拘，然去圣之世未远，犹享其绪余”①。《大学》是儒学之道的集中体现，不明《大学》就不能真正懂得儒道。因此，他对宋儒不明大学之道、对《大学》的篡改曲解进行了深刻批判。认为宋儒不明先圣心法，所以对《大学》不明其本。他说：

> 真儒要能通天地人，不仅能读书作文章。从前理学，极讲究修身，如程朱夫子，视听言动，丝毫不苟，作读书人之模范，其有益于世道人心之处，曾不在少。然谓程朱之学，即可以尽儒家之道，则相去尚远。且以解释经义证之。儒道以《大学》为宗，程子系之曰：“大学孔氏之遗书，而初学入德之门也。于今可见古人为学次第者，独赖此篇之存，而《论》、《孟》次之，学者必由是而学焉，则庶乎其不差矣。”朱子以此言冠之篇首，意若谓《大学》一书，已经程子品题不错，世人可因程子之言，而来读《大学》，于表彰《大学》之中，顺带表彰程子，其用意未必不善。但即程子之言，一加玩索，则《大学》不但未得程子品题之利益，反被程子诬枉不少。②

并进一步分析：

> 《大学》本内圣外王全体大用之学，谨谓“初学入德之门”，未免

① 段正元：《外王刍谈录》，载《师道全书》卷二，道德学会总会编印，1944，第41页。

② 段正元：《归元自在》，载《师道全书》卷二七，道德学会总会编印，1944，第20页。

过于轻视。《论语》、《孟子》和《大学》，原自一贯，苟能实行体验，自知其息息相通。能识《大学》为切要者，亦必能识《论》、《孟》为切要。稍有歧视，则两皆失之。谓《大学》为‘初学入德之门’，而以《论》、《孟》次之，是不啻谓《论》、《孟》尚不足为初学入德之门，其书即令存之，亦无足贵矣。如此抑扬，岂不失当！不惟显其不识《论》、《孟》，并适以反证其不识《大学》。至谓“学者”、“庶乎不差”，其语病尤大。“不差”是仅可而未善之辞，“庶乎”是将然、或然而未敢断定之词。夫士希贤，贤希圣，圣希天，境地固自无限，若得明师指教，实践《大学》之功，其造诣可臻于无上之域。今依程子之言，则学《大学》者，不过能得一仅可未善之程度，而此仅可未善之程度，尚在将然或然，未敢断定之中。则此《大学》，有何用处？由此以观，程子于《大学》，究竟是否重视，尚不免疑问。程子以《大学》可传者，在以其有次弟，及自己改篡《大学》，则又将次弟推翻，此与残害其书之生命，消灭其书存留之价值者何异。《大学》之书，经程子改篡后，面目全非。其精神之不存，更不待言。第推程子之心理，既视《大学》原书，不如己之改本，则亦未尝不视孔子及门人，为不及己。①

段正元认为，儒学之道本来以《大学》为宗，可惜孔孟之后儒道失落，程子之学在诠释《大学》多有诬枉、曲解，还改篡《大学》，使之面目全非，精神尽失，这些无异于残害其生命，与儒道相去甚远。这种批判论之有据，言之成理，发人深省，对我们今天的经学诠释颇有启示。

对于朱子接着程子讲《大学》过程中的问题，段正元也有揭示和批评，他说：

朱子专尊程子，故于“程子”之上，加一“子”字，以示特崇，而因有此“子程子”三字一衬，愈见“孔氏”二字无光采，无斤两，亦愈见程子之疏忽。

① 段正元：《归元自在》，载《师道全书》卷二七，道德学会总会编印，1944，第20~21页。

> 朱子即如此尊崇程子，则其对于《大学》之所见，应当处处与程子雷同，而岂知不然，程子所已改篡之《大学》，朱子又重新改篡一过，以各行其是，其相互抵触最甚者，为开首注："大学者，大人之学也"一语。此"大人之学"四字，下得允当与否，姑且不论，只既称为"大人之学"，自与"初学之门"相隔甚远，何一面恭恭敬敬，引程之言，装潢门面；而一面又大张旗鼓反对论调，究属有意为之，或无意为之？有意为之，是不仁也；无意为之，是不智也。若有人发问此难，想朱子亦不好自圆其说。①

段正元认为"二人开腔，即相矛盾。朱子是宗程子，其实明是相成，而实相反，师生不是一贯"②。这就尖锐地揭示了程、朱之间学术思想外表表彰尊崇，实质上内在理路的相互矛盾抵牾之处，故而他们对儒道不能一以贯之。

程、朱本来都是研究性理之学的，遗失了儒道真谛，不知实行实践，"其门路走错，未得明师传授真正大学心法，不知实践其功，将《大学》一书，看作文章，故以文章之法，来加以改篡；以文字之见解，来下注脚，模糊影响。其中矛盾之处，自己无从发现，积非成是，贻误至今。此《大学》之不幸，亦程朱之不幸也。迨后朱子改本《大学》，推行于世，世人只知有朱注《大学》，不知其为谬种之流传。即有知《大学》原本者，亦只知其为讲性理之文字，而不知其为圣门传授心法，与实地用功之课程，不加重视，是以大学之道失传。而因大学之道失传，所以不能养成就一个真能修身、齐家、治国、平天下之人才。演至近代，学术愈陋，治术亦因之愈卑。民贫国弱，无法救济，遂降服于法制文明，物质竞争主义之下矣"③。受宋明程朱理学空谈性理的影响，加上科举制度，后人把儒家经典当成文章，当成追求功名利禄的敲门砖，危害了儒学，贻误了士子，伤害了民族，在"前清科甲时代，以朱注为正宗。读书人作文，越乎朱注之

---

① 段正元：《归元自在》，载《师道全书》卷二七，道德学会总会编印，1944，第21页。

② 段正元：《天津说法草案》，载《师道全书》卷四二，道德学会总会编印，1944，第51页。

③ 段正元：《归元自在》，载《师道全书》卷二七，载道德学会总会编印，1944，第21页。

外，不能得功名"[1]。段正元曾经回忆说："当日志在学仙，云游天下，他说学道办事，不要读书。因数千年来，读圣人之书，不明一字，不行一句，殃及国家，故有今日之乱。圣人之道，重在躬行实践。形上形下，道器攸分。形下之器实行易，可以赡天下人之身家；形上之道实行难，可以全天下人之性命。我何以提此？见得圣人之经难讲，圣人是行有余力，则以学文，非空谈理想。……而今著作家到多，下笔万言，倚马可待，随处皆是，登台演说，口若悬河，说得头头是道，条条有理……我有何能？就是说得到，办得到。"[2] 这就是秦汉以来儒经成为士子功名利禄的工具，忽视了儒学形上形下、道器攸分、下学上达、天人合一的本质特征，强调儒家的实践品格，认为圣人之道重在躬行实践。上文提到的"他"是指段正元的老师龙元祖。龙元祖是一位深谙和坚信儒家学说，并试图在五四新文化运动反儒批孔的大潮流中重振儒学的儒家之隐者。龙元祖在对段正元传道讲学伊始时即说："盖儒道心法失传已久。《大学》之道，至孟子以后，就无知道的真儒了。汉代考据，宋世理学，皆系研究儒教之文章，而性与天道，终不得其门而入。……当今之世，所学非所用，所用非所学，只知理学文章，格物形下的小道，而不明性与天道之学，允执厥中之法。"[3]

当然，从学术思想史上看，对程朱理学的批评早在明代后期即已开始，明末清初主要是针对理学清谈、不能解决实际问题而发。入清以后如戴震对理学的社会作用也进行了批判，指出"理"自宋代以来，已经成为尊者、长者、贵者压迫卑者、幼者、贱者的工具："人死于法，犹有怜之死，死于理，其谁怜之?"（戴震：《孟子字义疏证》卷上）而汪中作《大学评议》批评程朱篡改《大学》的同时走到另一个极端，否定《大学》为至高无上的经典，所谓"三纲领"、"八条目"是用一定范式来教育人，与孔门的教育原则相矛盾，《大学》不会是孔门的真传（汪中：《述学·补遗》）。段正元对理学家诠释《大学》的批判注意到了程朱因内在理路的歧

① 段正元：《天津说法草案》，载《师道全书》卷四二，道德学会总会编印，1944，第51页。

② 段正元：《道一》，载《师道全书》卷二一，道德学会总会编印，1944，第4~5页。

③ 段正元：《正元日记》，载《师道全书》卷一，道德学会总会编印，1944，第2页。

义而不能一以贯之，导致了失去儒学之道，是造成儒学后来逐渐走向衰落的根本原因。这些观点发前人之未发，应该引起学界重视和反思。

（四）《大学》之学——大人之学

《大学》是讲大人之学的，这是传统的看法。朱熹在《大学章句注》一开始就把“大学”说成：“大学者，大人之学。”那么，什么是“大人”呢？《易传·乾文言》对“大人”这样解说：“夫大人者，与天地合其德，与日月合其明，与四时合其序，与鬼神合其吉凶。……知进退存亡，而不失其正者，其唯圣人乎！”就是说，大人应该有与天地相契合的德性，有与日月相契合的光明，有与春夏秋冬相契合的时序，有与鬼神相契合的吉凶。……只有知道进退存亡而又不迷失自己的正道者，才是唯一具有大智能的圣人。孟子也曾说过：“大人者，不失其赤子之心者也。”（《孟子·离娄下》）又说：“有大人者，正己而物正者也。”（《孟子·尽心上》）朱熹注云：“大人，德盛而上下化之，所谓‘见龙在田，天下文明’者。”由此可知，大人就是圣王。但是，自孔子以后圣与王不再合而为一，后世《大学》倾向于圣道的一路演变为师儒之学，倾向于帝道的一路演变为帝王之学。汉唐政治儒学多讲帝王之学，宋明心性儒学多讲师儒之学。当然，这个只是就纵向总体而言，实际上，汉唐时代亦有韩愈、李翱的心性儒学初论，宋明时代也有宋代真德秀的《大学衍义》、明代邱浚的《大学衍义补》发挥“帝王之学”为一完备的理论体系。

段正元讲《大学》继承了传统的说法，但有自己独特的理解。他说：

> 所谓《大学》云者，大人之学也。孟子云：“有大人者，正己而物正者也。”《易》曰：“夫大人者，与天地合其德，与日月合其明，与四时合其序，与鬼神合其吉凶。”非从前所谓成丁之大人，亦非在官之大人也。真者踏实认真，以道为己任，凡行一事，有失德，则不行，出一言，有悖礼，则不言。推之独居不愧影，独寝不愧衾，扫除一切贪嗔痴爱，克后天之己，复先天之礼，如是斯可以入《大学》之门矣。①

---

① 段正元：《道德浅言》，载《师道全书》卷六，道德学会总会编印，1944，第49页。

这个解释强调了踏实认真，躬行实践，克己慎独，显然是针对汉宋诸儒的弊端而发的，也对我们今天有重要启示。现代知识分子摆脱了古代功名之士的科举狭路，以自己的学术立足社会，本无可厚非。然当今许多专家、学者以学术为人世间唯一高尚之事业，或闭门造车，或空思幻想，或埋头故纸堆，以一己之见发为文章、著为专著即足，不管内容是否合于道德，是否能行。甚至有人想，我只管说出来，写出来，至于行不行，行不行得通，谁来实行，那是另外一回事，是别人的事。这都是理学家道德与文章相背离的传统在现代社会的延续，今天仍然走着汉宋诸儒的老路。大人之学失传，大学精神不彰，专家、学者著书皆为稻粱谋，陷于名利之途，罕有人敬仰古圣先贤，罕有人传承圣贤之道。

（五）《大学》之道——先后合一、天人一贯、性命双修之道

段正元认为《大学》之道是先天后天、天人一贯、性命双修之道，他说：

> 《大学》之真道乃是先后合一、内外一贯、性命双修之学。①
>
> 《大学》一书，明明德一节，穷理尽性，先天之学也（后天中之先天）。知止一节，炼凡身，了凡命，后天之学也（先天中之后天）。后天炼净，从穷理尽性以至于命，本末交修，还我本来真面目，性命合而为一（性中有命，命中有性），完全先天中之先天。《大学》能事毕矣。②
>
> 今日讲《大学之道》一章书，须先要知道，首节“在明明德，在亲民，在止于至善”三句，是先天之道，性分中的事，所以躬行实践，完性功之量也。“知止”一节，是后天之法，命功上的事，所以保凡躯了凡命。此章书系孔子问礼于老聃，老子举以告之者。至则近道矣，都凡五十八字，由先天说到后天，由后天说到先天，包罗万象，涵盖一切，道蕴无穷。③

① 段正元：《道德浅言》，载《师道全书》卷六，道德学会总会编印，1944，第53页。
② 段正元：《阴阳正宗略引》，载《师道全书》卷一，道德学会总会编印，1944，第21页。
③ 段正元：《道德学志》，载《师道全书》卷五，道德学会总会编印，1944，第3页。

然后，由明明德→亲民→至于至善，是循序渐进、不断深入、层层升华的过程。造学初功即从“明明德”着手。“明明德”三字，是由先天做到后天、由后天返还先天的功夫。“头一‘明’字，是明先天。次一‘明’字，是明后天。先后天合明，即是两而化，一而神之实德。自能德配天地，道贯古今，充足《大学》之分量矣。”① 因为“明明”把先天后天贯穿起来了，所以重要的“德”就可以配天地，贯古今。“明明德”三字包蕴无穷的道理，讲起来是不易说尽。通俗地说，譬如天平，“明明德”即天平的两端，德即天平的中心，明明与平平相似。一明再明就彻底澄清了。德者得也，一平再平，恰到好处，就是“中”。中者，即如天平的天针对地针，称出了东西的分量。段正元认为这就是孔门的心法也，例如孔子说：“参乎，吾道一以贯之。”这里的“一以贯之”不是人们通常理解的忠恕之道，而是一贯心传，即尧舜允执厥中之学，也就是明明德之实功。

再深一层说，明明德又即穷理的功夫。“道”本来空空洞洞，原是虚的；“德”要由躬行实践而得，成为实的。凡人的言行合于道即是德。“德”就如天上的北辰，而人道中也有北辰。这个北辰即枢纽。在天为天的枢纽，在人为人身中的枢纽。“德”又即“仁”。所以孟子说：“仁也者人也，合而言之道也。”人能与“仁”相合，那么身中的北辰即能与天上的北辰相扣，如磁石引铁，物类朋从。人身中的北辰能与天上的北辰相合，所谓天人一贯，道得于人，这就是把握了明明德。

由明明德又进一层，在亲民，是纯化的功夫，所谓成人之学。儒家所谓“亲亲而仁民，仁民而爱物”，佛家所谓“物我同体，普度众生”。

在止于至善，是先天完善的功夫，达到尽美尽善的境界。“吾十有五而志于学，三十而立，四十而不惑，五十而知天命，六十而耳顺，七十而从心所欲不逾矩。”“从心所欲不逾矩”就是达到了与道合一，尽善尽美的境界。

如果套用《易传·说卦》“穷理尽性以至于命”，“明明德”说的就是“穷理”，“亲民”可以诠释为“尽性”，“止于至善”就是“至命”。

所谓先天后天，“先天”“后天”一词源于《周易·乾卦·文言传》：“先天而天弗违，后天而奉天时。”邵雍通过对易学的精深研究，把“先

① 段正元：《七三寿辰法语》，载《师道全书》卷四八，香港启明书局（出版）公司，1944，第16页。

天”“后天”两个概念发展为“先天之学”与“后天之学”。余敦康说：“邵雍称自然科学为天学，人文科学为人学，并且以有无人文因素的参与作为区分先天与后天的标准。”[①] 张其成进一步发挥说：

> 用邵雍的话说，它们之间是“体用”关系，先天为体，后天为用，后天从属于先天，后天阐发的人性、人道高于先天阐发的物性、天道。这里的“先天”与“后天”是相对关系，邵雍又把“先天”与“后天”统称为“先天之学”。先后天是体用不离、相函相依的，体者言其对待，用者言其流行，是一个统一的天人之“道”的两个不同方面，同时又是一个统一的“道”的变化过程的两个不同阶段。
>
> “先天之学”是研究天道自然的，相当于“天学”；“后天之学”是研究人道名教的，相当于“人学”。[②]

邵雍有诗《先天吟》云：“若问先天一字无，后天方要著功夫。”[③] 所谓先天是指出于自然原始状态，并非人为的故意安排；而后天则是需要通过功夫修炼。因此，在中国思想文化史上，“先天”、“后天”是抽象化了的时间概念，学界一般认为“先天”有二义：一是指据说由伏羲所画的易卦图。相对来说，相传周文王所画的卦图称作“后天”；一是指伏羲及周文王画卦象之前的“心易”，即未画之前已然存在的易之道。先天和太虚异名同实，指窈窈冥冥、至虚至无的道本体[④]，那么“后天”就是道所产生的万事万物了。

段正元解释先天后天说：“在无为中说，为先天；在有为中说，为后天。先天所包者广，能力大。语大莫载，语小莫破，无声无臭，无形无影，视之不见，听之不闻，搏之不得。说无为而无所不为，说无能而无所不能。生化天地是他，纲维宇宙是他，主宰万物是他，至平至常，而又至神至妙。……后天为有为，在天为日月星辰，风雨雷电；在地为山石草

① 余敦康：《内圣外王的贯通》，学林出版社，1997，第226页。

② 张其成：《邵雍：从物理之学到性命之学》，《孔子研究》2001年第3期。

③ 《伊川击壤集》卷十七。

④ 王利民：《〈伊川击壤集〉与先天象数学》，《周易研究》2003年第3期。

木，飞禽走兽；在人为命，为眼耳鼻舌手足四肢，为交际往来，设身处世。”① 可见，段正元所说的先天即是道，后天即是天地万物，就是对传统意蕴的进一步发挥。

他还揭示了《大学》中的儒家性命之学，并借鉴道家道教的性命双修发挥《大学》性命双修之学：

> “在明明德，在亲民，在止于至善”……此三句是道，即是性功。人之凡躯，是物质假和而成，难免生老病死苦，故《大学》又说养生之法：“知止而后有定，定而后能静，静而后能安，安而后能虑，虑而后能得。”学习此法，可以却病延年，可以出幽入冥，通天达帝。“知止”是初功口诀，诸弟子入门时，我所传授者即是。能按我所传授实践知止之功者，自然有定，定之至极乃静，静之至极乃安，安之至极乃虑，虑之至极乃得。历一层有一层之境象。但此境象，非言语文字所能显著。……定、静、安尚在身内，不出身外，属静存之范围。虑则非思虑，乃不思而虑，虚极生明，顿开大觉，照见本来面目，身内身外，通同无碍，属动察的范围。得，是一得永得。程度至止，则本末始终贯彻。故无论在何时何地，无有退转。此五句是法，即所谓命功。②
>
> 《大学》之真道……虽有明明德、亲民、止于至善的功夫，可以了先天之性，犹须了后天之命。故道家有云：“修性不修命，此是修行第一病。”《大学》所以止于至善，先天至矣尽矣之后，又倒下来说出知止等法门，乃是教人了命之法。③
>
> 学问事功，既止于至善，是先天成身之道已尽到。还要有个了期，有个了法。止、定、静、安、虑、得，即了身之法也。起初知止，乃教人拴住心猿意马之下手法门。其止、定、静、安、虑、得

① 畊心：《道德学社访问记》，载《段正元语要》附录一，吉林文史出版社，2003，第744～745页。

② 段正元：《元圆德道》，载《师道全书》卷二九，香港启明书局（出版）公司，1944，第33页。

③ 段正元：《道德浅言》，载《师道全书》卷六，香港启明书局（出版）公司，1944，第53页。

> 六字，内有百零八道口诀，三百六十阴阳，须依其次第，就其实在景象，口传心授，非笔墨所能形容，亦非空谈所能济事，故圣人不一一笔之于书，今亦不必细说。非是有意秘密，恐或误解讹传，反以误人自误。况人若未实践诚身之道，纵将百零八道口诀了身之法，合盘托出付之，亦是枉然。无道不足以载法。未成身毕竟从何了也。譬如有豆浆可以点成豆腐。若是一锅白水，如何点得成？故必先道而后法，先成身而后方可言了身。果然功行圆满，止于至善，其身成矣，则百日可以了道。真有所谓一点便成之玄妙。①

"性命"的概念渊源很古，道家、儒家都在使用，但是汉唐儒学主要往政治方面发展，形成了政治儒学，使性命之学隐而不彰。虽然从唐代韩愈、李翱开始挖掘儒家原典当中的性命之学，至宋明儒学吸收道佛思辨哲学与实践功夫，对儒家性命之学有精深的探讨与发挥，可惜实修实证相对不足。近代以降，国人受西方启蒙思潮、理性主义影响，学人多重视性命之学的理论层面，在实践功夫方面罕有涉及，甚至视为神秘主义，讳莫如深。段正元拜儒家的隐者龙元祖学到了在现代大学和研究机构已经失传的性命之学，他自己也在19岁明心见性，有了切身体证，所以强调《大学》的性命双修。如果从性命双修角度看，儒家穷理尽性探讨很多，而命功修炼相对不足。段正元正是针对这方面的不足来强调性命双修的，所以对儒家命功的止、定、静、安、虑、得六字法门非常重视，在多处演讲中特别强调。"先道而后法，先成身，而后方可言了身。果然功行圆满，止于至善，其身成矣，则百日可以了道"，这一句是说通过修先天之性，学问事功，止于至善，体悟大道，就是成身；在这个基础上以止、定、静、安、虑、得为了身之法，循序渐进，修炼命功，实践诚身之道；最后就可以了道，超凡入圣，进入圣人境界。

（六）《大学》之道——实行实践之道

段正元讲儒家之道，办道德学社，特别强调实行道德，避免空谈。

---

① 段正元：《七三寿辰法语》，载《师道全书》卷四八，香港启明书局（出版）公司，1944，第16页。

1919年秋，有美国传教士何乐意拜访，问段正元，“贵社讲道德，以何为重?”段正元答曰：“重在实行。凡中外古今之圣贤仙佛，无不是实行实德，行有余力，则以学文。因我中华自秦汉以后，辞章科名为重，但有虚文，毫无实际，道德遂流为迂酸腐败之口头禅。形上之道以晦，反不如尔们欧美人，注重实验发明形下之器，足以称雄逞霸于一时。不过物质愈发达，社会愈黑暗，强霸者死之徒。吾为此惧，因发愿以身作则，立社讲学，就正高明期以实行真正道德的精神，造成真正文明大同世界。”①

《大学》是修齐治平一以贯之的大学问，是内圣外王的全体大用，可惜孔孟之后，数千年来，《大学》之真道未能昌行于世。段正元认为：“虽说有尧舜禹汤文武周公孔孟诸大圣人生于其间，阐明《大学》之道，不过立个模范表率，说到大行，均算有志未逮。”②《大学》之道之所以未能大行，甚至在孔孟以后失传，段正元分析原因时说，皆因后世儒者之文章空谈。“孟子以后，大道且失其传人。汉儒训诂，遂启有文无行之渐。晋人清谈，遂为能言不能行之阶。降至科举制兴，文章取士，仍然习为辞章之学。做起文章来，前古后今，靡不淹贯。忠孝节义，洞悉精纯。然一考其行事，不是迂酸腐败，不达时务，即是颠倒错乱，动辄得咎。所谓笔下虽有千言，胸中实无一策，坐谈则有余，起行则不足，实道破此辈书生之真相。数千年来，国家以此取人才，学者即以此博功名富贵，只要说得有理，说得好听，不问事实如何，正是所言非所行，所学非所用。”③大道为文章晦的结果，是大道不明；大道不明，后学书生所学非所用，老成者，迂酸腐败极点，聪明者，奸谋狡诈莫测，并进而造成全社会的道德败坏，贪官污吏遍地，地痞流氓横行，正气伏，邪气升，胡作非为，不以为耻，反以为荣，天下之混乱自然无从入手治平。所以，世道愈趋愈下，人心愈见奸险，黑暗已到极点。“而今剥极必复，方是实行《大学》真道之时，将来天下各国，皆要实行《大学》之道。凡有血气，莫不尊亲。此何以故？盖否运一去，泰运斯来，君子道长小人道消，此天地世运一定之道

① 《远人问道录》，北京大成印书社，1913，第1页。

② 段正元：《道德浅言》，载《师道全书》卷六，道德学社总会编印，1944，第52页。

③ 段正元：《克己复礼》，载《师道全书》卷二七，道德学社总会编印，1944，第40页。

也。”[①] 所以，他希望人人明《大学》之道，行《大学》之道。

倘若人人明《大学》之道，行《大学》之道，则人人心中有主，天君泰然，百体自然从令。人心一安，天心亦随之而安，一切刀兵瘟疫水火凶灾，自归乌有。按此思之，《大学》之不明者，实斯世人民之不幸也。吾侪生今之世，即当成今之人，学《大学》之学，行《大学》之道，挽回气数狂澜，平治天下恶流，做乾坤肖子，为天地功臣。[②]

并告诫人们：

今天下之人，大齐俱陷在气数之中，坠入大海之内，再不回头研究性命学问，实践道德，眼前大浪涌来，即无幸矣。故《大学》之真道，即航大海之火轮，超气数之宝筏，保性命之大法也。顾或有人曰：“人人行道德，不为凡躯计，无衣无食，何以卒岁？需知天生一人，必有一人之路。天地间一草一木，一花一果，皆有一滴滋生之露，各完全其分量，况人禀阴阳之灵，五行之秀，为天地之心，岂有不克饱食暖衣，不及草木花果乎？其有冻馁交迫，饿殍堪怜者，非谋之不藏也，正是丧失道德之业报耳！”……故曾子传《大学》曰：“是故君子先慎乎德。有德此有人，有人此有土，有土此有财。德者本也，财者末也。”盖根国而枝茂，源深则流长。苟为无本，纵得点横财，亦犹七八月间之旱，沛然下雨，沟浍皆盈，其涸也，可立而待也。果人人行道德，固根本，即是大道之行，天下犹如一家，中国犹如一人。……此即《大学》之真道也。[③]

这是希望人们正本清源，由性命学问入手，以实践道德为本。如果人人行道德，固根本，小则应对天灾人祸，保得日常平安；大则大道之行，天下一家，中国一人，实现大同世界。

---

① 段正元：《道德浅言》，载《师道全书》卷六，道德学社总会编印，1944，第52页。
② 段正元：《道德浅言》，载《师道全书》卷六，道德学社总会编印，1944，第49页。
③ 段正元：《道德浅言》，载《师道全书》卷六，道德学社总会编印，1944，第51页。

（七）《大学》之道——下学上达，超凡入圣之道

段正元说：

> 《大学》何学乎？大道之学也。其道为何道？日用伦常真儒之道也。然而日用伦常，又不足以尽真儒之道。是则真儒之道，果何道耶？孔子曰："不怨天，不尤人，下学而上达，知我其天乎？"孔子何以发此言也？盖儒道包含各教，至平至常……实寓至神至妙之道。无如今人之去圣弥远，心法失传，一般儒者，忽近图远，竟将至平至常之道，轻视浅尝，随便抹煞，实寓直落得终于平庸寻常，无有一人知其神妙，而得其至神至妙者。故今之修持者，莫不弃儒而别求神妙矣。讵知儒道之神妙，即在至平至常之中。即如佛道两家，虽多言神妙，若末学浅识，参悟不透，往往流为迷信学说，因而妄想成仙成佛，通神证妙，举人生应办事业，一切伦常，概抛弃而不顾。岂知九层之台，起于累土，千里之行，始于足下。人事未尽，仙佛从何自来？所以昔儒痛诋佛老末流者，亦良有以也。儒则从根本做起，由人道而知性知天。所以孔子说，下学上达，知我其天。孔子立言是开明教，无论富贵贫贱，长幼男女，皆可实行。真是大学，真是大学之道。所以有子称赞孔子有曰："麒麟之于走兽，凤凰之于飞鸟，泰山之于邱垤，河海之于行潦类也。圣人之于民亦类也。出于其类，拔乎其萃，自生民以来，未有盛于孔子也。"盖孔子垂教，八面玲珑，处处周到，以人生在红尘，即立人道主义，由日用伦常之中，曲尽其道，自然可以格天，性与天道，满盘一贯，其神妙岂可思拟哉！……今之学佛学道者，弃父母而不养，抛妻儿于不顾，反谓割断红尘，免牵挂，离却后天，除烦恼。独不思人生在世，受天地之大德而生，受父母之深恩而长，何等重大深厚！……反将伦常抛弃，则与禽兽奚择哉？……故独坐孤修，皆佛道两家，因大道不明之时，怜悯愚痴，愈生尘世，愈累牵缠，不得不另立方便法门，救度群迷，乃下下乘法也。①

① 段正元：《道德浅言》，载《师道全书》卷六，道德学社总会编印，1944，第49～50页。

说明大学之道是通过大道之学下学上达，一方面尽日用伦常，至平至常；另一方面，参透天地，至神至妙。并且比较了儒道与佛道两家的不同，认为道佛多言神妙，容易流为迷信，伦常抛弃，独坐孤修，而儒道尽人事，知性天，人道为本，开明圆融，可以包含各教。正是在这样的基础上他根据时代的发展提出三教合一、万教归儒的观点："儒讲三纲五伦八德，先重人道，此以诸教之仁慈来存心养性，使天下之士农工商勤职业，修心术，各尽其为人。又君民一体，各尽其道，亲亲而仁民，仁民而爱物。德行立，道体成矣。平心而论，若无儒家维持宇宙，佛道两家，以及耶回各教，那有庙宇教堂寺院来住，众生来度，衣来穿，饭来吃，连天地也就莫有了。可知世界之上，纯是儒道之范围，佛道耶回各教，无非助儒行道而矣。"① "当今天下有道，人道昌明之时，大同世界，儒为主席，道佛皆听儒为，万教皆归儒主。儒行大道，保全天地人物，拨乱反正，一家天下，使老按少怀，皆是为己。"② 三教合一、万教归儒是明清以来儒学民间化、宗教化的基本倾向。早在明代，林兆恩的三一教就在王阳明心学的影响下，顺应当时"三教合一"的时势，提出了包括道一教三说、三教合一说、归儒宗孔说等为主要内容的思想学说，并发展为严密的宗教组织，流传至今，影响深远。即使思想比较偏激的李贽，晚年不仅三教皆崇，而且主张儒、佛、道三教合一，同归儒教。明末清初，在"三教合一"的时代思潮影响下，方以智就以理想型儒家为旨归，提出了"三教归儒"的思想宗旨。当然，到了20世纪的现代社会，段正元在传统的三教基础上更考虑到了伊斯兰教（回教）、基督教（耶教）与儒学儒教的和合会通问题。

（八）《大学》之道——合三教，统万教

段正元认为《大学》前三句就包含了儒、道、佛三家的精神，和合三教为一。仅就《大学》首三句而言之：

"在明明德"，儒家之范围也，人道也。人道重躬行，必遵道而

① 段正元：《日行记录》，载《段正元语要》，吉林文史出版社，2003，第151页。
② 段正元：《敏求知己》，载《师道全书》卷一九，道德学社总会编印，1944，第26页。

> 行，有得于身心者，斯谓之德。“在亲民”，佛家之范围也，性道也。朱子解“亲民”为“新民”，以人既能明德，必使他人亦能明德，取咸与维新之义，是从理中臆想测度耳。讵知三个“在”字平列，各有其道。故亲民者，即所谓君子贤其贤，而亲其亲，慈悲为怀，物我平等，由亲亲而仁民，仁民而爱物。“在止于至善”，道家之范围也，天道也。天道无心而化成，时行则行，时止则止，无所不善也。若但拘泥文字，偏执理解，则《大学》一书，命意布局，前后实不相贯，既云在止于至善，是至当恰好，何以复言“知止而后有定”？由定而静、而安、而虑、而得，结以“知所先后则近道矣”。语意气脉，反觉点到错乱，所以读书要求善解，读得多不如悟得多，悟得多不如行得多。[①]

《大学》首三句包含了三教的基本范围，故可以和合三教。在这个基础上，他提出《大学》为万教之纲领。“盖万教圣人，垂训经文，有天道焉，有性道言，有人道焉，皆是教人各正性命，保合太和。而《大学》首三句，包括意蕴无穷，实为后圣立言之模范。”[②] “今五洲交通，万教各出新奇，机缄将于此尽泄，诚天欲广大道之传也。而万国之教，其有裨于人心世道，高出寻常诸子者，终不能超出儒释道之三教。释教空诸一切，道教超诸一切，而其旨又不出《大学》‘止知’一节。至儒教踏实一切，大学‘明明德’一节，已足发其大凡。其实，释道未尝不从事于‘明明德’，不过略言‘明明德’，详言‘定静安’；儒家到复命归根，终必从事于‘定静安’，不过略言‘定静安’，详言‘明明德’。分而为三，合而为一。由是观之，《大学》之道，先天与后天之学俱全，真万教之纲领，而为吾儒性命之书也。”[③] 所以，《大学》之道可以统和万教。

他又比较《大学》之道与万教之道，阐明万教归一之说：“《大学》之道，又如火轮，汪洋大海，洪波巨浪，皆可行渡；万教之道，犹如小艇，穿行江河，不适大海。吾自得师传而后，研究各教，择善而从，不善而改，即主张万教归一之说。一者何道也？万教归一，换言之，即万教归

① 段正元：《道德浅言》，载《师道全书》卷六，道德学社总会编印，1944，第45～46页。

② 段正元：《道德浅言》，载《师道全书》卷六，道德学社总会编印，1944，第45页。

③ 段正元：《阴阳正宗略引》，载《师道全书》卷一，道德学社总会编印，1944，第21页。

道也。教不归道，天下终不得太平。何也？各教心法早已失传，真旨而又不明，则所学者，土苴糟粕耳，故无明明德之实功，率性而行，德犹未明，安有亲民之乐境？万物一体，至止于至善之精美，更难属望，大同太平之景，何能实现于世？故居今时而言学，必要综合各教之道一炉而冶之，方不至挂一漏万。夫而后可以致广大而尽精微，极高明而道《中庸》。"① 万教归一即万教归道，必须综合各教之道一炉而冶之。

结　语

在近代以来儒家遭遇史无前例的冲击，特别是清朝的灭亡，不仅意味着中华帝国的寿终正寝，传统王权政治秩序的解体，而且整个儒学的基础备受挞伐，传统权威随之丧失，儒家成为"游魂"。在这种社会背景下，段正元于1912年春在成都创办了人伦道德会，以提倡伦理、扶持人道为宗旨。会中供奉孔子牌位，每周六由段正元公开讲解四书五经以及三纲、五伦、八德。所讲内容皆由性分中发出，有问必答，百讲不穷。其时正值全国批儒反孔潮流活跃，曾有受到新思潮影响的学者到会中与段正元论辩。段正元对他们进行了驳斥之后，依然办会如初。人伦道德会刚成立时，仅有会员十余人，后听众越来越多。由于听众不断增加，段正元的演讲竟延续了一百二十三周。其演讲记录后被编辑成《大成礼拜杂志》、《圣道发凡》、《外王刍谈录》等。

在思想上，段正元以道德为核心观念，以儒学为主体，以道佛回耶为辅助，对中国传统文化从本原和本体层次进行现代诠释，试图融会贯通，与时俱进，推陈出新，应对现代中国所面临的诸多问题。段正元对秦汉以后汉唐儒学和宋明理学进行了反思批判，以原始儒学的基本精神对儒家思想进行正本清源，结合先秦道家阐发儒家之道，对儒家"道统"进行现代重构，对儒家"学统"批判中进行转化，对儒家"政统"通过"内圣外王"重新梳理。

段正元对儒家经典的诠释是与他整个思想密切相关的，经典诠释是其

① 段正元：《道德浅言》，载《师道全书》卷六，道德学社总会编印，1944，第48页。

思想体系的学术基础，其经学诠释方法是在继承传统儒家经学方法的基础上对道佛乃至西学的整合，不仅是纯粹理性思辨的，更有直觉体验的心解、心悟①，这些都值得我们重视和研究。

① 心解、心悟也是儒家经典诠释的重要方法，如郑玄《礼记正义》说："学必心解"，否则，"则亡之易"。张载说："心解则求义自明，不必字字相校。譬之目明者，万物纷错于前，不足为害；若目昏者，虽枯木朽株，皆足为梗。"（《经学理窟·义理》）主张以心解经，其义自明，不必陷入"字字相校"的章句训诂之学之中。张载又说："学贵心悟，守旧无功。"（《经学理窟·义理》）

儒教重建与儒教发展

梁启超和孔教运动

干春松*

作为康有为最为重要的弟子，在许多政治主张上，梁启超与康有为的观念时同时异。按梁启超的说法，原因是康有为太有主见，而他自己经常“不惜今日之我，难昔日否定昨之我”①。尤其于孔教事业，他们之间分歧更大，甚至有直接的书面交锋。

康有为所具有的宗教家气质，受到佛教特别是晚清以来基督教传播的影响，所以，康有为亦认为应改变儒家礼不往教的传统，要主动传教。受此精神的感召，梁启超说他与其他万木草堂的学生都有浓厚的传教兴趣和责任感。梁在一则回忆中说，他自己在万木草堂时期，还制订了模仿别教行传教之事的计划。由于觉得自己的所学不足以解决思想上的一些问题，曾经想进山修炼一段时间，以便出来之后传教。只是因为已经有很多事在做，难以脱身。他说：“视一切事，无所谓成，无所谓败，此事弟子亦知之，然同学人才太少，未能广布长舌也。如此则于成败之间，不能无芥蒂焉矣。尚有一法于此，我辈以教为主，国之存亡于教无与，或一切不问，专以讲学授徒为事，俟吾党俱有成就之后，乃始出而传教，是亦一道也。弟子自思所学未足，大有入山数年之志，但一切已办之事，又未能抛撇耳。近学算读史，又读内典（读《小乘经》得旧教颇多，又读律论），所见似畴昔有进，归依佛法，甚至窃见吾教太平大同之学，皆婆罗旧教所有

---

* 干春松，北京大学哲学系教授。

① 梁启超：《清代学术概论》，中国人民大学出版社，2004，第206页。

佛吐弃不屑道者，觉平生所学失凭依，奈何？属劝长者勿行，某亦以为然。然某于西行之说，颇主张者，某意以为长者当与世相绝。但率数弟子以著书为事，此外复有数人在外间说世间法，此乃第一要事。”最初的模仿对象有明显的佛教痕迹，而且对“救国”和“救世”之间作了分梳：“某昔在馆亦曾发此论，谓吾党志士皆须入山数年，方可出世。而君勉诸人大笑之。……不知我辈宗旨乃传教也，非为政也；乃救地球及无量世界众生也。非救一国也，一国之亡于我何焉。”① 这显然是受到康有为早年所主张的“平等共同”的“人类公理”的影响。

在协助康有为编写《新学伪经考》和《孔子改制考》时期，对康有为借助汉初谶纬来强化孔教的神圣性的一面，梁启超并不赞同。② 只是梁启超并不十分强调自己的立场。

在戊戌变法前，在康有为的思路中，保教是与保国和保种联系在一起的。也就是说，儒家的价值既是使国家和种族得以保全的资源，也可以是保国和保种的理据。不过，19 世纪末 20 世纪初，梁启超的思想发生了很大的变化，即他开始同情革命派，而怀疑康有为的改良方案。也因此怀疑保教与报国之间的一致性。梁启超的政治立场的转变是受到孙中山的影响，而孔教方面想法的转变则是受到了严复和黄遵宪等人的影响，1897 年，梁启超在给严复的信中描述了自己从严复的思路中所感受到“保教”活动所存在的内在矛盾，进而完全改变了自己的立场。“来书又谓教不可保，而亦不必保，又曰保教而进，则又非所保之本教矣。读至此，则据案狂叫语人曰：不意数千年闷葫芦，被此老一言揭破，不服先生之能言，而服先生之敢言之也。”③ 严复素来主张社会进化，因此，并不能真正理解康有为对国家和教化之间关系的理解。

1898 年 6 月 3 日、4 日和 7 日、8 日，严复连续在《国闻报》发表《有如三保》和《保教余义》二文，阐述他对孔教运动的看法。在《有如

① 丁文江、赵丰田：《梁启超年谱长编》，上海人民出版社，1983，第 58、59 页。

② 梁启超说：“其师好引纬书，以神秘性说孔子，启超亦不谓然。”见《清代学术概论》，中国人民大学出版社，2004，第 204 页。

③ 梁启超：《与严幼陵先生书》，载丁文江、赵丰田《梁启超年谱长编》，上海人民出版社，1983，第 76 页。

三保》一文中，严复说：“今日更有可怪者，是一种自鸣孔教之人，其持孔教也，大抵于（与）耶稣、穆罕争衡，以逞一时之意气门户而已。”[①] 他说，教之保最关键在行动而不是口号，现在的国民一方面并没有遵循孔教的道理；另一方面，孔教也并不执着于具体的国家和民族，因此，保教与保国和保种之间没有关系。

在《保教余义》一文中，严复认为中国人所信奉的是佛教和土教（地方性宗教），而“孔教之高处，在于不设鬼神，不谈格致，专明人事，平实易行。而《大易》则有费拉索非之学，《春秋》则有大同之学。苟得其绪，并非附会，此孔教之所以不可破坏也。然孔子虽真，而支那民智未开，与此教不合。虽国家奉此以为国教，而庶民实未归此教也”[②]。在严复看来，中国人所实际信奉的并不是孔教，而是佛道教，而孔子的思想乃是哲学和历史而已。

流亡日本之后，梁启超开始接受卢梭等人的思想，崇尚自由的重要性。[③] 所以，这个时间他与康有为的通信中，经常讨论自由价值对于中国的重要性。基于此，梁启超一直试图建立一种新的道德观来塑造新的“国民”，并在1902年起通过在《新民丛报》连载他的《新民说》，系统地表述自己的政治和道德观念。在书中，他极力赞赏冒险、进取、独立等价值，并从“公德”和“私德”的辩证中，建构起有别于儒家伦理的一种新的道德观念。从这样的道德观出发，从1902年之后，梁启超在孔教问题上完全和康有为分道扬镳。他自我陈述道：“启超自三十（1902）以后，已绝口不谈伪经，亦不甚谈改制。而其师康有为大倡设孔教会定国教祀天配孔诸义，国中附和不乏。启超不谓然，屡起而驳之。”他的这种改变的重要原因是因为他反对西学中源或者什么事都采用“托古”的办法。“此诸论者，虽专为一问而发，然启超对于我国旧思想之总批判及其所认为今后

① 严复：《有如三保》，载王栻编《严复集》，第一册，中华书局，1986，第82页。

② 严复：《保教余义》，载王栻编《严复集》，第一册，中华书局，1986，第85页。

③ 杨贞德说：“梁启超虽然主张个人自由与自治，却并未强调必须建立以个人及其利益为住址的政治原则或秩序。在他的自由论述中，‘个人’在面对以实现真我和求取群利为名的威胁或迫害是，寻不着理据作为保护自己的最后堡垒。”见杨贞德《自由与自治：梁启超政治思想中的转折》，载氏著《转向自我：近代中国政治思想上的个人》，三联书店，2012，第111页。

新思想发展应遵之途径，皆略见焉。中国思想之痼疾，确在‘好依傍’与‘名实混淆’。若援佛入儒也，若好造伪书也，皆本原于此等精神。以清儒论，颜元几于墨矣，而必自谓出孔子；戴震全属西洋思想，而必自谓出孔子；康有为之大同，空前创获，而自谓出孔子，及至孔子之改制，何为必托古，诸子何为皆托古，则亦依傍混淆也已。此病根不拔，则思想终无独立自由之望，启超盖于此三致意焉。然持论既屡与其师傅不合，康梁学派遂分。"① 的确，因为被日本政府"礼送"出境，康有为开始在马来西亚和印度等地注释"四书"，因此，对依然在日本活动的康门弟子的制约力下降，进而导致了康门立场的分裂。梁启超所说的康梁学派遂分，也就是这个时期的状况的真实写照。

1902 年，梁启超还写下了著名的长文《保教非所以尊孔论》，阐述在孔教问题上他与康有为的不同。在文中，他首先强调自己也曾是保教运动的积极参与者，但是现在他要放弃保教的立场，要进行自我批判。梁启超对自己之所以放弃保教立场的原委做了系统的分析。他说："至倡保教之议者，其所蔽有数端：一曰不知孔子之真相；二曰不知宗教之界说；三曰不知今后宗教势力之迁移；四曰不知列国政治与宗教之关系。今试一一条论之。"②

他认为孔子是哲学家、经世家、教育家，而不是宗教家，所以保孔教则成无目标的运动。

> 孔子者，哲学家、经世家、教育家，而非宗教家也。西人常以孔子与梭格拉底并称，而不以之与释迦、耶稣、摩诃末并称，诚得其真也。夫不为宗教家，何损于孔子！孔子曰："未能事人，焉能事鬼。""未知生，焉知死。""子不语怪力乱神。"盖孔子立教之根柢，全与西方教主不同。吾非必欲抑群教以扬孔子，但孔教虽能有他教之势力，而亦不至有他教之流弊也。
>
> 然则以吾中国人物论之，若张道陵（即今所谓张天师之初祖也），可谓之宗教家，若袁了凡（专提倡《太上感应篇》、《文昌帝君阴骘

① 丁文江、赵丰田：《梁启超年谱长编》，上海人民出版社，1983，第 279 页。

② 梁启超：《保教非所以尊孔论》，载干春松等编、梁启超著《儒家哲学》，上海人民出版社，2009，第 306 页。

> 文》者）可谓之宗教家（宗教有大小，有善恶。埃及之拜物教，波斯之拜火教，可谓之宗教，则张、袁不可不谓之宗教），而孔子则不可谓之宗教家。宗教之性质，如是如是。[①]

梁启超接受严复的观点，以哲学家而非宗教家来定位孔子。认为将孔子视为宗教家并不能提升孔子。他依据进化论的观点认为宗教是一种趋于衰落的文化，因此效仿西方宗教模式来建立孔教，是一种东施效颦的行为，并不能收取保国的效果。况且，宗教之传入，均会像佛教和其他宗教一样，被容纳进中国文化中。而近代教案的产生，完全是基于侵略，不是建立孔教会所能解决的。

在卢梭等人的观点的影响下，梁启超认为宗教和政治分属不同的领域，不应把保教和保国勾连。信教自由是近代文明的重要成果和儒家思想的优越性之所在，把儒家教化化反而是导致教争的原因。“今之持保教论者，其力固不能使自今以往，耶教不入中国。昔犹孔自孔，耶自耶，各行其自由，耦俱而无猜，无端而画鸿沟焉，树门墙焉，两者日相水火，而教争乃起，而政争亦将随之而起。是为国民分裂之厉阶也。言保教者不可不深长思也。”[②] 这句话显然是针对康有为而发，康有为认为孔教是凝聚国民的价值，而梁启超却认为孔教活动是国民分裂之“厉阶”。

梁启超指出保教最大的问题是束缚国民的思想，而思想自由是文明进化之前提。“自汉以来，号称行孔子教二千余年于兹矣，而皆持所谓表章某某、罢黜某某者，以为一贯之精神，故正学异端有争，今学古学有争。言考据则争师法，言性理则争道统，各自以为孔教，而排斥他人以为非孔教，于是孔教之范围益日缩日小。”[③] 而现在又将西方传入的新学比附在孔子头上，既是对孔子的诬蔑，又阻碍了人们的思想自由之路。

梁启超认为文明进化导致巫术和仪式的衰亡是“天演之公理”，孔子的思想因为关注人的伦理和教育，如果摆脱神秘性就会越来越重要，不但不会灭亡，反而会随着社会的进步而发展。所以孔子应广泛地吸收佛教和

① 梁启超：《保教非所以尊孔论》，载干春松等编、梁启超著《儒家哲学》，第 307 页。

② 梁启超：《保教非所以尊孔论》，载干春松等编、梁启超著《儒家哲学》，第 309 页。

③ 梁启超：《保教非所以尊孔论》，载干春松等编、梁启超著《儒家哲学》，第 310 页。

基督教的精神。“故如佛教之博爱也，大无畏也，勘破生死也，普度众生也，耶教之平等也，视敌如友也，杀身为民也，此其义虽孔教固有之，吾采其尤博深切明者以相发明。”①

梁启超说他自己由一个孔教运动的支持者到反对者，完全是因为爱自由、爱真理胜过爱老师，所以即使受老师批评也不会改变自己的立场。他还专门写了一封长信给康有为来解释他自己的想法。

> 至于保教一事，弟子亦实见保之之无谓。先生谓巴拿马、星加坡各埠今方兴起，而弟子摧其萌蘖。今所欲办者，如巴、星各埠所办，果有益于事否乎？他地吾不敢知，横滨一埠则戊己庚辛四年皆庆诞，每年费二千余金，试问于孔教有何影响？于大局有何关系？徒为虚文浪费金钱而已。诚不如以之投诸学校之为妙矣。今星加坡集捐二十余万，建一孔子庙，弟子闻之实深惜之。窃谓此等款项，若以投之他种公共事业，无论何事，皆胜多多矣。
>
> 至先生谓各国皆以保教，而教强国强。以弟子观之，则正相反。保教而教强，固有之矣，然教强非国之利也。欧洲拉丁民族保教力最强，而人皆退化，国皆日衰，西班牙、葡萄牙、意大利是也。条顿民族如英、美、德各国，皆政教分离，而国乃强。今欧洲之言保教者，皆下愚之人耳，或凭借教令为衣食者耳。实则耶教今日亦何尝能强，其澌灭可立而待矣。哲学家攻之，格致学家攻之，身无完肤，屡变其说，以趋时势，仅延残喘，穷遁狼狈之状，可笑已甚，我何必更尤而效之。且弟子实见夫欧洲所以有今日者，皆由脱教主之羁轭得来，盖非是则思想不自由，而民智终不得开也。倍根、笛卡儿、赫胥黎、达尔文、斯宾塞等，轰轰大名，皆以攻耶稣教著也，而其大有造于欧洲，实亦不可诬也。
>
> 弟子以为欲救今日之中国，莫急于以新学说变其思想（欧洲之兴全在此），然初时不可不有所破坏。孔学之不适合新世界者多矣，而更提倡保之，是北行南辕也。先生所示自由服从二义，弟子以为行事

① 梁启超：《保教非所以尊孔论》，载干春松等编、梁启超著《儒家哲学》，第313页。

> 当兼二者，而思想则惟有自由耳。思想不自由，民智更无进步之望矣。先生谓弟子故为立异，以避服从之义，实则不然也，其有所见，自认为如此，然后有利益于国民，则固不可为违心之论也。故先生以其所见之谬而教诲之，则弟子所乐受，而相与明辨，若谓有心立异，则不敢受也。弟子意欲以抉破罗网，造出新思想自任，故极思冲决此范围，明知非中正之言，然今后必有起而矫之者，矫之而适得其正，则道进矣。即如日本当明治初元，亦以破坏为事，至近年然后保存国粹之议起。国粹说在今日固大善，然使二十年前而昌之，则民智终不可得而开而已。此意弟子怀之数年，前在庇能时与先生言之，先生所面责者，当时虽无以难，而此志今不能改也。……至谓弟子从耶教，实则不然。耶教之不宜今日也尤甚，孔教且不欲保，何况于耶？请先生勿过虑也。①

这封信归结而言依然是严复民智民德民力观点的发挥，并认为科学昌明、宗教衰落是大势。并对自己的立场做了辩解。面对康门分裂的格局，康有为连续给梁启超及其他学生写信，坚持其改良而反对民族革命的立场。相比于梁启超对西方的道德“识其弊端但仍歆羡其好”的“新民”努力，康有为则深感依然“须以儒家道德为国魂之本”。② 1904年，他写作了《物质救国论》来说明西方富强之理由和中国富强的道路。康有为的结论是，欧人的强大主要是物质、器物上的发达，而与道德无关。

> 欧人之强也，数百年来，学校之间，说三变矣。自古文学复倡后，始则为人道学，近数十年来则为国民学，终则为物质学。吾国民学之不知，无可言也。然即今人人有国民之资格。又有公议选举之民权，此其难至，诚非可以岁日计功也。然使无物质之精新，终不能以立国。夫国民为精神之本，而物质乃形式之末。以常理言之，末固不

① 张荣华编校《康有为往来书信集》，中国人民大学出版社，2012，第592～593页。

② 彭春凌：《儒学转型与文化新命——以康有为、章太炎为中心（1898～1927）》，北京大学出版社，2014，第302页。

如本之要也。而以今日中国之所最乏也，则在物质也。无物质之实用，而徒张国民之虚气以当大敌，亦犹制梃以挞秦楚也，必不能也。盖精神之本，又在人道学之道德礼义，而不能以国民虚娇之气当之也。①

这个说法令人联想到20世纪80年代以经济建设为中心的政策。梁启超孜孜以求的“国民精神”在康有为看来只是虚娇之气而已。其真实意图还在于，我们要学习西方在物质生产能力上的优势，而国民之精神则依然要从儒家传统中去寻求。康有为以自己游历欧洲的经历作为资本，说以自由、革命当作治疗中国之病之药方，结果只可能“危乎哀哉”。

1911年之后，康梁的政治立场差异更为明显。梁启超在共和政府里起起落落，而康有为则继续成为新政权的批评者。但是，他们之间在孔教的态度上，则依然有一些合作。比如1913年8月陈焕章、夏曾佑等人上书请于宪法中明定孔教为国教，梁启超也是联名者之一。不过，梁启超的尊孔而“不保教”的立场，即使在民国建立后也没有根本的变化。如1915年12月，他发表《孔子教义实际裨益于今日国民者何在欲昌明之其道何由》，说“盖中国文明，实可谓以孔子为之代表……吾国民二千年来所以能抟控为一体，而维持于不敝，实赖孔子为无形之枢轴”②。所以“诚欲昌孔子教旨，其第一义当忠实于孔，直绎其言，无所减加，万不可横己见、杂他说以乱其真，然后择其言之切实而适于今世之用者，理其系统而发挥光大之，则吾侪诵法孔子之天职焉矣”③。即昌孔子之教旨，要忠实于孔子。其核心还是要反对康有为、陈焕章所主张的孔教会教会化。他说：“则自海通以来，见夫世界诸宗多有教会，党徒传播，其道乃昌，欲仿效之以相拒圉，于是倡教部之制，议配天之祀，其卫道之心良苦，其仪式结集，且大

① 康有为：《物质救国论》，载《康有为全集》第八集，中国人民大学出版社，2007，第72页。

② 梁启超：《孔子教义实际裨益于今日国民者何在欲昌明之其道何由》，载干春松编、梁启超著《儒家哲学》，第315页。

③ 干春松编、梁启超著《儒家哲学》，第318页。

有异于昔儒之所为。吾以为此又欲推挹孔子以与基督摩诃争席，其蔽抑更甚也。"[①] 他认为教会的产生是历史形成的，不能依靠人的力量来特意设立，因为这样做不可能使孔子真正获得人心。在梁启超看来，孔子之教对现代社会的最大贡献是安身立命，这大约是开了以道德代宗教的先河。

① 梁启超：《孔子教义实际裨益于今日国民者何在欲昌明之其道何由》，载干春松编、梁启超著《儒家哲学》，第 316 页。

儒教形态的历史演变与现代模式建构

周北辰*

儒教是中国的传统宗教，中国五千年来，一直是一个儒教国家，五千年的中国传统社会，就是儒教社会，华夏文明就是儒教文明。五千年来，儒教一直是中国人的主导信仰体系，是华夏民族共同的信仰，是儒教决定着中国人的文化身份和自性特质，挺立着中华民族的民族精神，型构着中国传统的社会政治制度。

儒教在五千年的历史上经历过多次演变和发展，在不同的历史阶段，儒教呈现出不同的形态。儒教形态的每一次变化，都标志着儒教历史上一次重大的宗教改革。所谓儒教的形态，就是儒教在特定历史时期的具体表现形式和状态，用儒教的话讲就是“文质”。质，在这里指儒教的基本教义，核心价值观和治世理念；文，则是指儒教的神灵体系、宗教仪式、庙祀制度、解释体系、组织形式等外在形态。

在五千年的华夏文明史上，由于儒教在每一个历史时期的具体形态总是和当时的社会政治形态相关联，与当时的社会政治生活相融合。因此，探讨儒教的形态演变离不开中国社会政治的历史演变，对儒教形态的界定和描述也是基于中国社会政治的历史形态来进行的。

历史上每一次重大的社会政治变迁都伴随着儒教的宗教改革，总有儒教的代表人物应时而出，因时改制。正因为如此，儒教才不断地焕发出新的生命力，从而绵延五千年不绝，“不以尧存，不以桀亡”。无论谁当皇帝，无论怎么

* 周北辰，深圳孔圣堂主事。

治乱循环，儒教始终是王官学，是国教，是统治思想，是国家意识形态。

正因为儒教有着强大的生命力和自我维新的能力，儒教才成为人类文明史上历史最为悠久的宗教，同时，也因此而使华夏文明成为人类文明史上唯一不曾中断的历史最为悠久的文明。在中国历史上，每一次社会政治的巨大变迁与历史演变都是以儒教的宗教改革来推动和完成的。

一　儒教形态的历史演变

五千年来，华夏文明历经了氏族社会、封建社会、中央集权的大一统社会以及近现代社会的历史巨变。与之相应，在五千年的历史上也呈现出儒教的“上古形态”“封建形态”“大一统形态”和“现代形态”。儒教形态的每一次演变都标志着儒教的重大宗教改革，儒教的宗教改革同时推动着社会政治的变革。由于儒教是国教，是王官学，代表道统、政统、学统与教统，其与社会政治高度同构，因而每一次重大的社会政治变迁都离不开儒教的参与，并且最终都是由儒教的宗教改革来促进和完成社会政治的变革。

（一）儒教的“上古形态”

从时间上划分，商周以前的儒教形态都属于儒教的“上古形态”。从伏羲画卦直至商周以前，是中国历史上的氏族社会阶段，这一历史阶段的儒教为原始形态，也称“上古形态”。“儒”字在甲骨文中写作“需”字，其含义是指主持祭祀活动的人在祭祀前进行沐浴。在上古儒教中，儒就是巫觋。巫觋的职能是交通天地人神，是神与人的沟通媒介。巫的意思就是“舞”，其义为“以舞降神”，起到祛病、除灾、求雨、祈福的作用。

这一时期的宗教仪式，主要是通过巫觋的舞蹈来沟通天人。巫觋是神人交通的媒介，巫觋代天立言，传达神谕，在上古儒教中执掌宗教大权。巫觋在宗教生活及社会政治生活中起着重大的决策作用，其权力堪比人间君主，君权与教权的矛盾在这一时期也开始显示出来。后来人间君主运用政治权力“绝地天通”，剥夺了巫觋代天立言和传达神谕的权力，集君权与教权于一身，从而开出了儒教政教合一的格局。

在上古时期，儒教就已经有了关于“天”或“上帝”的信仰。这一时期，上帝或天，成为儒教的至上神灵。

> 《尚书·盘庚》："先王有福，克谨天命。"
>
> 《尚书·汤誓》："予畏上帝，不敢不正。"
>
> 《论语·泰伯》："大哉，尧之为君也！巍巍乎，唯天为大，唯尧则之。"

关于儒教至上神"天"或"上帝"的记载，在儒教的经典当中俯拾皆是。这充分说明，在上古时期，儒教就已经确立了以天或上帝作为至上神灵的信仰形式。关于上帝的信仰，儒教比基督教早了近两千年，最早的经典明文记载是《尚书·尧典》：

> 肆类与上帝，烟于六宗，望于山川，遍于群神。

可见，上帝应该是儒教的神灵而不是基督教的神灵，基督教以"上帝"为神灵，是基督教自觉儒化的表现。

生产方式和生活方式决定宗教的形态，有什么样的社会生活方式和生产方式，就有什么样的神灵以及相应的祭神仪式和悦神方式。在上古社会，人们征服自然，抗击灾害是主要的生产方式，也是主要的生活方式。所以，上古儒教和其他原始宗教一样，崇尚英雄，把英雄当作神灵。伏羲教人结网捕鱼；黄帝教人筑宫室，着衣裳；神农氏教人造农具、耕田地；燧人氏教人钻木取火、大禹为民治水，所以他们都被视为英雄和神灵。

夏以前的君主，都称为帝：黄帝、炎帝、帝尧、帝舜、帝禹，这些都是当时的人间君主，是人世间的统治者。上古帝王，都以天子自居，王者尊自己的先祖为上帝。"司马迁作《史记》，把夏商周三代的世系都追溯到黄帝。这说明后代的人间帝王，之所以能够成为人间君主，是因为他们是真正的上帝的后裔，是真正的具有血统意义的上帝之子和天之子。"[①]

只有人间君主才能祭上帝，"禘"就是天子祭上帝之礼。人间君主作

① 李申：《中国儒教史》，上海人民出版社，2000，第8页。

为上帝之子，作为天子，肩负着上天的使命，要代表上帝管理天下生灵，《尚书·泰誓》：

> 天佑下民，作之君，作之师，惟其克相上帝，宠绥四方。

由此可见，儒教的基本性格和基本教义，在上古时期就已经大体形成。和人类其他宗教最大的区别就在于，儒教不仅是出世间法，也是入世间法；儒教不仅关心彼岸世界，也关怀此岸世界；不仅关心天道信仰，也关心社会政治。儒教“君权天授”“政教合一”“治教一体”的政治哲学和治世思想，以及“参通天人”“究明生死”“当下圆成”“现世究明”的本质特征在上古时期就已经初具雏形。

尤其是经过“绝地天通”后，人间君主运用政治权力剥夺了巫觋代天立言的权力，人间帝王集君主与教主于一身。于是乎，上古氏族部落组织就成为儒教组织，儒教的宗教组织与社会政治组织合而为一，儒教的宗教生活与社会政治生活融为一体，儒教的宗教活动就是社会政治活动，人间君主就是儒教教主。由于世间君主的祖先也是儒教神灵，因此，后世儒教关于“祖先崇拜的”教义也是在上古时期就已经初步定型。

儒教并不把终极价值放在死后的彼岸世界而放在今生今世，儒教在上古时期就是一个既具有终极关怀又具有现实政治关怀的政教合一的宗教。人间君主及其臣子管理天下，教化百姓，都是在履行上帝赋予的使命。政治就是宗教，宗教就是政治。政教不分，治教一体。上古儒教形成的这样一种基本性格特征，被后世儒教一直保留，从未变更。在儒教五千年的历史上，君主就是教主，官员就是牧师，行教就是为政。

在上古时期，儒教还没有专门的庙宇建筑，祭祀与降神等宗教仪式都在露天祭坛或祭台上进行。《论语·先进》载：

> 浴乎沂，风乎舞雩，咏而归。

这里的“舞雩”，就是指舞雩台，是祭天祷雨的地方，是儒教的宗教场所，这样的宗教场所儒教后来一直保留着。

在悦神方式上，上古儒教使用大量的祭品和牺牲悦神，有的大型祭祀活动一次要用数千头牲畜。在神灵交通方式上，除了巫祝降神的方式外，上古儒教还出现了占卜，通过占卜的形式来决疑和探测天意。《周礼·大宗伯》载：

> 凡国之大事，先筮而后卜。

卜，就是龟卜，用龟甲或兽骨卜吉凶；占，是用蓍草来占卜吉凶。占卜在上古儒教以及商周的宗教和社会政治生活中，都起到了重大的作用，占据着重要的地位。凡遇重大事件，都要进行占卜，这是通神和决疑的重要方式。

由此可见，上古儒教形态无论从儒教教义还是从神灵谱系，抑或从宗教仪式及人神交通方式来看，都处于一个初级原始的阶段，这是儒教的蒙昧阶段和始创阶段。但是，在上古时期，儒教的基本教义、神灵谱系、人神交通方式、宗教仪式以及儒教的基本特征、基本性格就已初步成形，只是还不够理性，不够成熟，不够系统，不够完善。

（二）儒教的“封建形态”

儒教的封建形态是指商周时期的儒教，尤其是指周公以后的封建社会的儒教。进入商周以后，历史由氏族社会步入封建社会，这一时期，农业成为主要的社会生产方式。由于农业和畜牧业的发展，社会生产力得到了大幅度的提高，生产方式也有了重大的改变，人们征服自然抗击灾害的能力有了大幅度的提升。随着生产力的提高，社会、政治、经济和文化空前繁荣和发展，儒教也因此从“文”“质”两方面都发生了巨大的变化，形成了与当时的社会、政治、经济相应的儒教形态，即儒教的“封建形态”。

在周代，巫、祝开始分职，并逐步开始以祝代巫。巫是“以舞降神”；祝，是向神祷告。周以前，巫、祝不分，周以后，逐步以祝代巫，巫觋渐渐萎缩衰落。以“祭祀”为标志的宗教仪式及神人沟通方式成为儒教的主导事神方式。周公制礼作乐，以祝代巫，最终使儒教“脱巫”，完成了由上古“巫觋形态”向成熟理性的“礼乐形态”的蜕变。在这个过程中，儒教祝官和献官取代巫觋，成为儒教天人沟通的媒介。

从此以后，儒教的祭祀文化得以繁荣发展，儒教从蒙昧走向理性和成熟，儒教开始有了专门而系统的礼乐制度和经典。儒教礼经——《周礼》《仪礼》成形于这一阶段。周公在儒教祭祀礼仪和乐舞的基础上整理提炼出儒教的礼乐规范体系，从而使儒教从原始巫觋的“上古形态”完成了向更高级更理性的“封建形态”的演变。

“脱巫”标志着儒教一次重大的宗教改革。如果说颛顼及帝舜时期的“绝地天通”是君权与教权的较量，是人间君主运用政治权力剥夺巫觋代天立言和传达神谕的权力。那么，周公改制，以祝代巫，则是儒教自身的宗教改革。脱巫，以祝代巫，不仅仅是剥夺巫觋传达神谕和代天立言的权力，更主要是标志着“天不再言”，上帝不再言语，不再说话。

上帝不再说话，那么天意与神谕靠什么来传达呢？谁来代天立言呢？圣人！从此以后，儒教圣人成为上帝在人间的代言人，天意和神谕由圣人来传达。周公秉承天命，代天立言，制礼作乐，应时改制，成为儒教历史上第一个圣人，后世称“元圣”。周公以后，治教分权，君师分权。人间君主领治权，管理天下；圣人领教权，教化百姓。所以，封建时期的儒教国家“政教合一”，但是“治教分权”。国家仍然是政教合一的儒教国家，但管理国家的权力和教化百姓的权力分开，分别由帝王和圣人来承担。君师分权，世间君主不再“圣王合一”，不具有代天立言的资格。师，即圣人成为上帝在人间的唯一代言人。

在上古时期，巫觋常常以自己的意志代替天意，以己言代替神谕，儒教因而不具有恒常的教义，从而导致了天命与神意的随意性，儒教缺乏恒常的神圣超越价值体系。而“脱巫”以后的儒教则由圣人代天立言。何谓圣人？圣人是儒教的最高人格，与天地合德，与日月同辉，周万物而知。由圣人代天立言，从根本上保障了儒教教义的纯洁性、崇高性、永恒性、超越性和神圣性。再不会因为巫觋的作祟而妄称天命，也不会因昏君的无道而有损天威，人间因此有了神圣永恒的超越价值而不再荒诞。

关于周公制礼作乐的具体内容，儒教经典《周礼》《仪礼》有详细记载，其中包括儒教关于礼的起源、本质、特征以及具体的规范、仪式、程序等。同时记载了与儒教礼乐相关联的社会政治制度。《周礼》讲的是周代的设官分职制度，原名《周官》。“依《周礼》，周代的官制大体分六个系统：天官冢宰，负责统御群臣和掌管王宫事务；地官司徒，负责民政；春官宗伯，掌管祭祀；夏官司马，管军事；秋官司寇，管司法；冬官缺失，刘歆用《考工记》补足。这样的设官分职，充分体现了政教一体的特点。”①《周礼》的出现，标志着儒教在封建形态时期政教一体的国家制度的充分完善。

在神人交通方式上，占卜有了巨大的进步。《易经》基本成熟，继伏羲仰观天文、俯察地理以画八卦后，周文王又将八卦演化为六十四卦，周公作卦辞、爻辞，用《易经》占卜，以测天意。较之传统的龟蓍占卜，有了巨大的进步。

在儒教祭祀礼仪方面，这一时期发展得非常完善，按照封建等级制度规定了严格的祭法。

> 天子祭天地，诸侯祭社稷，大夫祭五祀。（《礼记·王制》）

对于宗庙的祭祀，从天子以至庶人，概不例外。但是对宗庙的祭祀，也有严格的礼制规定。“天子七庙”，“诸侯五庙”，“大夫三庙”，“士一庙”，“庶人祭于寝”（《礼记·王制》）。

另外，社稷神在这一时期已成为儒教配天大神。社是土神，稷是谷神。社稷是国家的代表，社稷神保佑国家与百姓风调雨顺，国泰民安，五谷丰登。在儒教的祭祀系统中，昊天上帝作为至上神，祖先神灵和社稷神作为配天大神的位格在这一时期得以确认。祭天、祭祖、祭社稷是这一时期最重要的祭祀活动。相关祭祀的仪式、服饰、礼器、祭品、时间、场所、规格等都有一整套繁杂的礼制规范。以祭祀为主的儒教宗教生活，成为这一时期社会政治生活的重要内容。

> 凡治人之道，莫急于礼；礼有五经，莫重于祭。（《礼记·祭统》）

① 李申：《中国儒教史》，第169页。

为表达对祭祀的重视，这一时期还出现了儒教祭田制度。“祭田是永久性的产业，即使子孙有罪被诛，祭田也不被没收。在古代，即使灭了家，也不废人家的祭祀。”[①] 祭田制度一直延续到清代，祭田制度规定用于祭祀的祭品，天子必须亲耕，皇后必须亲蚕，必须产于自己的祭田。由此可见，在这一时期，儒教对于祭祀的重视。

祭祀的意义主要是祈、报、告、享。祈，即祈祷、祈求，是人对于神提出某种要求，希望神帮助解决某种困难，给自己降福。报，就是报答、回报，是感恩，回报神灵的恩赐。告，是告知神灵，凡是有了重大的决定，经历重要的事情，做出重大的决策，取得重大的成果，都要向神灵报告。享，就是向神灵奉献祭品，供神灵享用；享，是供神和悦神的重要方式。

在悦神方面，除了“以享悦神”以外，还有最重要的一点就是“以德悦神”。

> 皇天无亲，惟德是辅。（《尚书·蔡仲之命》）
>
> 惟德动天。（《尚书·大禹谟》）

儒教“为政以德”“以德治国”“福德一致”“善恶报应”“天佑有德”的基本教义在这一时期得以确立。

由于社会生产方式和社会生活方式发生了巨大的变化，与上古儒教崇拜英雄不同，封建形态下的儒教，更崇尚德行，强调有德之人方能管理国家，君临天下。尧舜禹汤、文王武王都是有德之君，都是以德受命。在儒教的“封建形态”下，儒教作为道德首出的宗教性格得以定型。“天命无常”和“天佑有德”的儒教教义得以形成。一个仁慈善良、至大至公、无所不知、无所不能的全知全能全德的昊天上帝成为儒教的至上神。

> 上帝临汝，无贰尔心。（《诗经·大雅·大明》）
>
> 故大德必得其位，必得其禄，必得其名，必得其寿。（《礼记·中庸》）

---

① 李申：《中国儒教史》，第30页。

惟上帝不常，作善降之百祥，作不善降之百殃。（《尚书·伊训》）

这一时期，由于理性光芒的照耀，儒教开始反对滥用占卜，蛊惑民众，主张敬鬼神而远之，主张保持一种和谐的人神关系。《礼记·王制》载："假于鬼神、时日卜筮以疑众，杀。"孔子说："祭如在，祭神如神在"，"务民之义，敬鬼神而远之，可谓智矣"。这时的儒教就已经形成一种"中和之魅"的人神关系。这些都充分说明，儒教的"封建形态"就已经成为一种非常理性的高级的宗教形态。

（三）儒教的抽象形态

任何一个宗教或者文明体系要走向成熟和完善，都必须经过一个"抽象"的过程。宗教的抽象过程就是对一个宗教的教义、经典、神灵、伦理规范等进行整理、总结、概括、归纳，并以文本的形式予以确定。对儒教而言，这一工作是由孔子来完成的。孔子也因此成为儒教历史上的集大成者，成为儒教的至圣先师，万世师表。正是因为孔子对于儒教"抽象形态"的建构，才使儒教有了完善的经典以及恒常不变的系统的教义体系、价值体系、义法原则和制度模式。

孔子是春秋时期鲁国人，他博学多能，杏坛设教，开一代私学之风，弟子三千，贤人七十二。后致仕从政，官至大司寇。孔子周游列国，游说诸侯，干七十余君，以期推行儒教礼乐王政而不遇。后返回鲁国，整理述作儒教经典，删《诗》《书》，订《礼》《乐》，赞《周易》，作《春秋》，制万世之法，遂行天命。唐吴道子绘《孔子行教像》有两句话充分表明了孔子的价值和地位：

德侔天地，道冠古今；
删述六经，垂宪万世。

德侔天地，表明孔子与天地合德，与日月合明；道冠古今，是说其道贯通古今，为常理常道，是人类永恒的价值标准；删述六经，是说孔子继往开来，整理、删订、述作儒教经典，代天立言；垂宪万世，是说孔子依照儒教经典所制定的义法原则与礼乐制度，是万世不变的根本大法。

经过孔子继往开来的集大成文化创造，儒教成为一个系统、理性和成熟的宗教。经过孔子的改制和文化创造，儒教有了经典义理、人伦规范、道德条目、理想人格、教育理念、天道性理、社会理想、礼乐教化、修身方法、政治哲学、义法原则、治理结构、刑政制度等。孔子完成了儒教从经典文本到义理开显，到义法原则，到宪章法典的总结、抽象和创造工作，从而建构了儒教具有普适价值的“抽象形态”，使儒教最终定性和定型。

1. 孔子述作六经

孔子对于儒教最大的贡献，首先在于述作六经。经典是一个宗教的立教之本，是一个文明的核心。孔子继往开来，在前人的基础上整理、删订和述作儒教的经典。

（1）删《诗》《书》

《诗》即是《诗经》。《诗经》原有三千多篇，经孔子删订为三百零五篇。太史公曰：“古诗三千余篇，孔子去其重，取可施于礼仪，下述殷周之盛，至幽厉之缺，为三百五篇。”由此可见，孔子删《诗》，标准是“可施于礼仪”，《诗》的删减，必合于儒教礼乐教化。所以后人说：“明乎《礼》《乐》，而后可以读雅颂；明乎《春秋》，而后可以读国风”①。正因为如此，《诗经》成为儒教的经典，而不仅仅是古典文学作品。孔子说“不学诗，无以言”，又说“兴于诗”。这些充分说明《诗经》作为儒教经典，有礼乐教化的治世功能。

《书》即《尚书》。通常认为，《尚书》所载，多是古典政治文献，只具有文献价值和历史价值。但在孔子看来，这些都是先王所留下来的遗训，是先王承天命、治天下、化百姓的政治智慧和治国之道，以及事神、施政的根本原则。

“《尚书》原有三千余篇，包括典、谟、训、诰、誓、命之体，经孔子删订为二十八篇。实已寓以孔子改制立法深意，即以《书》为遍言礼制之

---

① 蒋庆：《政治儒学》台湾养正堂版，第226页。

经，而为后世垂法，不复专为记事记言之旧籍矣。”①

（2）订《礼》《乐》

儒家《礼经》，含《周礼》《仪礼》《礼记》，通称“三礼”。《仪礼》主要讲世人的冠婚、相见、丧礼等礼制，全是具体的礼仪规范、仪式和程序。《仪礼》十七篇，为孔子所订。《仪礼》后面附有记，是为《礼记》，《礼记》是孔子及其弟子关于礼的事迹和论礼的言论。《礼记》计四十九篇。《周礼》原名《周官》，记述周代的设官分职制度，相传为周公所作，由孔子审定。

《乐经》是《诗经》的乐谱，古时称“声曲折”。“《诗》三百，孔子皆弦歌之。”“弦歌”就是弹唱，诗是用来演唱的，所以《乐》经就是《诗经》的乐谱，由孔子所订，后来失传。孔子是著名的音乐家，作曲、作词、演奏、编剧、导演无所不能。

（3）赞《周易》

《周易》分经、传两部分，经有六十四卦，每卦六爻，有卦辞、爻辞。伏羲仰观天文，俯察地理，以画八卦，后由周文王演化为作六十四卦，并由周公作卦辞、爻辞。孔子作《易传》十篇，阐发义理，称为“十翼”。经过孔子的阐述与发挥，《易经》精神价值才真正显示出来，其义理才显得越发精微和高妙。

（4）作《春秋》

《春秋》为孔子所作，名为史，实为经。孔子曰“吾志在《春秋》，行在《孝经》”。孔子在修史的过程中通过“褒贬讥绝”的春秋书法，张三世，振微言，倡大义。《春秋》表达了孔子的政治思想和治世理念，成为后世治国平天下的大法。

2. 孔子代天立言

周公制礼作乐，使儒教从“巫觋形态”向“礼乐形态”进行蜕变，这是儒教脱巫的过程，脱巫也是“绝地天通”的一个过程。何谓“绝地天通”？就是禁绝神和人的沟通。“绝地天通”在上古时代就已出现，是儒教历史演变的一个重要事件。《尚书·吕刑》记载：

① 蒋庆《政治儒学》第239页。

> 上古乱世，人神杂糅，妖诞四起，人心不正。
> 颛顼帝，乃命重黎，绝地天通，罔有降格。

从此，神人不扰，各得其序，天地隔绝，人神分离。在神人杂糅的历史时期，人神可以相通，可以对话，神可以随意干预人世间的社会政治生活。神是怎么表达自己的意志、怎么言说的呢？神通过巫觋作为交通的媒介与人交流和沟通。上古时期，巫觋是神的代言人。在上古儒教形态下，巫觋作为神的代言人和沟通神人的唯一媒介拥有很大的权力，挟神自重，威胁君权，甚至妄称神谕，蛊惑人心，并以自己的意志代替天意，干预社会政治生活。如是便出现了政权和教权的矛盾，用现在的话说就是宗教和政治的矛盾。

颛顼帝作为人间君主和政治领袖“绝地天通”，实质上是剥夺巫觋交通神人和代天立言的宗教权力。“绝地天通”以后，神不再说话，巫觋不能代天立言，神意、天意的表达就需要有新的形式。由谁来代天立言，传达神谕呢？由人间君主！所以在上古时期，儒教君师合一，圣王一体。人间君主剥夺了巫觋交通神人、代天立言的宗教权力，由自己来兼任。因而人间君主变成了天子，上帝成为人间帝王的祖先。因此三皇五帝，尧舜禹汤，文王武王，都是圣王合体，亦君亦师。

然而人间帝王和君主并非万世一系，也不都是圣人，甚至还有桀、纣一样的暴君。所以由人间君主代天立言，同样不能保证真善美价值在人间世界的完全实现，也不能祛除人间乱象，实现美好秩序。正因为如此，才有汤武革命，才有春秋乱世。历史的逻辑要求政教分离，君师分权，由一个智慧和德行都达至完美的圣人来代天立言。君、师各司其职，师领教权，君领治权。孔子应时而生，横空出世，承接天命，传达神谕，代天立言。

> 圣人不空生，必有所制，以显天心。丘为木铎，制天下法。（《演孔图》）
>
> 天下之无道也久矣，天将以夫子为木铎。（《论语·八佾》）

木铎，是一种铜质木舌的铃，古代用来召集民众，宣政布教。昊天上帝以孔子为木铎，发布政令，推行教化，广施天德。《论语·阳货》记载："子曰：'予欲无言。'子贡曰：'子如不言，则小子何述焉？'子曰：'天何言哉？四时行焉，百物生焉，天何言哉？'"自上古帝王绝地天通，一直到周公改制，制礼作乐，儒教先圣先王都未能做到真正的代天立言。天官祝宗卜史，也不能代天立言。周公制礼作乐也仅仅是完成了儒教的脱巫，制定了儒教的礼乐祭祀制度，完善了职官分职制度，实现了人间秩序的建构，但并没有最终完成儒教在价值层面、义理层面、教义层面代天立言的工作。代天立言的工作最后是由孔子"删述六经，垂宪万世"来完成的。所以从孔子以后，儒教君师分离，人间君主就不再代表道统，道统就由孔子来代表。

孔子通过自己"删述六经，垂宪万世"的创造，让儒教有了固定的经典和恒常的教义。儒教的教义以天道天理的形式，成为绝对的价值和永恒的真理，并在"绝地天通"的情况下，成为不以人的意志为转移的超越神圣的核心价值体系。这一价值体系落实到人间，落实到社会政治，就形成了儒教的人伦纲常、道德条目、义法原则，并由此发用出儒教的政治哲学、社会理想、管理智慧、礼乐制度，同时形成了儒教的理想人格、修身方法、教育理念等。孔子因而最终完成了对儒教"抽象形态"的建构。

"天不生仲尼，万古如长夜！"没有孔子的文化创造，没有孔子对于儒教"抽象形态"的建构，就没有两千年灿烂辉煌的华夏文明与儒教盛世。

（四）儒教的大一统形态

1．"罢黜百家，独尊儒术"——大一统儒教国家的定型

孔子以后，儒分为八。孔子的学生散于诸侯，在各地弘扬孔子之道，传播儒教。其中孔子的著名弟子有子贡、子夏、曾子，其后学又有子思、孟轲、荀子等人。他们或为国君之师，或为卿相，或于民间办学，在当时的社会、政治、经济、文化生活中起到了重要的作用。

在历经春秋战国及秦朝的战乱以后，汉承秦制，建立了中央集权制国家。汉初统治者吸取秦朝的负面教训，深知"马上得天下"不可以"马上治天下"的道理。汉高祖刘邦鉴于西汉新朝初建，礼崩乐坏，命叔孙通到鲁国招儒生数十人，到长安制定，演习礼仪。叔孙通因时制宜，通经权

变，制定了汉代宗庙礼仪、宫廷礼制等儒教礼仪规范制度，成为汉代儒教制礼第一人，司马迁称之为“汉家儒宗”。

汉高祖刘邦儒道杂用，一方面任用儒生制礼作乐；另一方面用黄老之术，实行无为而治。“文景之治”以后，社会经济得以复苏，随着社会经济的发展和国力的增强，清静无为的黄老思想已不能提供大一统中央集权国家所需要的意识形态和制度资源。

汉武帝即位以后，任用儒生，“罢黜百家，独尊儒术”，以儒学为王官学。元光元年（公元前134年），征召贤良，董仲舒上《天人三策》，以儒家今文经学立论，对“罢黜百家，独尊儒术”进行了全面系统的学理论证，并提出“诸不在六艺之科，孔子之术者，皆绝其道，勿使并进”（《汉书·董仲舒传》）。汉武帝采纳董仲舒的建议，并任用布衣儒生公孙弘为丞相，优礼延揽儒生数百人，置五经博士，为五经博士设弟子员，兴办太学，把黄老之学及诸子百家排斥于官学之外，并以儒家经学为标准，制定了官员的教育、选拔、任用、考核、后补等措施和制度。这标志着中国古代文官制度的正式建立，并由儒家学者垄断文官仕途。“罢黜百家，独尊儒术”以后，儒教作为王官学和国家统治思想的地位自周以来重新得以确立，为汉代的长治久安奠定了坚实的基础。

由于长期战乱以及暴秦焚书坑儒的文化政策，造成了儒家经典文献散失和学术凋零的状况。“罢黜百家，独尊儒术”以后，儒学成为王官学，成为功名之学，儒家经学在汉代迎来了前所未有的繁荣昌盛局面。儒教经学成为王官学，成为社会政治生活的指导原则。

其中代表人物为董仲舒，董仲舒的思想学说在中国思想文化史上具有重要地位。首先，以公羊学为基础，综合“阴阳五行”说、天文、历数等学说，建构了以“天人感应”为核心的儒教神学体系，为汉代纬书神学的兴起奠定了基础。其次，在人性论上主张“性三品”说，提出“性禾善米”的主张，认为善自性出，犹如米自禾出，把性与善区别开来，并认为“性待教而善”。再次，“教化堤防”说。董仲舒非常重视“教化”在社会政治中的作用，认为“教化不立，而万民不正”，“南面而治天下，莫不以教化为大务”，“夫万民之从利也，如水之走下，不以教化堤防之，不能止也”。最后，提出以儒教“三纲五常”为教化内容。

这一时期，儒教庙祀制度、郊祀制度、祭孔制度等礼法制度得以进一步确立和完善。至东汉时期，明堂、辟雍、灵台制度得以建立和完善，人君借此观天象，求圣道，祭神灵，布政教。也是在这一时期，祭孔制度得以确立。

> 灵帝建宁二年，诏祀孔子，依社稷。（《阙里志》）

自此，孔子正式成为儒教神灵进入祭祀，永享国家祀典，是与社稷同格的配天大神，位格仅次于昊天上帝。到汉章帝时期，儒教盛极一时，入太学的学生达三万多人。这对于一个仅有几千万人口的古代国家而言实在难以想象。这一时期儒教的昌盛与儒教国家的繁荣，在人类文明史上是绝无仅有的奇观。

2. 纬书——儒教经学的“通神解释”

在汉代经学的繁荣发展过程中，还开出了另外一个解经学统——纬书，纬书是汉代经学不可分割的重要组成部分。汉代经学包括今文经学、古文经学和纬书三个部分。纬书三十六篇，均假托孔子所作。实际上纬书是汉代官方召集儒教经师、五经博士及其弟子集体创作，属于官方意识形态学问。

纬书以儒家经典为依据，对儒家经典义理作了全面系统的“通神解释”，实为儒家神学或形上学。纬书作为汉代官方的解经之学，对儒教经学的发展和完善产生了深远的影响，弥补了儒教经学形上解释与通神解释的不足，成为儒教经学解释系统不可分割的重要组成部分，对儒教的教义和学理进行了必要的补充。

纬书是汉代经学发展的一个重要特点，对儒教天人之学作了发挥，后世以“谶纬”合称，目为“谶纬之学”。其实谶、纬有着重大的区别。谶，是指图谶和符命，是当时的统治者为自己权力的神圣合法性所人为制作的授命之符。图谶、符命的制作，大多出自方士之手，是假托神谕，妄言惑众。而纬书则是儒家的解经之学，是对儒家经典义理进行形而上的“通神解释”，是在儒教经典义理之上的演绎和发挥。纬书出自儒家经师之手，而且主要是五经博士及其弟子集体性的创作，是儒教国家正统的官方意识形态学问。图谶、符命则大多是妖妄之言。儒教讲谶，是专指河图洛书，而不包括后世方士所制作的图谶、符命。后世儒者反谶不反纬，反谶也不反河图洛书。所以谶、纬应该分别看待，不可同日而语。

3.《白虎通义》——大一统儒教国家的最高法典

汉代儒教有一个异常重要的现象，就是“以经说制”。“以经说制”和“以制说经”不同，顾名思义，“所谓以制说经，是用制度去解释经典，即用制度去解释《诗》《书》《礼》《易》《春秋》等儒家典籍”（蒋庆《政治儒学》第212页）。而“以经说制”则是从儒家经典义理出发，去解读社会政治生活，并立足儒家经典义理的根本精神价值，因时应势地发用出相应的礼乐典章及社会政法制度。说白了，就是根据儒家经典义理从事社会政治制度建构。

“儒教的政治——宗教设施都必须按五经进行安排，至少要在五经中找到根据。所以，统一经义，就不仅是现代意义上的学术问题，而是对于政治、宗教都具有直接实践意义的现实问题”[①]。汉章帝建初四年（公元79年），召集将、大夫、太常、议郎、郎官以及诸儒、博士及博士弟子数十人会于洛阳白虎观，讲议五经异同，并由汉章帝亲临裁决，最后由班固统编为《白虎通义》，达至协调各派学术，共正经义，以“永为后世则”的目的。

《白虎通义》共十卷，选择与社会政治生活及儒家经典和礼法制度相关的专题，分列四十三个条目，其中包括天地、日月、阴阳、五行、五经、五刑、礼乐、祭祀、爵号、社稷、政治、军事、三纲六纪、婚丧嫁娶等内容。通过训释概念，阐明经义，引经据典，从儒家经典义理出发，对社稷、社会政治、宗教礼法等重大问题、重要概念和范畴以及文物典章制度进行疏证和定位。《白虎通义》从本质上讲，是汉代大一统中央集权君主制儒教国家的最高法典。它创建了与中央集权的君主制相适应的儒教“大一统形态”；确立了以儒教为立国之本，以儒教为国教，并从儒教精神价值发用出一套社会政治制度体系。

《白虎通义》充分体现了这样一种历史逻辑：要建构完善的社会政治制度，就必须要确立与之相应的核心价值体系和宗教信仰体系；宗教的教义，源于宗教的经典；而宗教经典的义理阐释，有赖于经学；共正经典义

① 李申：《中国儒教史》，第504页。

理以后，才能提炼出相应的义法；在义法的基础上去确立社会政治的立宪原则。这个立宪原则就是我们通常所说的法典，《白虎通义》正是汉代儒教国家的最高法典。

《白虎通义》对儒教经典义理进行统一，对儒教义法原则予以确立，并对儒教国家相关的普遍问题、重要概念及文物典章制度进行了一一的权威解释和最终定性。确定了国家的信仰体系与核心价值体系，以及社会政治制度建构的形上原则，成为汉代儒教国家的最高法典。从而完成了传统君主制下“儒教的国教化”和“国家的儒教化”，并最终形成了儒教的“大一统形态”。

在儒教的“大一统形态”下，儒教与社会、国家高度同构，形成了宗教、政治、社会合而为一的儒教形态。在这种形态下，家庭组织、社会组织、国家组织都是儒教组织。天子就是教皇，官员都是牧师，在儒教“大一统形态”下建构出来的社会政治框架，一直延续两千年不变。儒教在相当长的历史时期内，没有了制度性的焦虑，一劳永逸地完成了制度性的建构，这种状态一直延续到近代。直到清末，西方殖民主义的坚船利炮才打破了大一统儒教中国的宁静，儒教方才开始了与另一个全新的异教文明——西方基督教现代文明的遭遇。

二　儒教“现代形态”的早期探索

自 1840 年，西方殖民主义的坚船利炮打开了儒教中国的大门，从此开启了儒教文明与西方基督教现代文明的全面交流和会通。中西文化交流会通的过程，其实是西方基督教现代文明单向度全球化的过程。这一过程在历史上经历了三个阶段：第一个阶段是军事暴力殖民阶段；第二个阶段是技术、资本与政治殖民阶段；第三个阶段是宗教文化殖民阶段。后两个阶段合称为“和平演变”阶段。

面对西方殖民主义强盗的军事入侵和武装掠夺，在“落后就要挨打”的悲情下，中国进入了一个“师夷长技以制夷”的历史逻辑之中，开启了全盘西化的现代化历史进程。与西方国家不同，中国的现代化是被迫的，是外来文明输入的，它不是中国文化历史演进的内在逻辑结果。因此，中国的现代化是一个集西化、殖民化、革命化、工业化、市场化、世俗化为一体的过程，这是一个“以夷变夏”的过程。在这一过程中，儒教及其所代表的中国文化遭受了空前绝后的大毁灭。

面对“千年未有之大变局”，百余年来，儒教先贤们始终在寻觅着应对之策，为儒教在西化、殖民化、工业化、现代化的过程中寻找自身的定位并尝试着进行儒教的“现代形态”建构。

（一）“中体西用”的儒教主张

在西方殖民扩张初期，我们首先切身体会到的是“落后就要挨打”。因此首先想到的也是学习西方的先进武器及与此相关的制造业。于是兴起了学习西方军事、科学、技术的“洋务运动”。“洋务运动”的目的就是为了寻求自强，抵抗侵略：学习西方军事技术，办军工厂，造船厂；设立总理各国事务衙门，加强与列强的外交活动；设同文馆，培养西学人才。

洋务运动时期，“所有坚决主张学习西学的人，不论他们所说的西学含义如何，是仅仅指其科学技术，还是要开设议院，都没有忘记儒教这个‘体’”[①]。其间，张之洞提出了“中体西用”的观念，认为中国当下所面临的问题是“千年未有之大变局”，是秦汉以来所遇到的最严重的文化危机。张之洞提出了“保国、保种、保教”的主张，认为“旧者不知通，新者不知本。不知通则无应敌制变之术，不治本则有非薄名教之心”（张之洞《劝学篇》序言）。在张之洞看来，保国、保教、保种是一体的，他所说的教，就是儒教。他认为儒教是中国人的“体”，是中国人的信仰，是安身立命之本，这个本是不能丢的，而西学只能为“用”。

然而，体用不二，体用是不能决然二分的，所谓“牛体不能马用”。事实证明，中体西用的思想并不能解决中西文化的定位与儒教的现代存在问题。历史的演变，也并不以张之洞的意志为转移。在西方基督教现代文明的扩张下，“夷夏大防”逐步失守。

近代“以夷变夏”历经器物、工具层面，到政治法律制度的层面，再到国民性改造，再到“文化大革命”，儒教被一步步推向毁灭的深渊。中

① 李申：《中国儒教史》，第1013页。

国的文化本位立场逐步丧失，最后国民信仰解体，中国文化传统与精神价值彻底崩毁。以下是中国近代“以夷变夏”的几个标志性事件。

1905 年，取消科举考试，废除科举制度。儒教丧失王官学地位。

1911 年，辛亥革命爆发，清朝灭亡，延续两千年的大一统中央集权的君主制度解体，儒教从此失去了载体和组织形态，成为“游魂”。

1912 年，中华民国成立。“以孙中山为临时大总统的新的国家政权，不承认自己是受天命而产生的政权，所以这个政权成立时不再举行告天礼仪，对上帝的祭祀从这个政权中被排除了。”[①] 儒教从此失去了国教地位和道统资格。

1912 年，中华民国教育部颁布《普通教育暂行办法》，规定小学读经科一律废止。这一举措结束了儒教数千年来对于国人身心性命安顿的历史，颠覆了儒教作为中国人个体生命信仰的可能。

1915 年，自《新青年》杂志创办至 1919 年五四运动前后，以陈独秀、李大钊、鲁迅、胡适为代表的西化派发起“五四新文化运动”，提出“打倒孔家店”的口号，开始全面反对和抨击传统文化，全面接受西方文化。

中西文化的遭遇，其实就是儒教文明和基督教文明的对抗。由于历史的吊诡，中国传统国家解体后，新的国家元首——中华民国总统由基督教教徒担任。这就注定中华民国从本质上而言是一个基督教国家，孙中山、蒋介石以及国民党相当大一部分军政要员都是基督教教徒。在一个基督教教徒主导和统治的中华民国，儒教的命运可想而知，中国文化的命运可想而知！

基督教数百年来最大的愿望就是实现“中华归主”，中华民国的成立及其对儒教的毁灭，眼看基督教这一愿望即将实现。但中国共产党的横空出世，使得西方世界与中国基督教教徒们的愿望破灭了。国际共产主义运动在中国的实践成功，阻止了中国的基督教化，从根本上拯救了儒教与中国文化。

不可否认，“文化大革命”对中国传统文化的破坏是致命的，但“文化大革命”的破坏在某种意义上可以挽回和修复的。因为这种破坏缺乏对宗教与文明的替代品，政治乌托邦信仰与对政治家的个人崇拜不足以长期

① 李申：《中国儒教史》，第 1053 页。

取代宗教信仰，马列观念体系不可能长期取代华夏文明体系。而基督教化则是一种宗教和文明的取代过程，是华夏文明湮灭的一条不归之路。所以对中国而言，“赤化”是比“基督教化”更好的选择和结果。“赤化”以后中国还可以“复夏”，即恢复华夏文明；而一旦基督教化，国家虽然可以保留，但华夏文明将万古湮灭，不复存在。“保国、保种、保教”三位一体，没有了教，国非其国，种也将成为变种。

由于两千年来儒教与中国的社会政治高度同构，清朝的灭亡标志着儒教国家的解体，同时标志着儒教的王官失守和组织形态的解体。而中小学废除读经，则标志着儒教与中国传统文化被从民族集体记忆中清除。这两件事说明中华民国用国家权力毁灭儒教，废除了国民信仰体系，瓦解了传统价值体系以及延续数千年的礼法典章制度。而五四新文化运动则是一场由文化精英发起的摧毁传统、自断文化根脉、自毁精神家园的非理性文化自虐运动，祸国殃民，流毒深远。

“夷夏大防”的最终失守，给儒教文明及中国传统文化带来了灭顶之灾，儒教延续两千年的大一统形态也正式宣布消亡。从此，儒教成为没有载体、没有组织形式的游魂。《易经》曰：“游魂为变。”儒教在失去了自身载体和组织形态以后，在新的历史时期，在新的现代社会政治经济环境下，在工商业文明形势下，应该有新的组织形式和载体。儒教的“现代形态”就成为历史巨变后儒者们焦虑、思想和践行的目标所在。

（二）康有为的宗教改革思想

1894 年，甲午战争使中国洋务运动的理想破灭。当时的时代精英们认识到，光有洋务运动还不能自强，必须要诉诸变法，要学习西方的政治法律制度，康有为便是其中的代表人物。在康有为的吁请下，光绪帝于 1898 年 6 月 11 日颁布“明定国是诏”，宣布变法，从政治、经济、军事、教育、司法等领域推行新政。在康有为看来，学习西方不仅应该体现在政治、军事、司法、教育等层面，还应该体现在宗教层面。康有为在组织戊戌变法的同时，多次上书提出了自己的宗教改革思想。

第一，主张改儒教为孔教，奉孔子为教主。他认为孔子受命改制，创立儒教，是儒教教主，“孔子为教主，为神明圣王，配天地，育万物”

（《孔子改制考》卷十）。第二，建议以孔教为国教，独祀孔子，教化民众，树立良好民风民俗。第三，设立“道学科”，征召任用民间儒者，授国子、学政之官，令在民间宣教，国家给予财政支持。第四，学习基督教，广建庙宇，培养人才，广宣教义。第五，主张“扶圣教而塞异端”，用孔教来抵御基督教等异教的入侵。第六，废除皇帝祀天特权，允许人人祭天；准许妇女进入孔庙祀孔。第七，国家鼓励民间孔教组织在各地甚至在海外传教，并给予财政支持。但是康有为的宗教改革思想，并没有得到光绪皇帝的支持，在戊戌变法的诏书中，没有关于宗教改革的政策和方案。这说明宗教改革比社会政治改革要困难，但康有为并没有因此而放弃宗教改革的努力。

（三）儒教“现代形态”的雏形——孔教会

1912年10月，康有为支持学生陈焕章等在上海成立孔教会，创办《孔教会杂志》。孔教会是康有为改教思想的具体实践，是儒教学习基督教，以现代教会组织形式重建儒教“现代形态”的第一次努力和尝试。1912年10月7日，孔教总会在上海成立，并在各地设立分会。1913年9月27日，在山东曲阜召开第一次全国孔教大会，并举行隆重的祭孔仪式，11月，康有为任会长，陈焕章任总干事，随即将总部迁至北京。

孔教会成立以后，在海内外广设分支机构，大量吸收孔教信徒，创办传教刊物，筹办孔教大学，策动了多次大规模的定孔教为国教的请愿活动。孔教会得到了政府和民间的广泛支持和响应，曾一度掀起了宗教改革的热潮。自1914年起，据《孔教会》杂志统计，分支机构已达140余个，遍布国内各大城市，以及港澳、南洋、东京、纽约等地，拥有大量会众和信徒。但由于政局变化及文化激进主义思潮的泛滥，孔教会在民国政府及社会的各方压力下，逐渐衰落，最终被民国政府强制更名为“孔学会”，从此孔教会由宗教组织转变为普通社团组织。被剥夺了合法宗教身份的孔教会在大陆难以为继，被迫迁往香港，并更名为“香港孔教学院”。1933年10月，院长陈焕章在香港病逝，后继者难有作为，孔教会薪火失传。

（四）“儒教非教论”的流毒

近代以来，梁启超、蔡元培、陈独秀等相继推出“儒教非教”的观念，否定儒教是宗教。这是近代以来中国学术文化领域的一个伪命题，是西化派发起的一场旨在摧毁儒教与中国传统的指鹿为马的学术阴谋。其目的是消解孔子与中国文化的神圣性，把孔子从神坛上推下来，还原成为一个普普通通的凡人，名之曰教育家、思想家。反对把孔子之道，把儒教的精神价值作为国民安身立命之本。他们操持话语霸权，对儒教数千年来厚重的宗教资源，对儒教的宗教形态与宗教特征视而不见，指鹿为马，毁天谤圣，其目的就是要否定孔子及中国文化的神圣性与超越性，从而为他们全面反传统和全盘西化扫清障碍。

经过“儒教非教论”的洗脑，中国人集体默认民族传统文化没有神圣性，缺乏超越性，是形而下的文化；承认中国历史是没有宗教的历史，中华民族是没有信仰的民族。“儒教非教论”近百年来，流毒广播，为祸深远。

蔡元培提出以美学代替宗教，陈独秀提出以科学民主代替宗教，凡此种种，可谓荒诞不经。中国经过这一番洗脑以后，儒教在国人心中丧失了宗教资格，对于“天地、祖先、圣人”的崇拜成为封建迷信，取而代之的是新的信仰——民主科学拜物教。后来，随着社会政治革命的历史演进，政治领袖也成为新的崇拜对象，这种对政治领袖的个人崇拜在“文革”时期达到顶峰。

当政治乌托邦信仰和对政治领袖的个人崇拜狂热退去以后，中国历史进入了30多年的改革开放和经济发展时期。这一时期所奉行的价值标准为“发展才是硬道理”，“不管白猫黑猫，抓住老鼠就是好猫”。中国人自放弃宗教信仰以后，又放弃了政治信仰，转而形成一个新的信仰——金钱拜物教。于是导致许多人道德崩毁，良知泯灭。中国人的灵魂与中华民族的民族精神在拜金主义的泥潭当中堕落和沦丧。追根溯源，“儒教非教论”难辞其咎。

三　儒教“现代形态”的模式建构

（一）蒋庆“重建儒教的构想”

当代大陆著名儒家学者蒋庆先生2005年正式发表《关于重建中国儒

教的构想》一文，于儒教被毁百年后正式提出重建儒教的主张。蒋先生首先肯定了传统儒教的国教地位，继而概述了儒教在中国历史上的四大功能：第一，解决政治制度的合法性问题；第二，解决社会的行为规范问题；第三，解决国人的生命信仰问题；第四，解决国人的情志慰藉问题。在此基础上，蒋先生提出重建儒教的两条路线：即上行路线和下行路线。上行路线就是儒化政治秩序的路线，将尧舜孔孟之道，作为立国之本，写进《中华人民共和国宪法》，上升为国家意识形态，建立儒教宪政制度，建立新的科举制度和经典教育制度。下行路线就是在民间社会建立宗教性的儒教社团法人，成立类似基督教会或佛教会的中国儒教会。在文中，蒋先生进一步描绘了未来中国儒教全面重建和复兴的具体形态：即儒教的政治形态、社会形态、生命形态、教育形态、慈善形态、财产形态、教义形态、传播形态、聚会形态以及组织形态。蒋先生认为，重建儒教，才能恢复中国的历史文化自性，使中国再度成为一个具有自我文明属性的“文明国家”。

（二）周北辰“儒教现代改制的构想”

作为蒋先生的学生，笔者始终在思考和践行着儒教的重建事业。2008年笔者发表《儒教现代改制的构想》一文，针对蒋先生提出的重建儒教的下行路线，进一步阐述了儒教现代改制的具体构想。笔者认为，儒教在数千年的历史上总是能够与时代的强音共鸣，每逢大历史的转折时期总有先圣先贤应时而出，因时改制。这种与时偕行的担当精神和气魄，是儒教数千年长盛不衰慧命不绝的原因。

笔者在文章中强调，在中国步入现代化的历史进程中，必须要进行一场国民宗教的改革，具体来说就是儒教的改革。文章认为，宗教改革是社会变革不可或缺的重要组成部分，没有成功的国民宗教改革，就不可能有民族国家成功的现代化。儒教的现代改制，儒教“现代形态”的创建是国民宗教改革的具体内容。儒教不仅可以在传统中央集权的君主制下落实为政教合一的“大一统形态”，也可以在现代社会落实为宗教社团法人意义上的“教团组织形态”。

笔者进一步提出了儒教现代改制的具体制度构想，要建构宗教社团法人意义上的儒教组织，就必须对儒教的“现代形态”进行返本开新的创造性建构，并建立儒教的现代制度，如教会制度、教阶制度、教籍制度、庙祀制度、礼乐制度、告拜制度、圣训制度、儒戒制度、天罚制度、书院制度等。文章通过儒教现代改制的构想，对蒋庆先生重建儒教的下行路线进行了具体的落实，为儒教“现代形态”的建构提供了制度模式和实现途径。

（三）深圳孔圣堂——儒教的现代改制实践与模式建构

为了完成儒教在现代社会的重建工作，沿着下行路线创建儒教现代教团组织形态，2009 年笔者来到深圳，在儒商企业家张华先生的大力支持和共同参与下，在蒋庆先生等儒门师友的共同关心和支持下，创建了当今中国第一个儒教道场——深圳孔圣堂。

经过五年多的努力，孔圣堂初步完成了儒教“现代形态”的模式建构。其中包括儒教的道场模式、组织模式、礼乐模式、宣教模式、教育模式、企业模式、经济模式等。“深圳孔圣堂模式”的建成，标志着儒教现代改制与儒教重建事业进入一个新的历史阶段：儒教重建事业未来的任务就是将“深圳孔圣堂模式”复制推广到全国乃至海外。

1. 道场模式

道场，是传教布道、举行各种礼乐活动及宗教仪式的专门场所。儒教现代道场的创建是儒教“现代形态”建构的首要内容。儒教现代道场模式的建构就是要确立儒教在现代社会道场建设的规范和制度。其中，包括神灵谱系的确立、庙祀制度的厘定、道场类别的整合、道场建筑外观及内饰布局、神像神位的确定、礼器礼具的规定、道场等级设置和功能定位等。

儒教是一个多神教，有庞大的神灵谱系。传统儒教祭祀礼仪制度繁复，等级森严，道场类别繁多，且历朝历代不尽相同。现代社会生产方式、生活方式、社会结构都发生了很大的变化，传统儒教的道场模式已经与现代社会不相适应，要建构儒教的“现代形态”，就必须在重新整合传统儒教神灵谱系、损益传统庙祀制度与道场制度的基础上，建构儒教的现代道场制度和规范。

传统儒教道场有天坛、太庙、孔庙、书院、祠堂，还有诸物百神之庙，如妈祖庙、关帝庙、土地庙、城隍庙、山神庙等。在传统社会，只有天子能够祭天，只有士大夫能够祭孔，妇女不能入祀孔庙。儒教在传统社会有着明确的等级制度和复杂的礼仪规范，因而其道场的组织模式也是与传统社会政治制度相应的，等级森严，纷繁复杂，不完全适应现代社会的需要。因此儒教在现代社会的重建，必须因应现代社会的特点，对儒教传统资源进行重新整合，建立适合于现代社会的庙祀制度和道场模式。

要以儒教“礼三本”的基本教义，整合神灵谱系及庙祀制度，并在此基础上建立现代道场模式。荀子曰：

> 礼有三本：天地者，生之本也；先祖者，类之本也；君师者，治之本。故礼，上祀天，下祀地，尊先祖而隆君师。

昊天上帝是儒教的至上神，是百神之主。圣王与祖先神为配天大神。根据儒教“礼三本”的基本教义，因应现代社会及民族国家特点，深圳孔圣堂在多年的儒教现代改制实践中，确立了儒教现代道场建设的规范和制度，从而形成了儒教的现代道场模式。儒教现代道场有如下基本构件。

（1）华夏儒庙

依儒教现代道场模式定位，“华夏儒庙”是中国儒教会各大教区的中心道场。按行政区划，各省、市教区都必须建一座“华夏儒庙”。“华夏儒庙”的具体性质、结构、功能和布局如下。

华夏忠烈祠　数千年来，每当我们民族面临外来侵略及种种危机的时候，总有无数的民族英雄挺身而出，抛头颅、洒热血，为家国天下杀身成仁，舍生取义，如岳飞、文天祥以及在抗日战争中为国捐躯的英勇将士等，他们是我们民族的脊梁！“华夏忠烈祠”供奉民族英雄与忠烈之士，以弘扬他们的人格、精神与丰功伟绩。历代民族英雄将入祀“华夏忠烈祠”，把华夏民族英雄当作神灵奉上祭坛，永享国家祭祀，这是现代儒教道场的一大特征。这一道场制度与庙祀制度是根据现代民族国家性质与民族主义及爱国主义精神，因时改制的结果，与现代民族国家及国际政治现状相适应，有利于民族精神与爱国主义精神的培育。

华夏圣母堂 在中国数千年的历史上，有很多伟大崇高的女性，他们以自己的厚德、智慧及忠贞为我们民族、为中华文明、为家国天下做出巨大贡献，留下了可歌可泣的感人事迹。“华夏圣母堂”将对华夏文明史上数千年来的伟大女性之德行、人格与事功，用物化的形式再现出来，并将她们奉上神坛，作为神灵，永享祭祀。中国的圣母有黄帝的夫人、舜帝的夫人、孔子的母亲、孔子的夫人、孟子的母亲、岳飞的母亲等。圣母堂供奉华夏圣母、贤母，并以历代忠烈贞洁女性作为配享，展示中国女性的厚德、伟大与崇高，以为女性之典范和楷模，供后人瞻仰，缅怀和效法。

华夏先祖庙 儒教是一个尊祖敬宗之教，华夏先祖是我们民族之根。每一个中国人都是炎黄子孙，都有共同的祖先，有共同的根。先祖庙将供奉伏羲、黄帝、炎帝、尧帝、舜帝等华夏先祖，展示我们祖先开族创宗、治教天下的丰功伟绩，以供后世子孙瞻仰，缅怀，寻根。

儒教大成殿 儒教文明史上，涌现出了无数的圣贤人物，他们或立德，或立言，或立功，做出了巨大的贡献，如孔子、周公、孟子、荀子、董仲舒、朱熹、王阳明、康有为等儒教先圣先贤。大成殿供奉孔子，并以历代圣贤配享，以供后世瞻仰，缅怀，学习。

华夏社稷坛 社稷坛又称“地坛”或“方泽坛”。社是土神，稷是谷神；社稷神代表国家，是国家神。国民祭祀社稷神，祈求风调雨顺，国泰民安。华夏社稷祭祀已经有四千多年的历史。社稷坛建筑规制可参照现北京地坛，坛平面呈方形，以象征“天圆地方”之说。中心坛台分上、下两层，周有泽渠、外有坛壝两重，四面各有棂星门。每年由国家和儒教会按儒教礼制规定举行社稷祭祀大典。

天坛 天坛是儒教祭祀皇天、祈求五谷丰登之场所。现代儒教天坛建筑规制可参照现北京天坛进行损益，保留圜丘坛、祈年殿等主要建筑设施。圜丘坛是祭天场所，祈年殿供奉“昊天上帝”牌位。国家及儒教会每年都将在这里举行祭天仪式，祈求上天辅佑，风调雨顺、五谷丰登、国泰民安。现代社会，人人皆可祭天。祭天仪式分大祀、中祀、群祀三等，由国家及儒教总会主持，每逢儒教重大节日及民族传统文化节日，都将按儒教礼制规定在“华夏儒庙”举行大规模的祭英烈、祭圣母、祭祖、祭孔、祭社稷、祭天等大型祭祀活动，以及其他礼乐文化活动。“华夏儒庙”将成为儒教及华夏文明物化展示场所；成为中外人士了解儒教及中国文化的场所；成为民族主义及爱国主义教育基地；成为炎黄子孙寻根朝圣、慎终追远的精神家园。

（2）孔圣堂

“孔圣堂”是儒教的社区道场。现代儒教组织将在城市社区、乡镇社区遍设孔圣堂作为儒教基层道场。孔圣堂供奉“天地祖先圣人神位”，悬挂孔子及历代圣人、民族先祖画像。孔圣堂作为儒教基层道场，是儒教儒师及儒教士讲经传道、实施教化的场所，是儒教信徒举行各种礼乐活动和修学活动的专门场所，也是基层会众团契生活的场所。其功能相当于基督教的教堂。

（3）公共祠堂

公共祠堂是儒教企业组织、家族组织、乡村组织的道场。儒教会在企业设立企业祠堂，在广大乡村设立公共祠堂或家族祠堂。企业祠堂供奉“天地祖先圣人神位”，以企业家族神灵及儒商始祖子贡和关公配享。企业祠堂是儒商企业举行祭祀活动及企业礼仪活动的场所，是企业员工学习和团契生活的场所。乡村祠堂是村民举行祭祀活动、讨论重大决策、举办文化活动和各种礼乐活动的专门场所。

（4）家庭神位

传统中国每一个家庭都有堂屋，堂屋供奉“天地祖先圣人神位”，堂屋就是家庭道场，是家庭成员祭祀神灵、告拜天地、祖先、圣人的专门场所。现代社会可考虑重新恢复家庭道场的儒教形态，有条件的家庭都要留出专门的房间作为家庭道场，供奉“天地祖先圣人神位”。有了家庭道场，家就不仅仅是世俗的物质的家园，也是精神的家园；不仅能够安身，也能立命。家庭道场的设立对于增加家庭文化底蕴、营建良好的家庭教育环境，对于子孙后代的教育和成长都将起到不可估量的作用。

有了华夏儒庙、孔圣堂、公共祠堂、家庭神位，就会形成一个集教区中心道场、社区道场、企业道场、乡村道场和家庭道场为一体的，由大到小、由上至下的、系统完善的儒教现代道场模式。

2. 组织模式

儒教是政教合一、治教一体的宗教。在传统儒教形态中，无论是上古儒教形态，还是封建形态，抑或大一统形态，儒教都没有自己独立的教团组织。儒教组织与政治组织、社会组织、家庭组织高度同构，国家组织就是儒教组织，社会组织和家庭组织也是儒教组织。

近代以来，随着大一统君主制国家的解体，儒教失去了它的“国家组织形式”。民国时期对于祭天制度、祭孔制度、书院制度、读经教育制度等儒教礼法制度的废除，又使儒教丧失了“社会组织形式”。儒教曾一度沦为民间小传统，由百姓以民间风俗的形式保留着儒教残留的外在形式。在反封建、破四旧以及“文化大革命”的浩劫中，儒教及中国传统文化遭受了灭顶之灾。

所以，在现代形态意义上重建儒教，首先要根据现代社会的基本情状，以现代宗教社团法人的形式建构儒教的组织形态。现代社会中，儒教首先于民间以宗教社团组织的模式重建，这就是蒋庆先生所谓儒教重建的下行路线。然后以教团组织和儒教庙堂实体相结合的形式获得与其他宗教平等的地位与生存发展权利，合法地在民间传播和发展，并由此逐步深入现代社会生活当中，对社会进行儒化，对城市社区、乡村、企业、学校乃至家庭进行复古更化，从而慢慢地转变世风，美化风俗。

要建立现代教团组织形态，首先要成立全国性的“中国儒教会”，向政府民政部门申请儒教作为独立宗教社团法人进行注册登记，让儒教取得和佛教、道教、伊斯兰教及基督教几大宗教组织平等的法权地位。争取中国人信仰儒教的自由和权利。

要由中国儒教会有效地组织儒教的重建、宣教及发展工作。与儒教教会组织相关联，建立儒教的相关制度，如教阶制度、教籍制度、庙祀制度、告拜制度等。同时，要与行政区划相一致，设立儒教的省、市、县、乡各级教区和分支机构，把儒教的组织深入社区、乡村、学校、企业和家庭。

在横向组织上，要成立儒教的青年组织、妇女组织、学生组织、企业组织。经过横向和纵向两方面的教团组织建构，儒教才能在现代社会以“实体”的形式合法存在，从而完成儒教“现代形态”的组织模式建构。

3. 礼乐模式

礼乐是儒教的重要内容和形式，也是儒教特有的宗教仪式和事神方式，是儒教徒的宗教生活方式，同时是儒教教化万民治理天下的重要途径和手段。儒教的宗教目标与治世目标都要通过“礼乐”这一形式来完成。所以，“制礼作乐”数千年来就是儒教宗教改革最重要的内容。不论是周公的宗教改革、孔子的宗教改革，还是汉代的宗教改革，因时应势、制礼作乐都是儒教改革的重要内容。重建儒教的“现代形态”也离不开制礼作乐。儒教“现代形态”的重建，很大意义上就是在现代社会政治及经济文化背景下的“制礼作乐”。

孔圣堂创办五年多来，始终致力于儒教现代礼乐模式的建构。根据“礼之用，时为大”“礼可义起”的教义精神，孔圣堂在整合传统礼乐资源的基础上，根据现代社会的具体情况，制定了一系列儒教礼乐规范和制度，以及礼仪程序和仪式。其中包括祭祀礼、告拜礼、归宗礼、冠礼、开笔礼、婚礼、丧礼、立社礼、庆典礼、就职礼、相见礼等儒教礼乐仪式及规范。

孔圣堂成立了以著名儒教学者蒋庆先生为代表的“儒教礼乐研究制定学术委员会”，专门从事儒教礼乐的学术研讨和现代儒教礼乐规范的制定工作。同时，孔圣堂还成立了专门的礼乐机构——儒教圣乐团和儒教礼仪队。孔圣堂儒教圣乐团现有专职儒教乐师20余人，每周进行儒教音乐的排练演习。儒教礼仪队有专职的儒教司仪和执事及其他执礼人员若干，定期演习儒教礼乐。孔圣堂还制作了各类儒教礼具、礼器、礼服。

每年，孔圣堂定期举行祭孔大典、归宗礼、开笔礼，冠礼、婚礼等儒家礼仪活动。同时，还为其他企事业单位、社会团体及民间组织承办各种相关的立社礼、庆典礼、就职礼等现代儒教礼乐活动。为儒商企业制定企业礼乐制度和规范，协助儒商企业进行企业文化建设。每周儒教来复日（即星期日）举行儒教的“告拜礼讲经会”，传道讲学。孔圣堂来复日“告拜礼讲经会”每周举行，已经整整坚持了五年，影响了成千上万的受众，有的已经行过儒教归宗礼，正式归宗儒门。

经过五年的努力实践，孔圣堂已经建构出系统完备的儒教现代礼乐模式。

4. 宣教模式

在传统儒教中国，儒教是国教，是王官学，是国家统治思想。中国就是儒教国家，中国社会就是儒教社会，中国人都是儒教信徒，人人都知道儒教，人人都在按照儒教的礼法典章制度及伦理道德规范来做人做事。儒教不需要现代意义上的所谓“宣教”工作。但是，在当今中国，由于近百年来儒教遭受了毁灭性的打击，儒教及其所代表的传统文化与精神价值已经衰落和消亡，中国人已经没有了文化身份，没有了精神信仰，已经陌生于自己的传统，根本不知道儒教为何物。

有鉴于此，要复兴儒教，在现代社会重建儒教，就必须进行深入全面的弘道和宣教工作。要让中国人、让全世界都知道儒教的存在，了解儒教的意义和价值，所以孔圣堂在重建儒教“现代形态”的实践中，突出强调儒教的宣教工作和宣教模式的建构。

首先，孔圣堂坚持每周“来复日”（即星期日）的儒教经典讲学活动，其目的是讲明正学，正本清源，澄清误解。把孔子的真思想和儒教的真精神真价值在对儒教经典的解读过程中弘扬和传播出来。同时，要摸索出一套针对不同层次、不同职业、不同年龄受众的深入浅出的现代宣教模式。

其次，孔圣堂还发起了儒教“三化”“四进”的宣教运动。“三化”就是儒教的生命化、生活化和社会化。“四进”就是进学校、进社区、进企业、进乡村。

儒教的“生命化”就是让儒教走向每个人的个体生命，让每一个中国人都用儒教作为自己安身立命的大根大本，作为自己的精神和生命信仰。

儒教的“生活化”就是让儒教成为人们的生活方式，让人们在儒教的宗教生活、礼乐生活中去陶冶、改变自己；在儒教的圣洁生活、修学生活中提升自己的生命人格，完善自己的道德人性；用儒教的伦理道德观，去指导自己的个人生活、家庭生活和社会生活。

儒教的“社会化”就是指要用儒教文化精神传统和伦理道德规范去从事社会建构，如儒教的社区文化建构、企业文化建构、家庭文化建构、商业伦理建构、校园文化建构等，最终通过儒教的礼乐教化和复古更化，让社会形成和睦、和谐、安宁的社会秩序。

“四进”就是指儒教进学校、进企业、进社区、进乡村。儒教的“四进”运动是儒教社会化的具体实践。

进学校，就是让儒家文化的精神价值及伦理道德规范进学校，影响学生；改变学校应试教育和工具理性教育的现状；加强人格教育和德行教育；用儒教诗书礼乐的教育模式及经典教育模式对学生施加影响，从而改变中国教育的现状。

进企业，就是用儒教的精神价值为企业铸魂，从事企业文化建设，让企业能够用儒教的伦理道德规范指导自己的经营行为。通过一系列的企业文化制度和企业行为规范的建构，让企业变成真正意义上的儒商企业。并从根本上改变当今中国企业某些不守诚信、制假贩假的状况。培育中国的儒商企业家人格，建构中国的商业精神和商业伦理规范。最终实现中国现代商业文明模式的建构。

进社区，就是让儒教走进城市社区，从事社区文化建设。随着中国城市化进程的推进，人们的居住模式和生活方式发生了重大的改变。城市社区没有文化底蕴，没有良好的民风民俗，邻里之间冷漠无情。有鉴于此，用儒教的基本义理、文化精神及伦理道德规范从事社区文化建设，为社区提供礼乐文化及少儿经典教育等服务。建设和谐社区，和谐家庭，用儒教精神价值重建现代社区文化。

进乡村，就是让儒教走进乡村，从事乡村文化建设。中国现代化的进程是乡村经济文化逐步衰落的过程，社会政治、经济和文化资源大幅度向城市倾斜。乡村在国家治理结构中被渐渐弱化甚至淡忘。由于青壮劳动力纷纷离开土地，奔向城市，乡村剩下的大都是老人、孩子和病残等弱势群体。加之传统乡绅阶层的消亡，中国的乡村成为文化的荒漠。故此，基督教乘虚而入，在中国农村尤其是北方农村大肆传播，让中国乡村社会沦为基督教的社会，大量中国人沦为基督教教徒。据相关统计，基督教在大陆已经拥有一亿几千万教徒，就是说十个中国人中就有一个基督教徒，已经有十分之一的中国人信奉基督教。长此以往，中国人都会变成基督教教徒，中国会变成一个基督教国家。

宗教是文明的主要载体和形式，也是一个文明体系的核心内容。宗教的消亡必将导致这个文明的消亡。文明的入侵，文化的扩张，首先从宗教的扩张和传播开始。最根本的殖民就是文化的殖民，最有效的殖民就是宗教殖民。让儒教进乡村，从事乡村文化建设，是制约基督教对中国乡村进行扩张式传播的最有效手段。重建乡村家族制度，重建家族祠堂，建设乡村互助关爱组织，让乡村重新焕发出勃勃生机和文化底蕴，形成良好的民风民俗。

除了“三化”“四进”的宣教活动之外，孔圣堂还编印了大量的宣教资料；设计制作了孔圣堂画册；出版了《儒教要义》《儒教知识问答》《儒商管理学》等书籍，进行广泛的赠阅；还和新闻媒体进行合作，开辟儒家文化的专版专栏；创建了孔圣堂的官方网站，进行网络布道宣教；每年还举办大型的宣教和纪念活动。

孔圣堂与广东高科技产业商会及三合国际集团每年举办深圳孔子文化节，其中有祭孔大典、儒家智慧高峰论坛、艺术品公益拍卖晚会、名人艺术文化沙龙等形式。通过这些大型系列活动，邀请海内外政界、商界、学界、媒界及社会各界精英人士聚会深圳，起到了良好的广泛而深入的宣教传播效果。另外，孔圣堂还以举办各种传统节日纪念活动、儒门会讲、修身营、学习小组、朝圣之旅等儒教团契生活的方式进行宣教。

总之，孔圣堂在五年来的儒教重建实践中已经建立了一整套从城市到乡村、从社区到学校形式多样的、系统完备的宣教模式。

5. *教育模式*

儒教非常重视教育。从本质上讲，儒教就是教育之教、教化之教。儒教六经无不具有教育教化功能，儒教历代圣贤都是著名的教育家。尤其是至圣先师孔子，在春秋乱世兴私学之风，有教无类，因材施教，以六艺授徒，用儒家特有的“诗书礼乐”的教育教化方式立教。

近代以来，传统被抛弃，儒教式微，儒家经典教育在民国时期即被从中小学教育中剔除，数千年来儒教特有的教育教化内容和方法被抛弃。中国的教育彻底西化，不注重人格的培养和心性的养成，不关心综合素质的培育。当今中国的教育危机重重，中小学以应试教育为目标，高等教育以职业化、工具化为诉求。教育的西化以及对传统的背离，导致了中国百年来教育的灾难性的后果。有鉴于此，重建儒教的现代形态，离不开重建儒教的现代教育模式。

近十多年来，随着传统文化的复兴及孔子文化热潮的掀起，在民间，少儿读经班、读经学校以及各种传统文化培训机构如雨后春笋般涌现出来，高等院校也纷纷成立国学院、孔子研究院、儒学院等机构，但是，通观全局，深入观察，我们就会发现这些关于儒家经典和儒家文化的教育，都存在着种种问题。民间读经教育机构为增加自己的吸引力，增强声音的响亮度，为扩大生源，不惜采取偏激的教育理念和教育模式，推出所谓“八小时读经”甚至“二十四小时读经”的理念；只读经，不讲经，不解经；有的读经学校及培训机构，甚至沿用佛教的宗教教育思想和教育方法，从小把孩子当作僧侣来培养。而高等院校的国学教育和研究机构，则本着工具理性的教育理念，把儒学当作知识之学来进行所谓客观、冷静、理性的分析研究，不注重圣人之学、圣人之道对人的身心性命安立和人格教化作用。市场化的国学培训则更是花样百出，几天的国学课程可以卖出几万元乃至几十万元的天价。传统文化及儒学教育的乱象充分表明，我们对儒家的教育模式、对孔子的教育思想和理念已经陌生，不明就里。

有鉴于此，孔圣堂创办五年多来，始终致力于儒家教育研究与实践，探索在现代社会及现行教育体制之下，如何建立儒家的教育模式，以期对现行教育的弊端进行疗补。五年来，孔圣堂坚持举办每年一届的“公益少儿儒学班”，以孔子“诗书礼乐”的教育思想和教育模式来办学。孔圣堂自行选编了相关的教材，拟定了相关的教育课程体系，逐步摸索出了一套儒教的现代教育模式。

孔圣堂少儿儒学班每届近60人，实现亲子双修，招收6～11岁学童，利用周末时间开课学习。每期学制一年，配备了经典导读、诗文导读以及礼仪、古筝、古琴、笛子、书法、武术等课程。通过五年多的少儿儒学教育实践，孔圣堂形成了以诗书礼乐的教育思想、教育理念和教学内容为特征的“儒家少儿教育模式”。

其次，孔圣堂五年多来坚持每周一度的儒家经典公益讲座，主要对象为社会各界人士。五年来，公益讲座讲了儒教的很多经典，如《孝经》《论语》《大学》《中庸》《孟子》等，形成了孔圣堂独特的“社会公共教育模式”。受众群体包括公务人员、企业家、企业管理人员和员工、教师、中小学生、社区民众等。

另外，孔圣堂五年多来还致力于现代企业文化建设和企业员工教育教化的相关社会实践，在大中型企业推广儒家传统，弘扬儒商文化，为企业提供文化建设服务及员工教育教化服务，为企业制定基于儒教文化精神的企业伦理道德和行为规范。在企业教育教化方面，形成了独特系统的“儒商企业教育模式”。2014 年，笔者出版了《儒商管理学》一书，在总结孔圣堂多年来从事企业文化建设和企业管理咨询、企业教育教化的基础上，从儒教的基本教义和精神价值出发，系统阐明了儒商精神与儒商王道管理模式对于中国现代商业文明建构的意义和价值。这是儒教文明从传统农耕形态向现代工商业文明形态正式转型的开启。

6. 企业模式

现代社会是工商业社会，工商业社会与传统农耕社会相比较，其生产力和生产方式都发生了巨大的变化。传统儒教，无论是封建形态还是大一统形态，都是儒教的农耕文明形态。在现代工商业社会，人类的生产方式、生活方式、社会结构方式都发生了重大的变化。随着城市化进程的推进和市场经济的发展，企业成为社会最基本的生产单元和最重要的社会公共组织。其社会职能相当于封建时代的“家”和大一统君主制时期的“家族”。

在传统社会，“家”和“家族”是儒教最基层的社会组织。儒教的基本教义讲“修身、齐家、治国、平天下”，齐家是治国平天下的基础。因此，要建构儒教的现代形态，就离不开对儒教企业模式的建构，儒教的企业模式就是儒商企业的模式。在现代工商业社会，真正意义上的儒商企业，就是以儒家价值为企业的灵魂，以“修身、齐家、治国、平天下”为企业的社会理想，以儒教的伦理道德规范作为企业的行为规范和经营活动的指导原则。这样的儒商企业，就是儒教在现代工商业社会的重要基层组织。所以，儒教现代形态建构的下行路线，其中最重要的一条就是要建构儒教的现代基层组织——儒商企业。

多年来，孔圣堂在儒商企业建设方面作了长期的实践和探索。早在 20 世纪 90 年代，蒋庆先生就曾撰文阐述儒商企业家的生命人格及行为规范。2014 年，笔者出版《儒商管理学》一书，贯通儒家文化精神价值与西方管理学，从学理层面对儒商管理学进行了理论建构。该书从儒商企业的信仰体系、核心价值体系、儒商企业家理想人格、儒商伦理道德规范诸方面对儒商精神进行创造性阐释，并指出，儒商精神就是中国的现代商业精神。同时，在儒商精神的基础上，发用出儒商企业王道管理模式。

这一模式在多家企业进行了实践和落地，如今，这些儒商企业都形成了自己的儒商企业文化体系，建构了儒商企业的行为规范体系，以及相应的管理模式。有的企业还设立了儒家的企业祠堂，凡企业的重大节庆、重大事件、重大决策都要举行儒教的告拜礼仪式。同时，还在企业建立了儒教的“企业家族”组织。儒商企业作为现代儒教的基层组织，是儒教“现代形态”的重要组成部分。儒化现代企业的成功与否，是儒教“现代形态”得以建构的基础。儒化企业，用《大学》的话说，就是“齐家”。儒教在现代社会要能治国平天下，首先就要能“齐家”。儒教企业模式的建构，从本质上讲就是儒教商业文明模式的建构，是儒教“现代形态”建构的关键，是儒教在现代社会上升为王官学，从事治国平天下的基础和前提。

7. 经济模式

经济问题是儒教现代重建的最大瓶颈。近百年来，儒教经过五四新文化运动、国民革命及“文化大革命”的一再破坏，几近毁灭和消亡。迄今为止，儒教什么都没有。用蒋庆先生的话说，儒教就是“穷光蛋”，是“流浪汉”，是“阶下囚”。如今阶下囚的境况算是结束了，但儒教仍处于无人、无钱、无道场、无身份的“四无”状态。儒教要重建和复兴，有很多工作要做，有很多事务要处理。要培养自己的专门人才，要建书院、建学校、建自己的组织、建自己的道场，这些都需要钱。没有钱，寸步难行。

今天，面对儒教的“四无”状态，最大的瓶颈和首要的问题就是经费的问题。儒教自身没有教产，没有信徒。没有信徒，自然就没有捐赠，同时也没有政府财政资助。由此可见，儒教没有任何资金来源。这就注定在现代社会重建儒教，必将面临白手起家的困境。多年来，儒教的传教工作都在资金和经费面前止步。

孔圣堂作为当今中国第一个也是唯一一个现代儒教道场和准儒教组织，它的诞生，凝聚着现代儒教改革实践者的艰苦和辛酸。

在儒教重建的初级阶段，鉴于全社会对于儒教的忘却、陌生和误解，政府财政资助、信徒捐赠、庙产收入这三条基本的经费渠道都不能指望。只能通过儒教传道者的努力去感化社会，从而得到社会的资助。但儒教不崇尚宗教恐吓，不从事神人交易，也不靠江湖术士的把戏蒙人。只能靠义理资源、学识智慧及人格魅力博得他人与社会的认可，从而得到资助。在传统儒教消亡、礼崩乐坏、学绝道丧的今天，经费问题是困扰儒教重建事业最大的障碍。

笔者来到深圳伊始，身无分文，寄人篱下，后来借钱租房百余平方米作简易道场，在社区传教。同时进行商业性讲学挣钱，维持传教所需经费。后在讲学传教过程中得到三和国际集团董事长张华先生的高度认同，随即在张华先生的大力支持和共同参与下创办了儒教道场——深圳孔圣堂。2013 年，又在三和国际集团的支持下，成立了三和仁爱基金会。基金会成立之初，张华先生为基金会捐款 1000 万元。三和仁爱基金会定位为儒家文化重建和复兴基金，主要资助对象为儒家文化复兴及儒教重建事业。三和仁爱基金会是今天第一个民间儒教专门基金会。孔圣堂日常维持费用与开支，深圳孔子文化节举办的相关费用，都由三和仁爱基金会提供。2014 年，三和仁爱基金会还出资在广东河源万绿湖畔兴建孔子书院，作为孔圣堂儒教文化复兴事业的人才培养基地。孔圣堂儒教重建的经济模式建构经历了一个艰难曲折的过程。

> 借钱传道—讲学挣钱传道—企业家资助传道—企业家资助创办道场—成立儒教专项基金会—搭建孔圣堂、基金会、书院三位一体的儒教重建的综合平台。

由孔圣堂、书院、基金会构成儒家文化复兴及现代儒教重建的铁三角，并以此为基础搭建起儒家文化复兴及儒家重建的基本平台。儒教的重建，儒家文化的复兴，从此有了第一块基石。

孔圣堂自 2009 年创办以来，实现了第一个五年计划，完成了儒教“现代形态”的模式建构，并搭建起了儒家文化复兴和儒教重建的基本平台，从而为下一个五年计划的实施奠定了坚实的基础。此后，儒教现代重建的具体工作将落实为把“深圳孔圣堂模式”复制推广到全国各地乃至海外。未来的 5 ~ 10 年，儒教的现代重建工作将打开一个崭新的局面。

复兴中华圣儒教　实现大同梦中国

高士涛*

众所周知，习近平主席执政以来对儒家文化的提倡，使遭受百年屈辱的中华文化之根——儒家文化逐步被重新重视起来。“君子之德风，小人之德草。”官方的重视，使中华大地开始出现复兴儒家文化的发展态势。

儒家文化就是儒教文化，是儒家的教化，是儒家教化的文化，两者是一不是二，不能割裂开来。在韩国没有这个区别，“儒教”一词被广泛使用。相反，在儒教的母国，却“是教非教”的争论不断。这不能不说是一个非常可笑的怪事!

“儒教是教非教”是一个伪问题，外国人能说“儒教”，我们为什么不能说?! 作为儒教的母国，我们更要大胆地使用“儒教”这个词!

儒教文化是中华文化之“根”，儒教文化接续和传承了中华文化的全部信息。所以，实现中华民族伟大复兴的中国梦，必须要以复兴中华文化之“根”的儒教文化为根本前提，因为只有“根”活了，这棵中华民族的大树才能够真正复兴和重生!

一　为什么要复兴儒教

1. 儒教是中华文化之“根”

世界上每个民族都有自己的文化之“根”，中华民族的文化之“根”

* 高士涛，河北省儒教研究会常务副会长兼秘书长。

就是儒教文化！

中华民族有着五千年的文明史，有着尧、舜、禹、汤等历代的先王圣者，有着地平天成等许多的文明史实，亦有着诸多的天文地理、道德人伦、礼乐诗颂、改易更化等诸多方面的文化宝藏，这些都是中华文化之“根”！这些“根”都详细地记录在中华民族的根本经典“六经”里面。而“六经”，就是由儒教的至圣先师孔子系统整理并被中华民族传承了下来。

在先秦时期，有且只有至圣先师孔子“述而不作、信而好古”地做这些被认为是“知其不可为而为之”的费力不讨好的工作。为什么？就为了使这文化之“根”能够延续和传承下来！没人愿做（连那位国家图书馆馆长也不做而出关去了），只有至圣先师孔子愿做！也正是这样，中华文化之“根”才绵延五千年至今。柳诒徵先生说：“孔子者，中国文化之中心也；无孔子则无中国文化。自孔子以前数千年之文化，赖孔子而传，自孔子以后数千年之文化，赖孔子而开。”（柳诒徵：《中国文化史》）如果当时至圣先师孔子也不做，那真的就“万古如长夜”，肇自先王圣者的中华文化之“根”也就“绝学”了。所以，至圣先师孔子是中华文化的集大成者和继往开来的万世师尊，德侔天地，道冠古今。“先孔子而圣者，非孔子无以明，后孔子而圣者，非孔子无以法”（元武宗诏文），被尊为“至圣先师”或“大成至圣先师”是毫不为过的！

虽然至圣先师孔子的学派被称为“儒家”，所作的学问被称为“儒学”，所行的教化被称为“儒教”，但是就因为至圣先师做了别人不愿做的、继往开来延续中华文化之“根”的大事业，这“根”完完全全地被儒教所接续和传承了下来，所以，儒教文化就是中华文化的代名词，就是中华文化之“根”。也因为有了这个“根”的滋养，中华文明才得以傲立于世界民族之林，才成为拥有五千年文明的东方泱泱大国，“文明古国、礼仪之邦”，这又是任何人所不能否认的！

至圣先师孔子所整理传承的中华文化之“根”——“六经”，经过秦火之后，《乐经》全失，仅剩“五经”。所以，这“五经”就是中华文化最根本的“根”。“五经”即《书经》《易经》《诗经》《礼经》《春秋经》。

《书经》又称《尚书》，是中华民族上古时期诸多先王圣者关于开天辟地、地平天成、绝地天通，以及修身理政、治国平天下的大经大法，是“天命有德”“以德配天”的古代政治智慧，是中华民族的早期文明创世史，是中国人真正的“圣史”和“圣经”，也是我们每个中国人都应该了解、熟知、尊重和崇奉的“圣史”和“圣经”。

《易经》是中华民族上古时期诸多先王圣者乃至圣先师对于宇宙本质的理解、阐述和诠释，是中国哲学的总源头。所谓“一画开天”“易更三圣”，中华文明由此肇基。

《诗经》是中华民族上古时期的诗歌总集。所谓“不学诗，无以言”。诗三百，皆可弦而歌之，一个开化风雅的社会在世界上最早兴起。

《礼经》又称《仪礼》，是中华民族上古时期制定的关于社会生活秩序的制度和规范。礼仪三百，威仪三千，内容详尽，礼法周全，世界其他民族文化无堪比肩者。“不学礼，无以立。”每个社会成员都文质彬彬，以礼相待，“文明古国、礼仪之邦”的君子国度最早在东方形成。

《春秋经》是以鲁国历史为主线现存最早的编年体史书；文字简短精练却隐喻丰厚，开创了“笔则笔，削则削，子夏之徒不能赞一辞”的春秋笔法；更是“贬天子，退诸侯，讨大夫，以达王事”的大义微言。《春秋经》是“五经”中最深奥难治的一部经典。

唐以后，在“五经”的基础上又增补为“十三经”。其中，《春秋经》三传，即《春秋左传》《春秋公羊传》《春秋穀梁传》，是左丘明、公羊高、穀梁赤等三人对《春秋经》的解经注释。魏晋时，三传各附经文之后，《春秋经》不再单行。加上专讲周代官制的《周礼》和为《仪礼》作阐释的《礼记》，以及先师亲自为曾子讲授的《孝经》，先师弟子们记录整理编纂的《论语》，孟子弟子们记录整理编纂的《孟子》，还有中国第一部百物辞典《尔雅》，合称为“十三经”。

由“五经”而“十三经”，中华文化之“根”就这样延续生长了下来。

综上所述，这个“根”，是由儒教的至圣先师孔子直接传承肇自先王圣者的中华文化之“根”，不是什么自创发明的文化“草根”。这个“根”，根基深厚、一脉相承、一以贯之，是儒教而外他人没有继承和传承的“根”，故儒教文化是为中华文化之“根”。

2. 儒教信仰严重缺失

钱穆先生说：“在中国文化体系中，教育即负起了其他民族所有宗教的责任。儒家教义，主要在教人如何为人。亦可说儒教乃是一种人道教，或说是一种人文教，只要是一个人，都该受此教。不论男女老幼，不能自外。不论任何知识、任何职业，都该奉此教义为中心，向此教义为归宿。在其教义中，如孝、悌、忠、恕，如仁、义、礼、智，都是为人条件，应为人人所服膺而遵守。”

钱穆先生还说：“儒家教义，乃从每一人与生俱来各自固有之良知良能，亦可说是其本能，此即自然先天之性。由此为本，根据人类生命大全体之终极理想，来尽量发展此自然先天性，使达于其最高可能，此即人文后天之性。使自然先天，化成人文后天。使人文后天，完成自然先天。乃始是尽性知天。”

儒教本无“入世”与“出世”之论，但钱穆先生的论述，把所谓“入世”“出世”均囊括在了儒教里面，儒教“既入世而出世，既出世而入世”，从而否定了所谓“儒教只是入世法”的说法。

儒教有着庞大的神祇系统，分为天神、地祇、人鬼三大类。其中，有至高至尊的昊天上帝，有日月星辰等诸多的天神、有社稷、五祀、五岳等诸多的地祇，更有着先王圣贤、本宗先祖、至圣先师、忠良英烈等人鬼系统。也有天坛、地坛、日坛、月坛、岱庙、文庙等无数的祭祀场所。儒教的祭祀是有时有节的，祭祀谁、什么时候祭祀、以什么规格祭祀、怎样祭祀、祭祀前后都做什么工作等都有严格的规定。

儒教是正信的，一切以道德为标准，没有丝毫的迷信成分。儒教也不允许以迷信的方式来愚弄和忽悠人们，更反对“非其所祭而祭之”的淫祀。儒教祭祀只是唤起人们内心的至诚而已。“祭如在，祭神如神在”（《论语》）。同时，“惟上帝不常，做善，降之百祥；做不善，降之百殃”（《书经》）。中国的上帝从不脾气乖张地意气用事，而是“天命有德”，以道德是非为评判标准。而至圣先师“丘之祷久矣”，“获罪于天无所祷也”，“非其鬼而祭之，谄也”等话语（《论语》），绝不是一般宗教圣者所能说出的真知真理。“子不语怪力乱神”（《论语》）更是超越了宗教的大智慧。所以，儒教，既是宗教，又非宗教，更高于宗教和非宗教。

儒教的教义，就这样传承了几千年；儒教的信仰，就这样教化了几千年。

然而，有明及清乃至近代以来，西学东渐，儒教信仰被无情地打破。儒教的“上帝”，在未经任何人允许的情况下被人借走，并堂而皇之地标注在与中华民族毫无干系的God头上一直到现在。这还不算，反过来却说创造“上帝”一词的儒教不是宗教。面对这种无理行径，我们不知指责，相反，却总是自觉不自觉地按照西方语境设定的条条框框在那里反复进行着“儒教是教非教”的无谓争论。然而，当我们打开网络一看，眼前铺天盖地全是那些西教学者反复论证着中国的上帝就是西方的God，或西方的God就是中国的上帝的文章，整页整页的都是，还强拉硬套的“引经据典”。而令人匪夷所思的是，网上竟没有一段回应的文字！难道是我们的儒教学者们觉得根本不值得回应吗？虽然其文章水平的确不值得回应，但，“儒”虽“柔术”，又怎能受人如此长期欺凌，又怎能任人无端随意曲解呢?！如果任由这种现象继续下去，“谎话说一百遍就成了真的”，岂不更可怕?！

“上帝”被“借走”不还，接续和传承中华文化之“根”的至圣先师孔子被打倒，人伦社会最基本正能量的道德基础孝悌忠信、礼义廉耻被当作封建余毒而清除，尤其是改革开放后，人的道德观、认识观、价值观被严重扭曲——儒教信仰没有了，中华文化之“根”几近断绝……

虽然近些年来，传统文化得到逐渐复兴，但由于“是教非教”伪问题的争论和国家对待儒教问题的政策盲区，以致儒教长期以来处境还是那么尴尬。虽然儒教早已经是联合国承认的世界宗教之一，但儒教的母国却还依然故我地不予承认。而广大的国民，也因为上述诸多原因，更不知道“儒教”到底是怎么一回事。

3. 历史呼唤儒教复兴

百年的断代，儒教文化几乎受到毁灭性摧残，尤其是改革开放带来的负面恶果更是使人的价值观被完全的前所未有的扭曲。

近代以来，众所周知的历史，西方文化随着“船坚”侵入中国，并利用“炮利”掠取了百余年来的话语权，国人一切唯西方文化“马首是瞻”，“外国的月亮比中国圆”而长期迷失了自己！同时，国人将一切腐朽落后的帽子都扣在儒教这个中华文化之“根”的头上，甚至不负责任地说：翻开历史一查，“满本都写着两个字是‘吃人’”。在这种病毒的扩散下，国人似乎得了一种自挖祖坟而跳脚高兴的“忤逆变态狂躁症”，对待自家文化怎么看怎么不顺眼，毫不犹豫地无情抛弃甚至恨不得再踏上亿万只脚，使之永远不得翻身。传承民族血脉的读经科被取消了，中国人一生下来就接受孝悌忠信、礼义廉耻教育的正能量被消解了，延续五千年的中华传统道德被肆意地蹂躏践踏而价值观被严重扭曲了，文史哲一贯的中华文化被割裂分家了，信息含量丰厚的汉字一简再简险些被拉丁字母所代替，消灭中医中药的歪理邪说漫天飞舞，洋人的西服领带成了国家公务人员的公服礼服，洋节洋婚被年轻人趋之若鹜而中华礼仪无从找寻……

总之，在这种“船坚炮利”非常强势的西方语境下，中华文化严重受挫，并逐渐淡出了国人的记忆，中华文化之“根”几近枯竭，搞得人们现在只能偶尔或从韩剧中才能听到曾经熟悉而微弱的中华文化的丝丝梦语。于是，许多有识之士愤然疾呼：要大力弘扬中华民族优秀传统文化。

> “当有一天，中国的年轻人已经不再相信他们老祖宗的教导和他们的传统文化时，我们美国人就不战而胜了。”——尼克松《1999：不战而胜》

大洋彼岸恐怖怪异甚至得意的低沉狼嚎，盖过了身旁微弱熟悉的梦呓！——“和平演变”！这就是百年强势西方语境的真实目的！这就是西方国家处心积虑所发动的没有硝烟的战争！

天佑中华！正教不灭！就在“中国的年轻人已经不再相信他们老祖宗的教导和他们的传统文化”时，这场没有硝烟的战争行将接近尾声之际。带领中华民族突破重围走向伟大复兴的明君终于出现了，黎明开始冲破黑暗。

习近平总书记对儒教文化的重视是前所未有的！中国不能再这样下去了，历史呼唤中华文化之“根”——儒教文化的复兴。因为唯有儒教文化才是修身、齐家、治国、平天下都离不开的大经大法。复兴儒教文化，是中国历史发展的必然！是中华民族实现伟大复兴的根本前提！

二　怎样复兴儒教

1. 普及“五经”，正本清源讲清楚

习近平总书记说，要讲清楚每个国家和民族的历史传统、文化积淀、

基本国情不同，其发展道路必然有着自己的特色；讲清楚中华文化积淀着中华民族最深沉的精神追求，是中华民族生生不息、发展壮大的丰厚滋养；讲清楚中华优秀传统文化是中华民族的突出优势，是我们最深厚的文化软实力；讲清楚中国特色社会主义植根于中华文化沃土、反映中国人民意愿、适应中国和时代发展进步要求，有着深厚的历史渊源和广泛的现实基础。

然而毕竟断代百年，人们早已经搞不清楚什么是真正的儒教！搞不清楚什么是真正的国学！搞不清楚什么是真正的中华优秀传统文化！于是乎，国学泛滥，传统文化外延，“国学是个筐，什么都往里装”。鱼龙混杂，参差不齐，真假难辨。许多人打着弘扬国学、弘扬传统文化的幌子，却干着借机敛财、误人子弟的行径；《弟子规》被无限地抬高和某善人讲病等所谓准传统文化的大行其道；更有甚者，早已消失多年的伪善的会道门也随之死灰复燃，沉渣再起，从而逐步构成了危及国家安全的发展态势。

《弟子规》是清代才出现的一篇儒教蒙学读物，作为蒙学读物本无可厚非。但现在这篇蒙学水平的《弟子规》竟被说成了是传统教育的“集大成”，与“十三经”放在天平上称一称一样重等，这问题就大了，把所有的先王圣者和经典都给否了！不管其基于什么目的，这些论调均是偏颇无知的误导和侮辱智商的胡说！之所以出现这些现象，一是儒教断代百年的结果，因为已经没有人知道什么是真正的儒学；二是现代快餐文化盛行的必然，人们只追求简单快捷，越简单越好，没时间去学“四书五经”，更没时间去看“十三经”。于是乎，歪理邪说畅行，真理正言不显——儒教断代百年是多么的可怕！

所以，要复兴儒教文化，就必须好好地来一番正本清源地讲清楚！而要讲清楚，就必须首先讲清楚中华文化最根本的“根”——“五经”。

至圣先师孔子对“五经”（“六经”）的教化作用有一个概括的描述：“温柔敦厚，诗教也。疏通知远，书教也。广博易良，乐教也。洁静精微，易教也。恭俭庄敬，礼教也。属辞比事，春秋教也。”

人非圣贤，孰能无过。所以往往会出现“不能以其教节之”（《礼记·经解》疏）的“失”。至圣先师早就担心人们学习走偏，而事先提出了训诫："诗之失愚，书之失诬，乐之失奢，易之失贼，礼之失烦，春秋之失乱。"但如果做到了"以其教节之"，不偏不倚的时候，那么，"温柔敦厚而不愚，则深于诗者也。疏通知远而不诬，则深于书者也。广博易良而不奢，则深于乐者也。洁静精微而不贼，则深于易者也。恭俭庄敬而不烦，则深于礼者也。属辞比事而不乱，则深于春秋者也"（《礼记·经解》）。这样，经典的学习就到位了，而对于经典的解释也就能够正本清源地讲清楚了。有了诗教、书教、乐教、易教、礼教及春秋之教的教化，社会风化就能达到了一个理想的道德水平。

世界上哪个民族不尊重自己的传统文化呢！习近平总书记说："对绵延五千多年的中华文明，我们应该多一份尊重，多一份思考。"而对待我们中华文化之"根"的"五经"，我们更应该"多一份尊重，多一份思考"；少一点儿疑古，少一点儿臆断！因为，疑古和臆断本身就是不尊重、不思考，"不能以其教节之"的"失"，更是带有成见而根本不能搞清楚的"失"。

"五经"是中华文化的根本经典，博大精深，浩瀚无穷，保存了中华文化的全部信息。所以，作为中国人，一定要了解、熟知、尊重和崇奉"五经"。而作为一名弘扬儒教文化的中国人，更要责无旁贷地肩负起普及"五经"、讲清楚"五经"的历史责任，通过讲座、培训、媒体等多种形式，将"五经"向社会大众普及并讲清楚。因为只有普及并讲清楚"五经"，才能正本清源，才能帮助国人重新树立起中华民族的文化自信。

2. 培植德本，孝治天下民和睦

我们伟大的儒教先王圣者，最早发现了人类道德的根本——"孝"。

子曰："夫孝，德之本也，教之所由生也。"（《孝经》）"孝"是道德的根本，道德教化由"孝"而产生。"孝"是古代先王圣者发明的至德要道，能够使社会祥和顺畅、百姓和睦相处、上下尊卑和谐融洽。只有以孝治天下，由内及外，由家及国，才能形成一个和谐美好的社会。

"夫孝，天之经也，地之义也，民之行也。"（《孝经》）"孝"是放之四海而皆准的人类道德伦理通则。曾子曰："夫孝，置之而塞乎天地，溥之而横乎四海，施诸后世而无朝夕，推而放诸东海而准，推而放诸西海而

准，推而放诸南海而准，推而放诸北海而准。《诗》云：‘自西自东，自南自北，无思不服。’此之谓也。”（《礼记·祭义》）

《孝经》描述了五种不同阶层的“孝”的规范。天子之孝、诸侯之孝、卿大夫之孝、士之孝、庶人之孝等，内容很详尽，囊括了社会的各个层面。在现代社会来讲，这“五孝”就是上至国家领导人、下至平民百姓都要实行的道德准则。古代是这样，现代也是这样。因为只要是人，就应遵守这个“德之本”——“孝”。

“孝”是天经地义的，不容置疑的，但儒教反对不辨是非的“愚孝”。曾子曾问孝于至圣先师：“敢问子从父之令，可谓孝乎?”做儿子的要遵从父亲的命令，是不是孝呢?至圣先师马上纠正道：“是何言与，是何言与!”（《孝经》）这是什么话!看到父亲将要行不义之事，要敢于谏诤才称得上是“孝”。明知道父亲将要犯错误而不去谏诤，却还愚孝地听从父亲的命令，便是不孝的行为。所以，至圣先师认同天子、诸侯、卿大夫要有诤臣，士要有诤友，父要有诤子，因为这样才能使得君、父等免于不义的情况发生。

自上古舜帝“孝感动天”开始，中华民族最早开创了以“孝”治天下的文明社会。但是，如今，打破文化传统的现代社会却出现了许许多多不尽如人意的情况，以致大多地方失去了这个“德之本”——“孝”。有的甚至连最低层次的“能养”（至圣先师不认同的一种“孝”的方式）的水平都达不到，干脆“不养”。家庭成员之间、街坊邻里之间、社会民众之间等的关系日渐疏远而淡薄，甚至“老死不相往来”。

要解决这些社会问题，就必须从“孝”开始，“教民亲爱，莫善于孝”（《孝经》）。“孝”要从每一个人做起，居上位者，要以身作则，孝垂天下，以孝化民，“赫赫师尹，民具尔瞻”，要做社会大众的榜样；居下位者，“惟孝友于兄弟，施于有政，是亦为政”（《论语》）。孝顺父母，友爱兄弟，并把这种风气影响到周围的人以至于整个社会，也就等于从事了政治。这样上下都具备了“德之本”——“孝”，以孝治国，孝治天下，“生则亲安之，祭则鬼享之”。就会“天下和平，灾害不生，祸乱不作”，一个“以顺天下，民用和睦，上下无怨”（《孝经》）的祥和社会就形成了。

3. 礼乐教化，移风易俗有秩序

中华民族是世界上最早以礼乐治国的国家，儒教历来非常重视礼乐的教化功能。礼乐是先王圣者用以教化社会的又一重要法宝。至圣先师曰："移风易俗，莫善于乐。安上治民，莫善于礼"（《孝经》）。乐教是先王圣者用来改变世俗树立新风的法宝，礼教是先王圣者用来治国安邦规范人民的法宝。古人"礼乐不可以斯须去身"（《礼记·乐记》），致乐以治心，致礼以治躬。用乐教来升华人的内心世界，用礼教来端正人的外在行为，内外全治，一个完整健全的人格就形成了。这样，"致礼乐之道，举而错之天下，无难矣！"（《礼记·乐记》）用礼乐教化社会人伦，治理天下也就非常容易了。

"乐者，天地之和也；礼者，天地之序也。"（《礼记·乐记》）有了乐，社会就会和谐；有了礼，社会就会有秩序。和谐能够化生万物；有秩序，万物才能各安其位。

乐表现确定的情感，礼表现不变的道理。乐，和同人心；礼，尊卑有位。礼乐的学问和道理，贯通了人的全部情感，乐的功能是探究心灵的本真而了解它的变化；礼的作用是彰显真诚的情感而摒弃虚伪的态度。礼乐依照天地的规律，通达神明的德行。礼乐用于祭祀，可以感动鬼神；用于社会，可以整合秩序；用于人伦，可以协调关系。所以，人主明君如果以礼乐治国，整个社会就会为之充满光明。

但是，"过制则乱，过作则暴"（《礼记·乐记》）。礼乐的过或不及也都是错误的。因此儒教提倡"文质彬彬，然后君子"，反对郑卫之音和僭越之礼。

儒教的礼乐制度系统而完备，并影响了日、韩等周边国家。"二十四史"里面，几乎每部朝代史都有"礼乐志"。"礼乐志"里记载了每个朝代的礼乐制度和损益。由于儒教的提倡，我们伟大的中国才形成"文明古国、礼仪之邦"，这是我们曾经多么引以为自豪的礼乐文明。

然而，就是这样曾经引以为自豪的礼乐文明，在近代却首当其冲地遭到口诛笔伐，被标上了"封建、吃人"的标签，并随着传统政体的消失而消失。之后，一个礼乐缺失的百年便开始了。尤其是近 30 多年来，传统礼乐无存，而宣泄低俗的"乐"、无礼无序的"礼"却充斥在社会的各个角落，使得人伦道德日趋下滑，社会民风愈加低俗，一个曾经的“文明古国、礼仪之邦”，被代之以礼乐缺失的百年。“礼崩乐坏”，这是多么令人痛心的残酷现实！

所以，要改变这“礼乐缺失百年”“礼崩乐坏”的现状，就必须复兴先王圣者所作的能够移风易俗、安上治民的礼乐制度，实行礼乐教化，“乐至则无怨，礼至则不争”（《礼记·乐记》），然后才能重新找回曾经辉煌的“文明古国、礼仪之邦”的礼乐文明，才能重塑一个祥和美好、秩序规范的文明社会。

4. 兴建庙堂，请回上帝正信仰

如前所述，儒教既是宗教，又非宗教，更高于宗教和非宗教！儒教是正信的，一切以道德为标准，没有丝毫的迷信成分。这就是中国人原本的正确信仰！

儒教有着自己的独特的宗教体系和正确的鬼神观，跟其他宗教的鬼神观截然不同。《礼记·祭义》中宰我曰：吾闻鬼神之名，不知其所谓。子曰：气也者，神之盛也；魂也者，鬼之盛也；合鬼与神，教之至也。众生必死，死必归土，此之谓鬼。骨肉毙于下，阴为野土。其气发扬于上，为昭明，焄蒿，凄怆，此百物之精也，神之著也。因物之精，制为之极，明命鬼神，以为黔首，则百众以畏，万民以服。

而“上帝”一词，如前所说，出自儒教经典。西教传入中国时直接借用了这个词来翻译他们的 God，使得如今一说“上帝”，国人均把头歪向了西方。改革开放后，曾经“封建迷信”的释、道二教及其他宗教均得到恢复和发展，而作为三教之首、中华文化之“根”的正信的儒教却依然故我的还是那么“落后”，处境非常的尴尬和艰难！一没有宗教地位，无信众基础；二得不到官方重视，无处立足。虽然在大学里有点学术研究，亦仅仅是象牙塔里的摆设而已，毫无发展可言。更何况有的甚至还是以前“没有一点儿尊重”的批评式的研究。

因此，在“多一份尊重，多一份思考”并讲清楚的基础上，我们必须要请回原本是我们的上帝，以导正人们迷失的信仰。而在讲清楚“五经”的同时，自然也就捎带着讲清楚什么是“上帝”“庙”“心性”“博爱”等这些原本是儒教的专有词语。讲清楚了，还要恭恭敬敬地从“五经”中请出来、请回来。不然，中国如果彻底没有了原属于自己的“上帝”，那就真的中了西方文化侵略“中华归主”的圈套了！

在古代，上至皇帝，下至州县，每一级都有每一级相应敬奉的天神、地祇和人鬼。“天子祭天地，诸侯祭社稷，大夫祭五祀。天子祭天下名山大川，五岳视三公，四渎视诸侯，诸侯祭名山大川之在其地者。”（《礼记·王制》）同时，“天子诸侯，祭因国之在其地而无主后者”。对于境内已经灭亡而没有后嗣的古国先君也要祭祀，儒教的祭祀更显示了一种非常人性化的独特的宗教情感。

儒教以宗庙祭祀为本。“君子将营宫室：宗庙为先，厩库为次，居室为后。凡家造：祭器为先，牺赋为次，养器为后。”（《礼记·曲礼》）营建房屋之前，先要建造宗庙，其次是马厩和库房等，最后才建造自己居住的房子。经营家事也是这个程序，先制作祭祀用的祭器，然后征收祭祀用牲，最后才是日常的生活用具。古代社会生活总是把祭祀放在第一位。所以，要请回中国人自己的上帝，就要首先恢复建设儒教的庙堂，要像其他宗教那样，必须有自己的道场。有了儒教庙堂道场，安奉好相应的神位，还要进行祭祀皇天上帝、祭祀日月山川、祭祀至圣先师、祭祀忠良英烈、祭祀往古祖先等儒教礼仪活动，同时开展教学、培训、讲座，以及走向社会等一系列弘扬儒教文化的讲清楚的推广工作，导正人们的信仰误区，重新树立起中华民族已经失去的信仰，使国人真正了解、熟知、尊重和崇奉中华文化之“根”——儒家文化。

儒教庙堂应建成什么样子？上古时期，祭祀上帝只是最简单的堆土为坛，祭祀用酒也是最原始的一爵清水，因为只有这样，才能表达人们最原初本真的至诚之心。所以，儒教庙堂的建筑特点应是朴实大气，庄重庄严，而不是奢华奢侈的富丽堂皇。“与其奢也，宁俭”，“奢则不孙，俭则固。与其不孙也，宁固”（《论语》）。现在许多宗教建筑极尽豪华，其衣食住行亦极尽奢华，有的甚至超越了古代皇帝的待遇和级别。如此僭越奢靡之风，为儒教历来所不取与不齿。

要重树中华民族的正确信仰，就必须从“五经”中请回中国人自己的“上帝”，请回与西方 God 截然不同的我们自己的上帝。因为，西方的 God 来了，要我们“中华归主”！倘若我们真的错认了祖宗，岂不是“非其鬼而祭之”的谄媚大不孝！所以，我们不能再按照西方文化所设定的条条框框说话了，更不能再蒙着眼睛老跟在西方人的后面转磨了，我们是中国人，要说中国话！我们必须抛开“船坚炮利”进来的西方语境，必须形成“谈上帝必不谈西教”的中国语境，让国人知道“上帝”本来就是中国的，本来就在中国。

5. 同心同德，小康中国梦大同

在《礼记·礼运篇》，至圣先师描述了小康和大同两种不同的社会形态。

> 大道既隐，天下为家，各亲其亲，各子其子，货力为己，大人世及以为礼，城郭沟池以为固，礼义以为纪，以正君臣，以笃父子，以睦兄弟，以和夫妇，以设制度，以立田里，以贤勇知，以功为己。故谋用是作，而兵由此起。禹、汤、文、武、成王、周公由此其选也。此六君子者，未有不谨于礼者也。以著其义，以考其信，著有过，刑仁讲让，示民有常，如有不由此者，在执者去，众以为殃。是谓小康。
>
> 大道之行也，天下为公，选贤与能，讲信修睦。故人不独亲其亲，不独子其子，使老有所终，壮有所用，幼有所长，矜寡孤独废疾者皆有所养，男有分，女有归。货恶其弃于地也，不必藏于己；力恶其不出于身也，不必为己。是故谋闭而不兴，盗窃乱贼而不作，故外户而不闭。是谓大同。

自至圣先师孔子提出“天下为公”的“大同”理想后，“大同”就一直成为激励中华民族追求真理的梦想。汉《太平经》的“财物乃天地中和所有，以共养人也”，晋陶渊明的“世外桃源”，北宋王小波、李顺的“吾疾贫富不均，今为汝均之”，南宋钟相、杨幺的“等贵贱，均贫富”，乃至太平天国的“无处不均匀，无人不饱暖”等，都是继承了儒教大同思想的愿望和诉求。尤其是近代以来，“大同”二字被重新提出，康有为的《大同书》、孙中山的“大同主义”，毛泽东的“实现大同”（《论人民民主专政》）等也都无不是儒教大同理想的延伸和发展。可以说，“大同”，就是几千年来中国人一直不懈追求的中国梦。

“大同”不可能一蹴而就，所以，至圣先师的设计是由“天下为家”的“小康”逐步过渡到“天下为公”的“大同”。改革开放后，邓小平根据社会主义初级阶段的现实情况，退而求其次地提出先要建设小康社会，从此，小康就成为中国社会现阶段的奋斗目标。

小康社会是大道既隐后“天下为家”的一种社会形态，在这个社会形态里，是以礼义作为纲纪来管理社会的，君主要提倡仁爱讲究礼让，向民众显示治国的常法。以礼义来正君臣、笃父子、睦兄弟、和夫妇、设制度、立田里等。礼义是大家都要遵守的，如果君主不遵循礼义，也将会被废黜重选。因此，小康社会是一个以德治国、德主刑辅、礼法合治、民主守信的社会形态。

建立在儒教小康理论基础上的中国社会现阶段的小康社会建设，有着一套具体实在的数据和目标。而当2020年小康社会建成后，接下来的任务就是要进一步地向着至善至美、天下为公的大同社会迈进了。因为天下为公的大同社会才是中华民族几千年来不懈追求的中国梦。

大同社会，大道盛行，天下公有，政治上唯贤是举，选贤任能；社会上人与人之间和睦相处，诚信友爱。老年人颐养天年，壮年人大展才华，青少年学有所成。无论鳏寡孤独每个人都有生活保障，人尽其职，物尽其用。夜不闭户、路不拾遗，盛世太平。“率土皆然，故曰‘大同’。”（《〈礼记·礼运〉疏》）

在小康社会即将建成之际，习近平总书记适时提出了“实现中华民族伟大复兴中国梦”的概念和目标，并说“实现中华民族伟大复兴，就是中华民族近代以来最伟大的梦想”。而这个“近代以来最伟大的梦想”，就是近代康有为、孙中山、毛泽东等所憧憬的、历史上无数志士仁人所追求的、儒教至圣先师孔子所提出的“天下为公”的“大同”梦想。因此，“中国梦”就是儒教大同理想的当代表述。

所以，在今天实现中华民族伟大复兴“中国梦”的中国道路上，我们中国儒教责无旁贷，当仁不让，因为这是自家的分内事。我们要与社会各阶层一起，同心同德，携手共进，自小康而大同，为实现“大同中国梦”发挥儒教这个中华文化之“根”的巨大作用。

三 复兴儒教的历史意义

中华民族的伟大历史因儒教而灿烂辉煌，中华民族伟大复兴的中国梦亦将以儒教的复兴而“美梦成真”，进而开创更加灿烂辉煌的未来。

宋代大儒张载曰：“为天地立心，为生民立命，为往圣继绝学，为万世开太平。”

这句儒教名言今天被社会各团体广为引用并自命着，然而真正能肩负起这个道义担当的，却只有提出这句名言的儒教才有这个资格和力量。因为儒教是格致诚正修齐治平大经大法的“修道圣教”（《中庸》“修道之谓教”），更是提出和实践小康大同中国梦大领大纲的“中华正教”。

“为天地立心”，儒教所立的心是先王圣者所发的执中道心。

“为生民立命”，儒教所立的命是率性修道的天赋本命。

“为往圣继绝学”，儒教所继的学是先王圣者所传的大道绝学。

“为万世开太平”，儒教所开出的世界是至善至美、天下为公、万世太平的大同世界。

——这就是中华民族五千年来不懈追求的中国梦！

大学之道，在明明德，在亲民，在止于至善！复兴儒教，意义何其巨大乃尔！

明君主政，儒教复兴，机遇现前，时不我待！实现中华民族伟大复兴的大同中国梦，必以复兴儒教为根本前提！

乡村儒学与
乡村建设

乡村儒学的缘起与意义

赵法生*

从2013年1月开始，我们在尼山周围的乡村开始了乡村儒学建设实验，截至目前，已经有一年零七个月的时间，受到了农民的热烈欢迎，成效较为明显。我们搞乡村儒学并非心血来潮，而是长期以来就徘徊于脑海中的想法。乡村儒学的出现得到了很多鼓励，也伴随着一些质疑，不管是鼓励还是质疑，都是对我们的支持，促使我们进一步总结经验和不足，以便使乡村儒学更健康地向前发展。

一　乡村儒学兴起的历史文化背景

目前乡村社会所面临的三大挑战是信仰缺失、治理紊乱和生态失衡，我们关注的首先是乡村信仰缺失问题，这一问题在目前乡治中占有特殊地位，许多其他问题都与其密切相关。传统中国乡村是一个独特的社会文化生态系统，梁漱溟先生将它定性为“伦理本位，职业分立”①。所谓伦理本位就是以伦理关系和伦理情谊为本位，而与西洋社会的个人本位相对照；而职业分立则是有职业分工而无固定阶级，社会阶层轮流变迁而不世袭继承。伦理本位和职业分立相互作用，彼此强化，形成了传统中国乡土社会的特征。支撑此一社会系统的，从外部组织形式讲是自耕自足的农业社

---

* 赵法生，中国社会科学院世界宗教研究所副研究员。

① 梁漱溟：《乡村建设理论》，上海世纪出版集团，2006，第29页。

会，从内在价值观念讲则是以儒家为主又儒释道合一的价值观，此一价值系统的基础又是以慎终追远为核心的孝道观念，它赋予了农民以生活的意义，构造了传统乡村的家族体系、伦理情谊和自治制度，也构建了现实生活中的五伦关系。实际上，不管是基督教文明还是中华文明，不管乡村采取哪种治理形式，家庭伦理都是社会有效治理的前提，破坏家庭伦理势必动摇文明的根基，带来严重的社会后果。

“文革”中的“文化革命”和以人民公社为代表的“经济革命”，摧毁了数千年的价值观念和宗法体系，却并未立即引发乡村的信仰危机，因为当时的意识形态实际上发挥了信仰替代作用。20 世纪五六十年代出生的人想必清楚地记得人人高唱革命歌曲以及“早请示、晚汇报”时的虔诚与庄严感，那是一种近乎宗教崇拜的感情。一些人假设，如果这种替代性信仰在“文革”结束后得以延续，或许不至于出现后来严重的道德滑坡，但历史不能假设。由于“文革”的极端非理性，以及由于“一大二公”的人民公社在生产上的低效率所导致的乡村的普遍贫穷饥饿，决定了这一运动注定是短暂的。20 世纪 70 年代末开启的改革运动以彻底否定“文革”为起点，这种彻底否定主要表现在经济领域和政治领域，在文化领域则十分有限，自然，被关闭的寺庙和道观先后恢复活动，但作为中国人传统信仰支柱的儒教系统——书院、宗祠、孔庙等却都没有恢复，普遍性的民间信仰（如曾经遍布中国北方乡村的土地庙）也未恢复，为儒家思想的正名也迟迟不能进行。

改革以来否定了极左思想，却没有尽快为传统文化正名。如果说“文革”给了已经饱受重创的乡村传统文化最后的一击，然而“文革”为它提供的替代物却在改革进程启动以后迅速失去了感召力。如果说，从近代到“文革”完成了对于传统乡村精神信仰的解构，改革则在实际上完成了对于传统信仰替代物的解构。经由此两次解构，客观上造成了乡村信仰的空心化，我们现在面对一个既没有传统宗教信仰和人文精神，又没有现代法治理念的乡村。历史的断裂就这样发生了，价值的真空就这样造成了。以市场化为导向的改革在此一精神背景下高歌猛进，却使得拜金主义大行其道，因为金钱至上已经失去了任何精神抗体，而拜金主义的肆虐客观上又给了乡土中传统文化残余更为沉重的打击，此次打击的力度某种意义上并不亚于“文革”。如果“文革”是对于传统文化的政治冲击，拜金主义则是对于传统伦理的经济解构，此一解构深入社会生活的每一个方面，使得乡村社会所剩无几的人与人的温情迅速消弭，人与人之间的关系更加功利和冰冷，从而引发了乡村深层的价值认同危机，其中最突出的是孝道的式微和老人处境问题。

我们从2012年下半年开始对于济宁市泗水县圣水峪镇北东野村的老人状况进行调查，村子离尼山只有一千米，发现即使在孔子的诞生地，老人的生活状态也普遍不佳。村里老人住的房子是最差的，被称为老人房。村支书庞德海说，如果老人还能下地干活，境况就还过得去，一旦失去劳动能力，或者老来得病，就会被看成家庭包袱，其境况便更加悲惨，甚至村里一些先富起来村民的老父老母也处境惨淡，有人家境富裕却不愿意给自己的老父亲缴纳每年几十块钱的医疗合作基金。孔子当年曾感叹有人把养老人与养牲口看成一回事，但是，一旦拜金主义在大脑里占了上风，人们就会宁愿养牲口而不愿养老人，因为牲口可以卖钱。据统计，北东野村70岁以上的老人62位，其中80岁以上的22位，年底书院想从中挑出部分困难老人给予补助，村干部们竟然颇费踌躇，因为不困难的老人太少。有一个妇女公然在大街上打婆婆的耳光，因为她命令婆婆去骂村干部而婆婆没有从命。有一个老人没有儿女，过继了一个侄子做儿子，这个过继的儿子不但不给老人一分钱，还从老人每月的400元“五保”和老年补贴中克扣300元。有良知的村干部痛恨不孝，同情老人，可是他们往往爱莫能助，他们感到那毕竟是村民的家务事。

近年来，农村自杀问题引起了社会的广泛关注。根据人民网2013年11月22日资料：我国人口占全世界五分之一，自杀率却占四分之一，每年约有28.7万人自杀，200万人自杀未遂，农村人口自杀率是城市的3倍，其中农村妇女的自杀率高于男性，前者是后者的1.24倍，农村妇女自杀多为失范性自杀，人际关系恶化和家庭不和谐是重要原因，妇女的抗压力较弱使得她们更容易成为牺牲品[①]。农村老人也属于高自杀人群，中国农村老人的自杀率是世界平均水平的4~5倍。(《成都商报》2009年8月

---

① 刘燕舞：《中国农村自杀率的现状分析和原因探究》，2014年7月14日，百度文库。

30日）据《中国青年报》2014年7月30日报道，武汉大学社会学系讲师、国家社会科学基金项目“农村老年人自杀的社会学研究”主持人的刘燕舞走进湖北、山东、江苏、山西、河南、贵州等11个省份的40多个村庄，用驻村调查400多天的数据表明，从1990年开始，中国农村老年人自杀率大幅上升，这一比率在2000年以后进一步提升，湖北京山地区的老人自杀率竟然达到了令人震惊的数字![①] 乡村妇女和老人的高自杀率都与家庭伦理问题息息相关，不管人生的困难多么严重，一个温暖的家庭足以支撑起人们活下去的勇气。老人们的处境尤其如此，他们为了抚育后代付出了一生的心血精力，到了无力生活的晚年而被儿女遗弃，极容易在心灰意冷中选择走向绝路，长期致力于乡村问题研究的“三农”专家贺雪峰教授将湖北京山老人自杀的原因归结为“老无所依”[②]，可谓抓住了问题的关键。因为各种条件的限制，中国99%的乡村老人选择居家养老，只有1%选择社会养老，儿女的孝心和家庭的关爱就是他们生活的全部希望之所在，当孝道观念在青年一代心目中最终消失的时候，也就是老人们走上绝路之时。

价值真空也导致基督宗教和一些邪教在乡村快速传播。在尼山一带的乡村，基督教家庭教会迅速发展。据我们调查，北东野村有七八十个基督徒，一般每周聚会两次，周日到附近的教堂做礼拜，该教堂可以容纳500余人。该镇的另一教堂能容纳2000余人。由于乡村多为老弱病残，且不识字的人居多，封闭式的家庭教会有时演变为邪教，“全能神教”和“东方闪电”等大概都是这样产生的。最近的一份基督教调查表明，基督教在江南农村的发展远逊于北方，因为江南农村的宗祠等儒家组织和民间宗教在“文革”中所受到的破坏较北方为轻，近二十多年来自发恢复较快，自然形成了与基督教等的对冲力量。[③] 有宗教学者预言，15年后，中国将会取代美国成为全世界基督徒最多的国家[④]，人们或许对于具体数字统计尚有分歧，但基督教在中国社会快速发展是个不争的事实。

---

① 《中国青年报》2014年7月30日。

② “三农”中国网站，2014年4月12日。

③ 杨华：《农村地下基督教的南北差异》。

④ 环球网，2014年4月24日。

80 多年前，梁漱溟先生已经感叹中国近代史就是一部乡村的破坏史，指出近代以来中国乡村的主要问题在于文化失调，必须通过重建乡村礼俗来统领经济与社会生活。这的确抓住了乡村治理的核心问题：儒家文化才是乡村的根，也是乡村走向和谐有序的关键。目前乡村伦理问题比梁漱溟时代更为严峻，那时，传统乡村的教化体系如祠堂、乡绅、家训、家谱等基本还在，可是，由此后来过激的反传统运动，乡村的一切教化体系已经荡然无存。因此，重建乡村伦理依然是乡土重建的当务之急。

二　重建现代乡村儒学传播体系

乡村儒学的基本理念是：以乡村儒家文化的重建来带动乡土文明的重建，通过儒家的孝道和五伦教育，培育民众的人生信仰和价值观念，重建乡村的人伦秩序和文化生态。我们将这一理念变成定期化的课程，以课程为核心建立起一套儒家教化体系，再通过教化活动将理念变成农民的生活方式。

（一）建立定期化的乡村儒学讲堂

最早开展乡村儒学教育的是泗水县圣水峪镇北东野村。该村有 1200 多人，70% 是庞姓，其余为冯、孔、赵等姓，因为庞姓人家占了绝对多数，多年来的村支书和村主任一直是由庞氏担任。该村离书院只有一公里左右，书院所占土地就属于该村农民。由于担心农民不来听，第一次讲座为前来听课的农民每人准备了一块毛巾和一块香皂，预计最多来 90 人，结果来了 110 多人，支书庞德海便号召村干部发扬风格，让群众先领。第一次讲的是孝道和家庭教育，庞书记说当场有不少老人落泪，有的老人回家之后还痛哭，看来是“男儿有泪不轻弹，只是未到伤心处”。有些中年妇女抱着孩子来听孝道，村民反映，她们有的在家里可是经常甩脸色给老人看的。可是，这些不孝敬公婆的媳妇竟然也抱着孩子来听孝道了，因为她们心里希望自己的孩子将来会孝顺自己，这就是儒家文化的生命力所在，孔子的教诲是发自人心又合乎人性的。第二次恰好是 2013 年农历的正月二十一，继续讲孝道，人数比上次还多，备用的凳子用完了，还有村民陆续赶来，晚来的只能站在走廊里，共有130多人。本来这次准备每个村民发一只面盆，结束时，庞书记感到刚过了大年就发面盆，有些不太吉利而作罢。第三次也是130人左右。经颜炳罡教授介绍前来参观乡村儒学的台湾佛光大学的谢大宁教授，被眼前的景象感动得热泪盈眶，说他仿佛看到了阳明后学儒学会讲的盛况。又发了几次礼品后便不再发放，因为书院的财政有限。但一个相对固定的听众群体已经形成，每次大概有80人。为了统计出勤率，每次都点名，并对出勤率高的群众进行表彰。

当年梁漱溟先生搞乡村建设最大的问题之一是乡村建设运动而农民不动①。可是，眼前农民对于乡村儒学却是如此热切期待，这不禁令我们深思。大概我们以孝道为切入点抓住了农民最关心的问题，另外，在梁先生从事乡村建设的20世纪30年代，乡村的儒家伦理体系还大体保存着，可是，今天，由于北方乡村儒学体系已经荡然无存，农民心中对于人性、人道和人伦的饥渴大概是乡村儒学能够一炮打响的重要原因。

开局的成功极大地鼓舞了我们的士气。讲了五次之后，我便到夫子洞和周庄两个村庄进行调研，向老百姓介绍乡村儒学讲堂，对于愿意参加的群众登记电话，并事先进行电话通知，将听课群众扩展到三个村庄。后来发现来听课的也有其他村庄的村民，他们是听了亲戚的介绍后主动前来的。

经过试验，确定了半月一次的常态化乡村儒学讲堂制度，一开始村干部和村民嫌太频繁，说能不能一月一次。在我们的坚持下，半月一讲的制度终于形成，具体时间为每月中间的礼拜天和最后一个礼拜天，即使农忙时间也尽量不中断。目前，社会上的国学传播多采取大讲堂的形式，由一些受佛教影响的人士组织，一般是集中讲课，每次两三天甚至一个礼拜，讲课者多数介绍自己的亲身经历，如《我被十九个学校开除》《一个九零后坏女孩儿的忏悔》等，由于是现身说法，声情并茂，颇能动人，听众当时也能涕泪滂沱。但是，由于这种活动不定期，长期效果难以巩固，眼泪流过之后大多依然故我。我们建立定期化的儒学讲堂，正是要通过持之以恒来化民成俗。

---

① 梁漱溟：《乡村建设理论》，上海世纪出版集团，2006，第369页。

乡村儒学受到了村民的欢迎，有人胃癌手术后出院才 10 天就来听课。从农民进书院到学者到农村的转变，也得到了镇政府的支持，2014 年 3 月后，我们又在圣水峪陆续开设了小城子、椿树沟、南仲都、镇驻地、官庄、庠厂六个讲堂，前三个先开，后四个于 4 月份开。镇驻地讲堂是旧法院改造的，小城子借用了小学教室，椿树沟借用了奶牛场的会议室，南仲都讲堂在一间大棚里，庠厂小学在教室里。最早的一批儒学讲堂可谓八仙过海，各显神通。由于一个讲堂能自然辐射到三四个村，七个讲堂能够辐射到全镇近三十个村庄，约占到圣水峪镇六十个村庄的一半。因此，从 2014 春天开始，乡村儒学实验便进入第二个阶段，由几个村庄发展为几十个村庄。

（二）构建完整的乡村儒学传播体系

我们以定期化的乡村儒学讲堂为依托，试图构建一个现代儒学传统体系，主要包括以下内容。

行孝。孝悌为仁之本，乡村儒学讲堂开始的话题主要围绕着孝道进行，讲解父母的恩德，行孝的好处，使村民知孝、重孝、行孝。村庄文化氛围的营造也紧扣孝道主题，对于孝道模范给予奖励，唤醒村民的孝亲敬老之情。来听课的孩子们有一道家庭作业，就是每天要帮助长辈做一件事，有的饭前给爷爷奶奶搬凳子，有的给爷爷奶奶叠被子，一年级小朋友庞传奇的奶奶有腿疾，他年龄小还不会叠被子，就每天给奶奶端便盆。孩子们的心中已经播下了孝的种子。

读经。儒学课堂以讲经为主，通过经典讲习向村民传授儒家的价值观和人生观。最先讲解的是《弟子规》。群众很欢迎《弟子规》，不少村民还给自己的孙子或者外甥领了一本。由于目前的《弟子规》课本大多不能令人满意，笔者便用一个月时间重新注释并自费印刷了 2000 多本，解决了急需的教材问题。通过讲课，乡亲们对《弟子规》中的人生道理产生了浓厚的兴趣，出现了祖孙同学《弟子规》、母子同学《弟子规》的场景。这本传统蒙学教材，是教孩子如何孝敬、尊重长辈的，现在，他却成了孙子和爷爷共同使用的教材，这是在为一个时代补课。此外，还计划讲授《王凤仪言行录》《朱子家礼》《童子礼》《了凡四训》以及乡土版的《论语》

《孟子》《大学》《中庸》等。

习礼。中华文明号称礼乐文明，此外，还没有任何其他民族曾经获得过此一殊荣。可是，由于“文化大革命”时连礼仪也成了革命对象，终于造成了今天“礼崩乐坏”的现实，曾经的礼仪之邦因此而陷入尴尬，如何摆脱尴尬，得有点孔子所说“知耻近乎勇”的勇气，更需要闻过则喜的力行精神。于是，乡村儒学建设在开展《弟子规》教育的同时引入礼仪教育，请礼仪专家来给老百姓讲授和演示一些儒家礼仪，比如成童礼、开笔礼、冠礼、婚礼、射礼、释奠礼等，并在课堂上教导乡亲们行礼如仪。乡村儒学讲堂的课堂制定了课堂仪规，要求所有听众向至圣先师孔子行四鞠躬礼，再向讲课老师行二鞠躬礼，青少年还要给在座的长辈们行敬长礼。孔子故里的礼让之风就在这些生活化的礼仪熏陶之中逐渐归来。

乐教。移风易俗莫善于乐，讲堂请来了志愿者给村民教唱《跪羊图》等孝道歌曲，并录制了一些优美的家庭伦理歌曲定期在村里播放，从此，尼山脚下再度响起了感人的乐声。为了使得乐教经常化，从常来听国学的孩子中挑选了二十几个小学生组成了一个小小国乐团，孩子们每周末都到书院里学唱歌曲，并经常在国学课堂上为村民演唱。君子之风的种子已然在孩子们的心中播下，也必将伴随着他们优美和稚气的歌声传遍四方。

乡约。乡约为北宋儒家的关学所首倡，对于传统社会的乡村治理影响甚大。梁漱溟先生曾将其乡村建设的思想归结为“本古人乡约之意以组织乡村”①。乡约是乡民的自我约定，是基于道德自我约束的农村宪章，它不同于强制性的法律，又具有某种强制力量，是从个人修养过渡到公共理性的重要媒介。传统乡村所以以无讼著称，乡约发挥着重要作用。目前各地农村也有一些村干部制定乡规民约，主要内容有严禁偷他人的东西、严禁哄抢国家物质、严禁购买枪支、严禁损坏公共财物以及计划生育政策等，其实是村干部单方面提出的对于村民的强制性要求，失去了儒家乡约“齐之以礼”的精神而变成了单纯的“齐之以刑”，这样的乡规民约受到农民冷处理是不足为奇的。我们在试点村的道德重建取得一定成效之后开始了乡约试点，其内容主要包括孝道、齐家、睦邻、公益、环卫、持戒、权利

① 梁漱溟：《乡村建设理论》，上海世纪出版集团，第156页。

等内容，充分体现古代乡约中“道之以德”的精神，将乡约变成村民砥砺道德和人生向上的手段。我们专门在乡约中加入了权利部分以保障村民利益，并选出德高望重的乡绅作为乡约的约长，来监督乡约的执行。

救助。为了和农民交朋友，我们时常到农民家里串门聊天，并帮助那些生活困难的农民。80 多岁的孤寡老人庞德顺身体有病，还要坚持下地干活，生活困难，我们便接济他 2000 元。另一位 79 岁的老大娘，儿子在淄博打工失踪，儿媳妇扔下两个孩子一去不回，她不得不担负起抚养两个孙辈的重任，靠放羊、捡垃圾为生。她大概是支撑不下去了，表示要将两个孩子送给书院。孙女已经 11 岁了，爸爸失踪后就从一年级退学在家，书院的学者资助了老人并让她孙女复学。2013 年底，我们还给村里十几个困难老人发放了生活补助。2014 年，书院副秘书长张晓雨先生资助了两家孤寡老人，每人每月补贴 200 元。另外，还请城里的大夫下乡义诊。这些帮助老弱的行动拉近了我们和农民的距离，也提高了他们参加乡村儒学讲堂的积极性。

熏陶。为了配合儒学教育，在村里设立了传统文化宣传栏，墙壁上写上了修身齐家的格言。村里的大喇叭每天都定时播放《弟子规》与音乐光盘，使整个村子浸透在浓郁的文化氛围之中。学习《弟子规》半年后，为了检验学习成绩，组织了一次村民有奖背诵比赛，村民们参与的热情超出预料，许多人主动上台背诵，使得整个比赛结束时间一再推迟。年底由全村村民投票，评出了孝亲媳妇、模范公婆和谐家庭，给优胜者戴上大红花现场发奖，然后介绍他们的家道家风和先进事迹，使大家学有榜样。

乡村儒学能否取得成功，关键在于能否将儒学重新变成乡村的内生性教化活动，为此，必须实现由学者主导向村民主导的转变。这一转变的成功与否直接决定着乡村儒学建设的成败，可谓生死攸关的一环。为此，我们从一开始就注意充分调动群众的学习积极性，将村民变成学习主体，而不仅仅是被教化的对象。为此，我们将村民划分为不同学习小组，选出组长组织学习活动，并开展不同小组之间的学习竞赛。

三　乡村儒学实验的初步效果

近两年以来，乡村儒学建设实验取得了良好效果。头半年效果尚未显现，半年后村民开始品尝出儒学的味道，一年之后村民的家风和村风都发生了显著变化，村民的学习积极性也更加高涨。乡村儒学给村庄带来一系列可喜变化。

首先是打骂老人的风气被刹住，孝亲敬老风气渐浓。两年前调查时，让村干部最头疼的问题是许多村民不孝敬老人。在头半年，孝道教育好像没有产生立竿见影的效果，但是，寒冰在悄无声息地被仁爱的春意消融着，终于，到了春节前后，量变引起了质变，一股孝亲敬老的暖流从村民心中涌流出来。村里有一个叫刘德娥的老太太，三个儿子，事先约定每人每年应该给老人200块钱，二儿媳妇不但不缴纳，反而说婆婆偏向老大和老三。经过一年的学习，去年大年三十，二儿媳妇不但送来了200元，还请婆婆去她家过年。婆婆正月初一跑到村主任家里，说："他三叔，书院的班可管用了，可千万不能停！"那个公开在大街上打婆婆耳光的恶媳妇，也来听孝道课，尽管她不好意思坐到前面而总是坐到最后一排，经过一段时间的听课，对于公婆的态度大大改善，过春节时竟然破天荒地给婆婆买了一身新衣裳，最近时常用三轮车拉着婆婆赶集。那个气死公爹而且不出来送葬的媳妇，听课后也有改变——尽管公婆都已经去世了，可这个一向与邻居关系不好的村民，变得比以前和气多了，时常给邻居帮忙。记者来采访她时，他以为公家派人追究她不孝敬老人的过错，吓得躲到亲戚家里一天没敢回家。一对婆媳因为计划生育问题形成多年积怨，现在和好了。一位乡亲在雨季到来之前忙着给他的老娘修房子，以前他才不管这些闲事呢。现在，打骂老人的现象不见了，用一位村民的话讲，村民们不好意思这样做了。原先因为风气不好，认为不孝敬老人是正常的，现在感到脸红了，内心中的变化必然反映到行动上来。

家风的改善带动了村风的好转，村里的风气也发生了明显改善。一是邻里关系变好了，原来是互相不服气和彼此看热闹，现在邻里关系融洽多了。两个中年妇女因为有矛盾多年不说话，学习了儒学后，现在经常一起去赶集。二是酒后骂街的现象不见了，这本来是这一代乡村的一大"人文景观"，也是村干部无可奈何的事情。有人心中不高兴，喝醉了酒就骂街，有人丢了一只鸡，能在大街上骂六七个小时，什么难听骂什么，直骂得口吐白沫。一年之后，这种景观消失了。三是小偷小摸明显减少了，村里的

“秋里忙”（秋天到田野里偷人家的花生和果品的人）不见了，在最早开始儒学讲堂的北东野村，按照村民的话说，去年下半年以来连一双袜子都没有少过。四是村里的卫生大大改善，乱倒垃圾的少了，因为人们宁肯多走几步也会将垃圾倒在坑里。五是干群关系有所改善。原来，村干部和群众打架是家常便饭，有一年因为土地调整，干部和群众打架四次，现在没有了。上一次农网改造，需要砍伐村子里的一些树，但有个别村民就是不许动自家的树，还骂村干部，结果导致村干部和群众打群架，当年参加“战斗”的几个小组长现在还记忆犹新。可是，今年的农网改造却进行得波澜不惊，没有一家出来打横炮，村支书说到这里露出了一脸的笑容。

北东野村村主任庞德海说，我原来以为农民天生就是油盐不进、四六不分，是教育不好的，现在来看不是这样。官庄的村主任也说，看来没有天生的坏人。言行变了，风气变了，是因为心里变了，心里变得柔软了，这正是儒学教化的力量。实践证明，儒家的孝道和五伦是可以内化于心、外化于行的。现在，每到学堂开讲时间，村民们就从四面八方赶来，有拄着双拐的，有眼睛失明让人领着路的，那种扶老携幼的情景令人感动。显然，农民心中沉寂已久的某种东西已经被唤醒了，那被唤醒的究竟是什么呢？是人伦、人道和人性。两千五百多年前的孔夫子曾说：诚信、恭笃和礼让，即使到了蛮夷之地也是不能丢弃的；亚圣孟子也说：人心喜欢圣贤的义理，就如同人的嘴巴喜欢珍馐美味儿一样。尼山脚下的乡村儒学实践证明，由孔子开出的儒家道德原则不仅是古典的，也是现代的；不仅是传统的，也是永恒的，它注定将在中华文明现代转型中的历史进程中发挥重要的作用。

四　反思与前瞻

现在的乡村被称为荒芜的乡村，逃离的乡村，记忆中的故园。稍有些能力的人都争先恐后地逃离乡土，奔向城市，即使他们根本没有在城市里谋生的能力，也要拼命逃离故土。乡村成了老弱病残留守的荒原，成了盗贼横行罪犯出没之地，这就是我们的故乡吗？笔者去过英国和德国的乡村，那里风景如画，恬静祥和，如同伊甸园；也去过新西兰的乡村，雪白的羊群飘动在碧绿的草原上，与高空的云朵交相辉映，那里的农民比城里人还要富庶。日本农民的收入与城市居民持平。临渊羡鱼，不如退而结网，如何重建我们的故乡呢？我们选择了乡村儒学。将人伦道德的重建作为乡村重建的出发点，一年半的实验效果有些出乎意料，但这仅仅是起点而已。从总体上说来，乡村儒学依然处于起步阶段，总结回顾一年半以来乡村儒学的实践，我们对于儒学和乡村的发展都有一些新的体悟。

我们在实践中发现，尽管遭遇了百余年的打压摧残，儒学在乡土文明中的根并未断绝。尽管乡村的伦常出现了许多问题，但是，那里仍然有许多感人的人伦美德，它们是儒家文化长期熏陶的结果。比如 82 岁的朱大爷被称为北东野村“第一好人”，此人年轻时是个木匠，最喜欢帮人做活，全村人找他帮忙随叫随到，农忙时他宁愿扔下自己的活也要尽快修好别人的犁头。他的老伴晚年长期卧病在床，他悉心照料，给她洗脚、搓澡、梳头，好天气便推出老伴在天井里晒太阳。他平常包水饺都是两种陷儿，肉的给老伴吃，白菜的自己吃。2013 年腊月里，有一天比较暖和，他还推着老伴来到书院听儒学，2014 年春节期间老伴不幸去世了。这位乡村木匠以他的行动诠释了传统儒家伦理中的夫妇合敬同爱的美德。朱伯忠老人家里依然保持着四世同堂的格局，那不是外来的命令，而是家庭的自由选择，因为大家舍不得分开。女儿常年在外地打工，将小儿子寄养在他家，儿媳妇将外甥视若己出，这样的人伦情谊，岂非福报？儒学的根本虽经百年摧残依然不绝，甚至在维系儒学教化的体系彻底崩塌之后，依然顽强地存在于民间，是因为它是从人心深处生发出来的。它植根于人性的深处，才有“野火烧不尽，春风吹又生”的顽强。

乡村儒学的成效也使我们对于儒学的本质有了新的认识。儒学究竟是什么？它是非常特殊的一门学问，一门完全不同于目前学校里绝大多数课程的学问，一门极其重要却又从民国初年就已经从我们的教科书中删除了的学问。它是道，不是一般的知识，是修己安人之道。它以忠恕与内省将人领回到自己的内心，寻找到真正的自我。孔孟教诲无不落实到人的心性，以开启心性作为修养历程的发端。先秦儒学是道，是百姓日用而不知的人伦之道，是“不可须臾离也”之道。汉儒将其政治化，宋儒将它理学化，固然有当时的历史文化背景，却未免对于原始儒家的本来面目有所遮蔽。道是一团元气，它情理兼顾，圆融而丰沛，外圆而内方，退藏于密而又弥漫六合，与它比起来，理学家的理未免显得枯瘦和僵硬。由道而理，固然强调了原始儒家的某些方面，但它使得儒学的整体层次有所降低。先秦儒家之道从哪里发端？人情，《诗大序》所谓“发乎情止乎礼义”，既从人情出发，又能将人情提升到公共理性的高度，合情入理，正是儒道教化的奥秘所在。

儒学在乡村教化成效与乡土文明自身的特点密切有关。村庄是个熟人社会，这里的人是要面子的，甚至一个杯子、一个暖瓶这样的奖品他们都是在意的。一位妇女说，我不是在意那个东西，我打一天工就挣七八十块，可是为什么人家能有，咱家就没有？她感到脸上挂不住。孝心媳妇评奖、慈爱公婆评奖所以有效，正是建立在这一心理机制上的。爱面子是一种上进心，反映了梁漱溟所说的人生向上的意愿和动力，这种上进心和荣辱感乃是乡村的熟人社会特有的精神，它将私人道德最终提升到了村庄的公共道德，是儒家教化得以发生作用的前提。如果说良知是儒家教化发生作用的心性基础，爱面子则是儒家教化显效的社会动力，这两种力量结合起来，才最终造就了“君子之德风，小人之德草”的教化景观。反之，如果人连面子都不要了，那就变成了“我是流氓我怕谁”？接下来便是“人要不要脸，神仙也难管”的哀叹了。

乡村儒学也让我们重新反思乡土文明中法治与德治的关系问题。孔子提出了“道之以德，齐之以礼”的治道理念，反对单纯“道之以政，齐之以刑”，这依然适合于当代的乡村。人必自治，而能治之，古今中外皆然，乡村也不例外，中华文明固然正迈向民主法治时代，但是，这并不意味着要抛弃乡村历史悠久的德治传统。相反，德治是法治有效发生作用的必要前提。一位法院院长到农村蹲点，给农民讲法治，但农民就是不听，一见他就躲得远远的。他后来明白了：“你所谓法治，就是要用法来治我的意思”，这一方面说明了我们当前的法治尚未落实到民权的保障上，而近乎孔子所说的“齐之以刑”，而农民对于什么是良治具有天然准确的判断力；另一方面，农民对于村主任召集的会议也兴趣索然，能躲就躲，这大概是出于同样的理由，如果说，法院是想“齐之以刑”，村主任是想“道之以政”，均遗失了孔子“道之以德，齐之以礼”的意蕴。民主法治之本意，在于划定群己权利边界，限定公权力的范围，提升社会的公共理性，这种现代法治与法家的法治南辕北辙，却与儒家的德治具有天生的亲和关系，因为它们皆以“己欲立而立人，己欲达而达人”和“己所不欲勿施于人”为宗旨，所不同者，现代法治为儒家的此一人道理想寻求到了更加理性化和制度化的实现形式，它并不否定社会的自律基础，反而是以此种自律为条件的。一个没有了起码道德自律的社会，不可能建成现代法治社会，就如同不可能在空中建起高楼大厦一样。当然，法治与德治，在农村治理中所起的作用并不完全等同，德以修身，法以治世；道德教化重在提升个体品德，法治重在解决公共事务。

因此，乡村儒学并不是单纯的复古，它尤其需要更新，传统儒家教化体系尽管有效，但它毕竟是小农时代的产物，具有鲜明的宗法社会的印记。但是，国家市场乃至世界市场的形成，要求儒家在乡村的复兴也必须站在普遍人性和普适价值的出发点上。它应当拥有更为超验的神灵世界，它的神应该从祖神提升为人的神，以便为不同姓氏、不同肤色、不同种族和不同语言的人所信奉，并从家族道德理性提升为公共道德理性。这并不意味着要否定传统的宗祠文化，而是要促使它发生现代转变。比如广东已经出现了跨姓氏的祠堂，这是一个传统儒家组织与现代社会融合的典型例证。另外，儒学的组织和传播系统也要有新的变化，完成此种历史演变，既需要借鉴基督教、佛教的制度化经验，又要充分体现儒家特色。

那么，儒家教化体系的再生能够成功吗？乡村儒学能够承担起此一重大的历史使命吗？我们对此持有谨慎乐观的态度。无疑，重构儒家教化体系是一场历史性变革，是儒学三期的核心内涵。它意味着儒家的信仰系统、组织系统，传播系统和政教关系的全面革新，而此种改革的走向与成败，注定将成为中华民族未来命运的重要决定力量之一。乡村儒学只能从社会的最低端开始进行探索。目前的乡村儒学仍然是一项外来的事业，如何将儒学的软件重新植入乡村，依然是一个挑战，这就要求实现由学者主导到村民主导的本质性转变，要求培育出新时代的儒家传道者，能够独立担负起向村民传播儒家教化的使命，只有这些条件具备了，重新形成乡村自发性和内生性的儒学传承体系的使命才算是完成了，也才能够为儒家教化体系的再生提供出一套乡土版经验。

重建中国社会新组织构造

——再论梁漱溟的乡村建设

张　城*

20世纪二三十年代，为解决中国问题，摆在国人面前的有三条可能之路：西洋之资本主义、苏联之社会主义与中国旧有之专制主义。相较于其他知识分子的狂热与躁动，梁漱溟显得异常冷静，对其作了细致而深刻的辨析。

> 个人主义与社会主义，都于我们中国不合适。因为西洋的近代个人主义与现代社会主义的产生，都各有它的历史背景，都是从他的社会历史演出来的。而中国的社会历史，根本与西洋不同，所以强要去摹仿他，便多矛盾冲突，便于中国不合了。……现在我们讲求团体组织，其组织之道，必须于二者之外，另外去求，寻求第三条路来走。①

通过辨析，他认为个人主义与社会主义只是知识分子的主观幻想，与中国伦理道德不合，尤其不合于当下中国发展的方向要求。通过用心于社会，观察于时势，梁漱溟有了最后觉悟，开始把目光转向广大的中国农村。现在“麻木的神经开始感到疼痛了”！故民族自觉之头一步便是觉悟

---

* 张城，中共中央党校文史教研部讲师，哲学博士，研究方向为儒学哲学与近现代文化。

① 梁漱溟：《中国社会构造问题》，载《梁漱溟全集》第5卷，山东人民出版社，2005，第857～858页。钱穆对此的主张与其相似，“徒震惊歆羡于欧洲资本主义之猖獗，而误以个人自由阶级斗争为民族回苏之秘方，鄙弃中国传统文化于不顾，则惟有常此沦陷，陷于历劫不拔之苦窟而已”。钱穆：《政学私言》，九州出版社，2010，第126页。

到农村，由此便会觉悟到一切。觉悟到社会构造之特殊，觉悟到吾民族自有其前途。模仿个人主义与社会主义的两条道路已属不通，今后“乡村建设乃此二者之外的第三条路”。[①] 在他看来，近二三十年的各种运动如变法新政、革命共和、护法北伐等，各种思潮主义如民主主义、社会主义、马克思主义、民族主义等，追求树立统一稳定之国权却屡遭失败。可见国权未立并非一时问题，而是中国社会将长期存在的根本问题。因此，要救国进而建国，就必须重新开辟一条新道路。而此新道路即是从中国文化自身出发，通过自下而上的乡村建设运动，为中国重建一新社会组织构造，一套新礼俗。“乡村建设的根本意义，就是开辟建立新组织制度，完成中国社会的改造与革命。”[②]

一　从事乡村建设之缘由与目的

按梁漱溟之自述，其一生有四不料，其中便有：“不料我自己生长于北京而且好几代皆生活于北京，完全为一都市中人，未尝过乡村生活，而今日乃从事于乡村工作，倡导乡村建设运动。以一个非乡村人而来干乡村工作，真是当初所不料的事！”[③] 其对乡建运动思考由来已久，并非一时头脑发热之冲动。“萌芽于民国十一年，大半决定于十五年冬，而成熟于十七年。”其在曹州中学讲演时就提到了“以农立国”，但仅萌芽而已，不敢自信于此。就这样既有所信又复有所疑，直到 1927 年 5 月李济深邀他南下，由此乡治观念才逐渐酝酿成熟。在回答李济深的疑惑时，指出：“国家是不能统一的；党是没有前途的；凡你的希望都是做不到的！”“中国在最近的未来，实际上将不能不是些分裂的小局面，每个小局面还都是大权集中在个人之手。此其所以然，是在超个人的‘法’，或超个人的‘党’都无从建造得起来；故尔政治上必然地落到这地步，而

① 梁漱溟：《往都市去还是到乡村来》，载《梁漱溟全集》第 5 卷，山东人民出版社，2005，第 638 页。

② 梁漱溟：《邹平工作概谈》，载《梁漱溟全集》第 5 卷，山东人民出版社，2005，第 623 页。

③ 梁漱溟：《自述》，载《梁漱溟全集》第 2 卷，山东人民出版社，2005，第 31～32 页。

不可逃。在每个小局面中握有权力者，下焉的便为祸于地方，上焉的或能作些个建设事业，这都不是我期望于你的。我期望你能替中国民族在政治上、经济上开出一条路来，方为最上。如何去替民族开这条路出来？则是我之所谓'乡治'是已"。[①] 于此，即其自谓之"今日主张的成熟，盖成熟于广东"。

（一）乡村建设运动之缘起

对梁漱溟为何要进行乡村建设，有学者断定其为"对抗中国共产党农村土地革命和乡村苏维埃工农民主政权的建立"[②]。梁表示"因为共产党会使农民变成流氓，所以他的乡村运动的动机和目的就在乎防共。……他的封建化的乡村礼俗运动所以极力倡导于大革命之后，就是配合着'剿共'的政策。政府实行'武力剿共'，他虽同意，但却以为还要采用'精神剿共'才会到家。一朝一野，一武一文，异曲同工，相得益彰"[③]。在1953年中央人民政府会议上，毛泽东与梁漱溟僵持不下，亦带着情绪地指责梁所谓的乡村建设"是地主建设，是乡村破坏，是国家灭亡"[④]。1949年后对其大批判中，亦有人说其是封建复古主义思想，"站在地主立场，企图维持农村的旧秩序"[⑤]。这些历史评价，笔者认为是在特定历史时期代表的特定立场。梁漱溟一生都在为中国问题进行着独立思考与探索，是有担当的知识分子欲拯救民族危机的著名人物。按其自述："我所主张之乡村建设，乃是解决中国的整个问题，非是仅止于乡村问题而已。建设什么？乃是中国社会之新的组织构造，因为中国社会的组织构造已完全崩溃解体，舍重新建立外，实无其它办法。"[⑥] 那为何要从建设乡村开始呢？他认为乡建运动蓬勃开展并非偶然事件，而是中国社会历史自然到此演变的必然结

① 梁漱溟：《主编本刊之自白》，载《梁漱溟全集》第5卷，山东人民出版社，2005，第16页。

② 林茂生等主编《中国现代政治思想史》，黑龙江人民出版社，1984，第360页。

③ 蔡尚思：《梁漱溟思想的评介》，载《中国传统思想总批判》，上海世纪出版集团，2012，第214页。

④ 《毛泽东选集》第5卷，人民出版社，1977，第111页。

⑤ 《文史资料选辑》（合订本）第29册，中国文史出版社，1986，第3页。

⑥ 梁漱溟：《自述》，载《梁漱溟全集》第2卷，山东人民出版社，2005，第31页。

果。“中国社会是以乡村为基础，并以乡村为主体的；所有文化，多半是从乡村而来，又为乡村而设立。”① 中国传统文化以乡村为本，以乡村为重，中国文化之根在乡村。现在根被不断地破坏，固有建设乡村之普遍要求。

一是救济乡村。近代中国农村的破产，固有天灾战争等因素，但更多则是中国被迫纳入由西洋列强主导的市场体系与工业化发展轨道之产物。毫无疑问，在20世纪二三十年代的中国农村，社会日趋崩溃，经济几于破产。社会上提倡救济农村的呼声普遍存在，“声浪一天一天的高上去”。如国民政府成立了农村复兴委员会，上海银行界亦在极力提倡救济农村。沉重的经济负担，要么把农民推到了死亡的边缘，要么使农民背井离乡，流浪于都市。国民党《中央日报》亦承认乡村破坏后农民之惨状，“逃生无路，水藻捞尽，草根掘尽，树皮剥尽。阖户自杀者，时有所闻，饿殍四野者，途中时。大小村落，鸡犬无声，耕牛绝迹”②。因此，急剧破产的乡村社会引起了社会各界的广泛关注，一时间“复兴农村”、“救济乡村”成为社会普遍之要求。

二是乡村自救。梁认为虽中国社会各方面对救济乡村有普遍要求，但严格说在中国做不到救济乡村。因救济乡村需乡村外之力量，而此力量在中国并不存在，中国数十年来在政治上无办法，简直不上轨道，国权无法树立。这与日本形成鲜明对比，虽日本农村问题亦甚严重，但它一面工业发达、都市繁荣，另一面国权树立，有统一有力之政府，所以它有条件去救济乡村。本来旧中国虽说不平等而有剥削，但毕竟有一稳定的社会秩序，统治与被统治两面相互依存，不可能不留余地地毁灭一方。但现在因国权未立，导致军阀连年混战，乡村社会落于被忽视的第三者，成了绝对牺牲品。“在此时谁来顾惜乡村？自然反逼出乡村自救。乡村自救正为寻不出一个超于乡村而能救顾他的力量。”

三是建设乡村。梁认为现代中国经济实在太落后，国人都抱有一种积极建设要求。而建设方案亦不过：一是向日本学习，走近代资本主义道路；二是向苏俄学习，走社会主义道路。如前所述，此二路已属不通，而问题根本又出在乡村破坏，故只有建设乡村，使乡村复兴，且它“实是图谋中国之积极建设的运动”。通过积极的乡村建设而后可解决中国政治上

① 梁漱溟：《乡村建设理论》，载《梁漱溟全集》第2卷，山东人民出版社，2005，第151页。

② 国民党《中央日报》，1932年4月2日。

之无办法，经济上之贫穷落后。“中国政治问题的解决，必走乡村建设的路，故其经济问题的解决，亦必走乡村建设的路。”①

（二）不满于乡村建设运动之现状

20世纪二三十年代兴起的乡建运动，主持者社会背景迥异，各持有特殊目的。既有国民党官僚、农村乡绅与地主，又有知识分子与青年学生，大致有三类：一是有道义担当的知识分子所从事的社会改造运动，试图通过自下而上的改良运动改变日趋破产的乡村现状；二是国民党各级政府机构，试图通过国家政权之下移，逐渐把政府权力渗透到乡村社区，通过名义上建设乡村，达到控制乡村之目的；三是由共产党领导的农村土地革命，企图通过在农村划分阶级，进而通过斗争解决农村问题。梁漱溟便属于知识分子出身的社会运动分子，身在广东的他自谓乡治主张已成熟，已到最后觉悟关键时刻。此时主政广东的李济深亦希望他在此试办乡治，而他却认为不能仓促行事。遂携朋友北上考察了由中华职业教育社主办的江苏昆山徐公桥试验区、由中国平民教育促进会主办的河北定县翟城村华北试验区和由阎锡山主办的山西村政。

一是徐公桥试验区。通过考察，梁漱溟大体上肯定了其工作，但也指出其问题所在。这里的人都由外请来，其薪资由试验区负责，且种种事业费用亦由它补助。这样困难虽没有，但问题却并未解决而是避开了问题。人才须以取才本地为原则，资金亦须本地自可维持。“大概我与诸公不同之点：诸位是在现状下尽点心，作些应作的事；而我则要以‘中国’这个大问题，在这里讨个究竟解决。”② 二是定县试验区。通过考察，梁漱溟分析到，定县的识字运动并不能解决生活中的实际问题。乡村社会本来是一“熟人社会”，流动性较少，对文字需求并不大。平教会通过深入调查后，深切感受到了国人有愚、穷、弱、私，故调转方向扩充教育内容，包括了文艺、生计、卫生与公民等方面。对其工作，梁亦有所肯定，“以我们现在所见，翟城所负模

① 梁漱溟：《乡村建设理论》，载《梁漱溟全集》第2卷，山东人民出版社，2005，第155页。

② 梁漱溟：《北游所见记略》，载《梁漱溟全集》第4卷，山东人民出版社，2005，第884页。

范村之名是可以相许的”。但经费仍来源于拨款与公产，对此仍不满意。举办乡村自治的经费虽以不取征敛摊派的方法为最妙，但公产总有限，村民因经费未出于己，对与己无关的公产自不免漠视。三是山西村政。梁认为山西村政的确取得了一定成绩：第一治安好，盗匪减少；第二识字人数增加；第三禁烟与禁缠足相对成功；第四征税征兵方便。但通过参观，他发现“盛名之下，其实难副”，就人民自治方面而言，自治真精神似乎很少。就官府所推行的行政而言，似乎亦难如所期望那样而不免有流弊。

同时，对国民党以政府力量所推行的建设乡村，他亦不赞同。本来政府赞成与推行乡村建设，只不过以此为名而已。其目的主要在于两面：一面是为了“防共反共”需要，由于共产党在农村活动频繁，严重威胁了政权，故以乡村建设为名在农村推行保甲制以达防共之目的；另一面则通过政权结构逐步下移，达到加强对农村的控制，进一步增加赋税。但他认为，乡村建设必须以传统中国社会的特点为基础。中国向来是无国家的国家，向来以无政治为政治。如用行政力量推行乡村建设，反会扰民，倒不如消极而不至于病民。他常以豆腐与铁钩为喻：“中国人民好比豆腐，官府力量强似铁钩。亦许握铁钩的人，好心好意来帮豆腐的忙；但是不帮忙还好点，一帮忙，豆腐必定要受伤。”① 他认为，“中国现在南北东西大小政府，其自身皆为直接破坏乡村的力量。……乡村建设的事，不但不能靠它，并且以它作个引导都不行”②。而对共产党在乡村社会以阶级分化与斗争为主的土地革命运动，梁漱溟自然也坚决反对。

（三）相同之问题：梁漱溟与毛泽东不同之选择

面对日趋危蹙的时局，知识分子与政治家都在为寻求不同的建国道路努力探索与积极奔走。1924 年国民党改组后，国共两党渡过了短暂的蜜月，大革命还未结束就分道扬镳。此时，梁漱溟与毛泽东在思想上都经历了一次彻底洗礼，梁漱溟“最后觉悟”了，毛泽东也深刻地理解了城市工

① 梁漱溟：《北游所见记略》，载《梁漱溟全集》第 4 卷，山东人民出版社，2005，第 910 页。

② 梁漱溟：《乡村建设是什么》，载《梁漱溟全集》第 5 卷，山东人民出版社，2005，第 377 页。

人运动与中国的实际状况严重不符。他们不约而同地看到了解决中国问题的药方在广大农村。与陈独秀等人对中国革命只能从资产阶级革命或者无产阶级革命这种理论范畴加以把握不同，沟口雄三如此认为，“梁漱溟、毛泽东二人都是依据农村调查，把农村的变革当作了中国革命的主线。1927年，亦即毛发表《湖南农民运动考察报告》那一年，梁也开始探索‘乡治’运动，不久它便发展为‘乡村建设理论’。”[①] 梁漱溟认为中国社会是以乡村为基础，并以乡村为主体，解决中国问题撇开乡村与农民几乎不可能成功。在广东期间，他已目睹了共产党在动员民众方面所取得之成功，这迫使他确信必须要有独立方案来组织民众运动，要不然整个社会便会跟随共产党走。“农民运动为中国今日必定要有的，谁若忽视农民运动，便是不识事务。”[②] 也正是此时，毛泽东通过回湖南实地考察农民运动情况，深刻认识了真正的农村社会与农民运动。“许多农民运动的道理，和在汉口、长沙从绅士阶级那里听得的道理，完全相反。”故目前“所有各种反对农民运动的议论，都必须迅速矫正。革命当局对农民运动的各种错误处置，必须迅速变更”。革命领导者必须注意蓬勃兴起之农民运动，“很短的时间内，将有几万万农民从中国中部、南部和北部各省起来，其势如暴风骤雨，迅速异常，无论什么大的力量都将压抑不住。他们将冲决一切束缚他们的罗网，朝着解放的路上迅跑”[③]。

二者虽都认为解决中国问题要关注农村，注意农民运动，注重启发农民，组织农民。艾恺即指出“和毛泽东一样，在梁漱溟的理论中，群众是他们公共利益的最后主宰者。梁漱溟与毛泽东都将各自的文化革命寄托在这样一个根据上，即它将造就出一批新人；而且，他们所凭借的手段也常常是相似的”[④]。梁漱溟也认为，共产党“在某一点上说是与我们相同的，就是要农民自觉，有组织而发生力量，解决他们自身的问题”[⑤]。但最终所

---

① 沟口雄三：《另一个“五四”》，载《中国的冲击》，三联书店，2011，第173页。

② 梁漱溟：《乡村建设理论》，载《梁漱溟全集》第2卷，山东人民出版社，2005，第407页。

③ 毛泽东：《湖南农民运动考察报告》，载《毛泽东选集》第1卷，人民出版社，1991。

④ 艾恺：《最后的儒家：梁漱溟与中国现代化的两难》，王宗昱译，江苏人民出版社，2011，第151页。

⑤ 梁漱溟：《乡村建设理论》，载《梁漱溟全集》第2卷，山东人民出版社，2005，第407页。

采取路线却大相径庭。以毛泽东为代表的共产党人在农村社会中，明确了严格的阶级划分，在《怎样分析农村阶级》一文中明确把农村分为地主、富农、中农、贫农、工人等五阶级。由此阶级界线清晰而严格，形成对抗的严峻形势。但在梁漱溟看来，其做法甚为消极，具有极强的破坏性。他亦曾亲眼所见由共产党领导农团与绅士领导民团间的冲突甚至战争。他认为虽乡村内部不是全没有问题。

> 乡村内部的矛盾亦是有的，要当待后一步解决，要尽可能的避免斗争，从理性求解决。也许有的地方，乡村内部矛盾到团结不可能，那就管不了。天下事只能从多分，从大体，把握一要点以求解决。①

乡村须以整体来看待，进而要求整个乡村社会的改善与进步。其实，梁漱溟与毛泽东之分歧，可从 1938 年梁毛会晤中管窥。双方争论之焦点即中国社会存在的问题是否可用阶级理论来解决，梁漱溟认为毛泽东太注重中国社会的一般性而忽视其特殊性。对中国问题的解释与估量，他与共产党在三方面有异：首先，共产党不能认识中国社会的和平散漫性质，因散漫即无从斗争，而和平性格也不容斗争破坏；其次，不能认识中国革命的特殊性即从外部引发而非内部自发，亦未清晰地看到革命现所处阶段是毫无秩序而非是一不平等秩序；最后，不了解其所要建立之革命政权在中国毫无可能。

梁漱溟对共产党的做法似乎有时又有保留之承认："共产党的办法虽不好，但有的地方也还有用；如果真能把土豪劣绅打倒，把土地重新分配得平均，这样痛快的干一下，也还不错！"② 但其根本错误在于抄袭外国阶级社会里农民运动的旧模式，而不能认识中国社会之特殊性。"我始终同情共产党改造社会的精神。但我又深深反对共产党不了解中国社会，拿外国的办法到中国来用。"③ 农民只能随乡村建设而抬头，乡村社会亦须靠农

① 梁漱溟：《乡村建设理论》，载《梁漱溟全集》第 2 卷，山东人民出版社，2005，第 410 页。

② 梁漱溟：《乡村建设理论》，载《梁漱溟全集》第 2 卷，山东人民出版社，2005，第 429 页。

③ 梁漱溟：《我的努力与反省》，漓江出版社，1987，第 138 页。

民起来而建设，如此两面循环推进，积极建设而取代阶级斗争。而共产党所走阶级斗争之路定不能通行于中国，但“中国农民运动必不可少。中国农民运动的正当途径，就是一乡一村各自组织起来，而又彼此联合起来，自救图存求进步”①。中国社会固然需要整理改造，但不是阶级革命，而是不断将农民本身之力量充实起来；农民地位亦需要增进，但不是翻身，而是农民跻身于政治上、经济上之平等。因此，不能用侥幸心理领导农民，以仇忌心理贻害社会。只有乡村建设才能代表农民运动，而后其他农民运动如共产党在农村开展的阶级斗争才用不着。的确，从根本观点上分析，梁漱溟的农村社会整体调和论与毛泽东的农村社会阶级斗争论间区别甚明显，其实质乃是儒家和谐模式与马克思主义斗争方式间的本质区别。“贯穿在毛泽东思想中的是矛盾和冲突的积极价值。毛泽东给斗争增添了光彩。同样，在梁漱溟的儒家学说中弥漫着和谐的核心价值。梁漱溟关于转化和统一的思想用和谐的泛道德主义取代了斗争。”因此，在最后的道路选择上，对于农民运动，“毛泽东把它看成是思想上的无产阶级进行武装政治运动的动力，并很快着手发展了一支军队；梁漱溟却把它看作是对道德教化的召唤，并很快制定了一个方案，这个方案要让农村遍布‘君子’”②。

（四）从事乡村建设运动之目的

梁漱溟认为中国社会由村落组成，为一村落社会。“求所谓中国者，不于是三十万村落其焉求之。”欧洲社会虽有村落，却并非“即村落以为社会”，而中国则村落即社会，“非社会有村落”。因此，“中国所有者，则只是乡村，只是农业”。近代以来知识分子追求民族自救运动的最大错误，即在于：“举资本主义的经济组织之产物悉以置办于村落社会而欲范之为近代国家。近代国家未之能似而村落社会之毁其几矣！”③ 在他看来，吾民族自救之道须以此散漫的村落社会为基础，“一言以蔽之曰求其进于组织

① 梁漱溟：《乡村建设理论》，载《梁漱溟全集》第2卷，山东人民出版社，2005，第409页。

② 艾恺：《最后的儒家：梁漱溟与中国现代化的两难》，王宗昱译，江苏人民出版社，2011，第151、113页。

③ 梁漱溟：《河南村治学院旨趣书》，载《梁漱溟全集》第4卷，山东人民出版社，2005，第912页。

的社会而已”。组织有两面：一是经济组织；二是政治组织。经济组织的目的在于使社会益进于组织，实现生产及分配之社会化；政治组织的目的则在于使政治益进于组织，实现政治的民治化。但西洋虽于组织上已发挥到相当地步，却是“畸形的发达”。“其经济上组织之缺欠，而富力集中于都市，集中于少数人以形成一殊强阶级，而社会乃病。由其政治上组织之缺欠，而权力集中于国家政府，以从事野心的武力与外交，而世界乃病。总之，凡集中过剩之力，靡不有所伤害；经济上过剩之力政治上过剩之力隐显为一，相缘愈强，其为祸又以益烈；是则今日欧人所自苦莫能挽止者也。”而中国以往之错位即在于不求进于组织的社会，而唯求其富强。但所患之病却是散漫无力，鲜有西洋集中过剩之弊，今后的任务即在于使社会益进于组织，而后便可使“富与权二者乃直接综操于社会，间接的分操于社会个个分子，斯可免除一切伤害，求得一切福利”①。因此，使社会益进于组织之道即乡村建设。从事乡村建设不能于枝节下功夫，而须立基于整个中国问题，其目的即是为吾民族社会重建一新组织构造。

“所谓建设，不是建设旁的，是建设一个新的社会组织构造。”②“社会的组织构造问题。……对于这个社会的组织构造问题在我心目中以为顶大。”“今日中国问题在其千年相沿袭之社会组织构造既已崩溃，而新者未立；乡村建设运动，实为吾民族社会重建一新组织构造之运动。——这最末一层，乃乡村建设真意义所在。……所以乡村建设，实非乡村建设，而意在整个中国社会之建设，或可云一种建国运动。”③

因此，唯有从事于乡村建设，才能挽回吾民族社会之危机：乡村安定才可安辑流亡之民；乡村产业振兴才可吸收剩余劳动力；农产日增而国乃可日富。故乡村是解决中国问题之始基，只要恢复乡村活力，中国问题自当有解决办法。其自信地断言：“求中国国家之新生命必于其农

① 梁漱溟：《河南村治学院旨趣书》，载《梁漱溟全集》第4卷，山东人民出版社，2005，第914页。

② 梁漱溟：《乡村建设理论》，载《梁漱溟全集》第2卷，山东人民出版社，2005，第276页。

③ 梁漱溟：《乡村建设理论》，载《梁漱溟全集》第2卷，山东人民出版社，2005，第161页。

村求之；必农村有新生命而中国国家乃有新生命焉；圣人复出，不易吾言矣！"① 因此，乡村建设运动必须要为民族开出新生命，为社会重建新构造，"乡村建设运动如果不在重建中国新社会构造上有其意义，即等于毫无意义！"② 即要从乡村社会初露其组织之苗芽，而后逐渐展开为一社会之组织构造。

二 新团体生活——乡村组织

近代以来，中国社会组织构造处于不断崩溃之中，政治上先模仿资本主义，而后效法共产主义，但总未上轨道，国权终不得立。一面礼俗已崩溃，一面法律无保障，一切均靠武力来维持求解决，毫无秩序可言。故将来如能稳定统一，则不必纠结于国家权力能否建立，而须从社会本身试着探寻出路。且将来所重建的新组织构造，其基础是礼俗而非法律。而旧礼俗在都市效法西洋时已被破坏殆尽，只有乡土社会才得以部分保留。因此，重建新社会组织构造即新礼俗必于乡村求之，而乡村社会现逐渐被破坏且亦散漫无力，故须让其益进于组织，在组织基础上逐步完成乡村自治，自下而上重建社会构造，完成建国之夙愿与梦想。

（一）传统社会之乡约及其补充改造

梁漱溟常谓乡村建设要建设新社会组织，由组织乡村进而展开为一大社会。但其不能凭空产生，须有吾民族社会历史依据，这即为传统社会之乡约。"这个新组织即中国古人所谓'乡约'的补充改造。"梁所言之"乡约"乃直接续承宋人吕大钧《吕氏乡约》，而非明清政府所推行之乡约。乡约初兴于北宋《蓝田吕氏乡约》，其核心精神亦以儒学为正宗，在缘起中写道：

---

① 梁漱溟：《河南村治学院旨趣书》，载《梁漱溟全集》第4卷，山东人民出版社，2005，第917页。

② 梁漱溟：《乡村建设理论》，载《梁漱溟全集》第2卷，山东人民出版社，2005，第166页。

人之所赖于邻里乡党者，犹身有手足，家有兄弟，善恶利害皆与之同，不可一日而无之。不然，则秦越其视，何与于我哉！大患素病于此，且不能勉，愿与乡人共行斯道。惧德未信，动或取咎，敢举其目，先求同志，苟以为可，愿书其诺！成里仁之美，有望于众君子焉！[①]

乡党邻里间本有社会连带关系，不能不彼此关心，点明了组织之必要。从认识彼此关系始，进而要求增进彼此关系，故规定了“德业相劝、过失相规、礼俗相交、患难相恤”等四项条目。南宋大儒朱熹也高度重视乡约，对其备感兴趣且极力提倡，编订成《损益蓝田吕氏乡约》。明代王阳明则为纯正民风，教化百姓，著就《南赣乡约》，其中有云：

故今特为乡约，以协和尔民。自今凡尔同约之民，皆宜孝尔父母，敬尔兄长，教训尔子孙，和顺尔乡里。死丧相助，患难相恤，善相劝勉，恶相告诫。息讼罢争，讲信和睦，务为善良之民，共成仁厚之俗。[②]

至有清一代，研究乡约者不乏其人，其中以陆桴亭《治乡三约》为著。此三约即社学、保甲、社仓，乡约乃纲为精神，三约乃目为实体。社学大约即指教育机关，保甲则是政治自卫机关，而社仓则为经济机关。政治、经济、教育在此都得以体现。与以前乡约只讲精神不同，《治乡三约》乃有一积极韵味，但却并未实行。在他看来，古代乡约与现在地方自治甚为不同，其充满了传统“人生向上”与“伦理情谊”之民族精神。“乡约这个组织，即合乎我们以前所讲的原理原则，为我们所要求的一个组织，是一个伦理情谊化的组织，而又是以人生向上为目标的一个组织。……现行地方自治法规，恰好缺乏这两点，他是把人生向上的意思除外；同时以权利为本位，伦理情谊的意味也没有了。”[③]“我再三地思维，现在实在没

① 陶宗仪：《说郛》卷 80，《吕氏乡约》，第 10 页，涵芬楼排印本。

② 《王阳明全集》卷 17，上海古籍出版社，1997。

③ 梁漱溟：《乡村建设理论》，载《梁漱溟全集》第 2 卷，山东人民出版社，2005，第 322 页。

有别的路子可走；儒家虽难，还只有儒家。因此我们做村学必自乡约上来做。乡约便是标准的儒家路线。”①

虽然梁一再宣称要模仿乡约来建立今日的乡村组织，但并非对传统乡约照单全收，而是对其补充改造，以求适应于现代社会，补充改造之方向即在“改消极为积极”。首先，“将消极的彼此顾恤，变成积极的有所进行”。传统乡约虽提倡互助，但不免显得消极。乡村建设则要变得积极，要积极发展生业，使其不至于贫困无助，而非消极地救济相恤。其次，“偏乎个人者稍改为社会”。传统乡约太看重个人之善与品德，对于善之宏远理想则稍有局限，对其补充改造则要从偏乎个人改为着重社会，把有限之善扩大开展。再次，“广大的联合”。古代乡约其实只为一乡之约，基本上只有一乡之人能共勉与为善，影响极其有限。而乡村建设因担负着重建社会的新组织构造，有其远大理想，就须在空间上逐步拓展范围，与远近各地联络。如此才能把前两点落实于事实。再次，“要求进步”。传统乡约本已有向上学好之意，但他仍觉得不够，“我们补充改造的《乡约》，主要的一点是要求进步。这个意思在从前的《乡约》很少”②。最后，“以社会运动的方式来推行”。此点在传统乡约中一向由私人或宗族等团体来组织推行。但到明、清两代时，政府便开始自上而下推行乡约。但纵观历史便可发现由政治力量主导的乡约几乎都以失败收场。由政治力量来推行即失去了自愿之意而变为强制，“用政治力推人动，越推越死”。因此，乡约组织不能借政治力量来推行，政府只能处于不妨碍的地位或行间接的帮助。“乡村运动是一个社会运动，乡村运动团体是一个社会运动团体，我们始终应站在社会运动的立场。”③

（二）从理性求组织——乡农学校

对乡约进行补充改造还只是一理论上之探讨，梁漱溟对乡约的具体补充和改造，更直观地体现于其以理性求乡村组织中。原则在于其组织须以

① 梁漱溟：《村学的做法》，载《梁漱溟全集》第5卷，山东人民出版社，2005，第728页。

② 梁漱溟：《乡村建设理论》，载《梁漱溟全集》第2卷，山东人民出版社，2005，第346页。

③ 梁漱溟：《乡村建设理论》，载《梁漱溟全集》第2卷，山东人民出版社，2005，第338页。

固有精神为主兼而吸收西洋之长处。[①] 此组织以“人生向上”为奋斗目标，以“伦理情谊”为运行原则。同时，因传统社会本以乡村为重心，以伦理情谊为本，现代都市却因西风输入被摧残无余，但乡土社会中仍保留着部分良风益俗，即所谓“礼失求诸野”，其入手处必为乡村无疑，如以国家为范围则太大，如以家族为范围则又太小，故取一乡一村为范围最理想。从乡村入手，有以下优势：一是乡民与工商业者相比，由于面对自然，其性情自然宽舒从容；二是乡民乡土观念重，把村庄当成家乡，与都市人狭隘自私相比，更能培养地方公共观念；三是都市本因乡村发展而来，因某种目的而设，乡村本为传统社会的根，都市虽为一地之中心，但乡村却为一社会能普遍安设之重心。

要想使此具体落实，梁漱溟设计了可使之落地生根“讲求进步”的机关即乡农学校。[②] 他认为对乡约补充改造后自会有如乡农学校这样积极建设之组织。乡农学校与传统之乡约一样，要求众人向上求。“乡农学校，

---

① 梁漱溟认为西洋人之长处包括四点：一是团体组织——可矫正我们的散漫；二是团体中的分子对团体生活有力的参加——可矫正我们被动的毛病；三是尊重个人——可增进个人之地位，完成个人之人格；四是财产社会化——可增进社会关系。梁漱溟：《乡村建设理论》，载《梁漱溟全集》第2卷，山东人民出版社，2005，第309页。

② 这里的乡农学校其实就是后来的村学、乡学，“以前叫乡农学校，现在邹平为乡学、村学”。见梁漱溟《乡村建设理论》，载《梁漱溟全集》第2卷，山东人民出版社，2005，第334页。但梁漱溟也指出了两者之间的差异，与村学、乡学相比，“乡农学校的办法，是在我们未取得地方自治试验权以前的一种办法，在一般的地方比较容易作，私人即能举办，绝不与现行法令冲突”。同上，第346页。但有学者指出了前期乡农学校与后期的村学、乡学的清晰区别：“乡农学校实为河南村治的一种组织，梁先生到山东后最先也采用它，后来逐渐创办了他自己的村学与乡学，但山东菏泽等地的乡村建设仍然沿用乡农学校，就是邹平的乡村建设研究院内部也对乡农学校与乡学村学有不同的看法。简单说来，乡农学校就是组织乡农军事自卫的一种组织，虽然名为学校，其实是很军事化的，对于土匪比较多的河南和菏泽地区，非常有用。在邹平，乡村建设首先的一个效果也是迅速消除了匪患。这种乡农学校正是明清军事化乡约的一种现代形态。在邹平一些反对搞乡学村学的人看来，梁先生的想法太理想化，还是这种办军事团练式的组织更实用。在乡学村学搞起来以后，邹平乡村建设研究院仍然花一部分精力训练农民中的军事组织。但在梁先生看来，这种仅仅以自卫为目的的组织是不够的。他研究了明清之际陆世仪关于乡约的主张，认为应该把保甲、学校和社仓结合起来，也就是形成军事、教育、经济一体，以教育为主的乡村组织。乡学村学除了具有乡农学校所有的防止匪患的目的，还要组织经济合作社，更要教育民众，培养团体精神。”参见吴飞《从乡约到乡村建设》，载《思想与社会》第七辑。

一面是为讲求进步所不可少，一面是用以形著我们的组织。”① 一般办学的人主动，来学的人被动，二者截然相分。但乡农学校虽名为学校，却绝非普通学校而是一以“人生向上求进步”为目的的乡村组织。乡农学校有其基本组织构造，主要分为四部分：校董会、校长、教员、学生②。由乡村领袖组成校董会，而后“公聘当地知识较开明、品性较端正者做校长”来主持教育之事。学生为本地乡民，由校董会在外聘请有“新知识、更明白的人来做教员”。这里有三部分是本着传统乡约而来，乡农学校的校长相当于乡约中的约长，常务校董则相当于乡约中办事的值约，学生或乡民即相当于约。在乡约里此三者都能体现于乡农学校中，只有教员则于传统乡约所无属外来者。

在乡农学校组织上，梁漱溟认为必须注意以下方面。一是要注意划定范围，大概由一百五六十户至三四百户的自然村落为宜。普通民众学校没有划定地方区域范围，“没有组织乡村之意”。二是要注意内容之配置，四部分分工合作，各尽其责。校董负责推举校长、接洽政府、聘任教员、制定乡村规划、革除陈规陋习等工作。校长不负行政之责，且其为齿德并茂之尊者，其主要任务为教化乡民，移风易俗，调理村中矛盾勿使成讼。教员则是外聘人员，负责教授学众知识，同时仍须敦化乡土社会之陈规陋俗。学众则为全乡之民，要积极参与村民团体大会，使村民代表大会有立法之用。“学长即监督训练作用，教员即推动设计作用，学众即立法作用，学董即行政作用。”③ 他认为只有范围如此划定，内容如此配置，才能成功为一种向上求进步的乡村组织。

乡农学校既补充了传统乡约之不足又克服了其他乡村运动的弊端，可谓“两全其美”。传统社会组织构造崩溃之因即在于文化上之缺欠，主要缺乏团体组织与科学技术两方面。“此缺欠经西洋风气的启发而见出来，使得我们对于固有文化不满意，固有人生理想不满意，甚至于厌弃反抗。

---

① 梁漱溟：《乡村建设理论》，载《梁漱溟全集》第2卷，山东人民出版社，2005，第346页。

② 这是他在《乡村建设理论》中的用法，而在《乡村建设大意》中则用的是学董、学长、教员、学众。

③ 梁漱溟：《乡村建设理论》，载《梁漱溟全集》第2卷，山东人民出版社，2005，第379页。

这厌弃与反抗，是中国社会失败的真因。引起这厌弃反抗的自身缺欠，是中国文化的真失败点。”① 他确信通过乡农学校既可解决散漫的弊端而进于组织，又可引进科学技术而发展农村事业。乡农学校的组织可完成乡村建设在政经文各方面的建设目标：首先其以固有伦理情谊与人生向上的民族精神为核心；其次通过乡农学校启发广大乡民自觉，改变一盘散沙之局面，使其发生合作要求；再次可通过乡民大会共商村务大事；最后可通过外聘教员带来最新科学技术发展乡村各项事业。在他看来，以乡农学校为主的乡村组织可开出民族之出路，实现一个理想社会。乡农学校不止于一地方社会组织而已，“我们将来的整个的国家政治制度，也就是本着这么一个格局，这么一个精神，这么一个规模发挥出来。……创造一种新的社会组织构造，我们是要从乡村培养组织构造的苗芽”②。即言整个社会政治经济制度必从此乡村组织中萌芽，而后“完成中国社会改造，完成中国文化建设”。

① 梁漱溟：《乡村建设理论》，载《梁漱溟全集》第2卷，山东人民出版社，2005，第192页。

② 梁漱溟：《乡村建设理论》，载《梁漱溟全集》第2卷，山东人民出版社，2005，第379页。

泗水县北东野村乡村儒学发展情况调查

于佰川*

一 北东野村乡村儒学普及的背景

（一）当代儒学所面临的形势

儒学是中国文化的主干，对中华文明产生了深远影响。作为一个宏大的思想体系，儒学不仅是一门关于个人道德修养的指南，其中更是多有涉及治理国家的原理。近代以来，儒家的思想遭到了各方的质疑。五四运动、“文革”等明确地反对儒家思想，将其视为落后封建制度的代表。在这一系列活动中，儒家在普通大众的心目中地位被击垮，儒家教化也逐渐式微。

不过，即使是在儒家思想被西方近现代思想强烈冲击、逐渐淡出公众视野的时期，也有梁漱溟等哲学家在乡村试图复兴儒学教育，尤其是改革开放之后，随着市场经济的发展，人与人的关系日益功利化，甚至侵蚀到了原本联系最为紧密的血缘关系。这让公众逐渐开始反思现有的道德教化体系是否有所缺漏，而儒学所宣扬的重人伦、重礼仪的教义，则让人们看到了改善当今人伦道德的另一种方式。以《论语》《弟子规》广泛进入中小学课堂为标志，儒学的传播已经引起了广泛的关注。如何顺应这种社会关注，取得良好的教化效果，成为儒家复兴的一个关键问题。此外，在公

* 于佰川，北京大学物理系学生。

民信仰更加自由多样的时代背景下，儒学面临着多种宗教和文化思潮的竞争，如何处理与其他宗教文化体系的关系，如何在竞争中发展壮大，成为儒学工作者关心的话题。

（二）尼山圣源书院乡村儒学教育的成果和挑战

笔者所调查的泗水县北东野村，隶属山东省济宁市，是儒学的创始人孔子诞生的地方。该村位于夫子洞东边一千米左右，有一千一百多人，是一个典型的鲁南山村。为北东野村村民提供免费儒学教育服务的，是民办公助的圣源书院。

圣源书院的乡村儒学讲堂自 2013 年 1 月 16 日开办，每月开讲两次，主要讲解儒家蒙学经典《弟子规》。后来乡村儒学讲堂从一个扩展到七个，迄今为止共开办近 80 期，听课村民累计达 2.3 万余人次，并逐步形成了覆盖泗水县圣水峪镇 60 个行政村的学习网络。[①]

调查中发现，听课的村民以老人、妇女和儿童居多，鲜有中学以上学历者。最初大家的学习兴趣也十分有限，但随着学者教授们对《弟子规》的逐步深入讲解，每堂课参与的人数逐渐多了起来。建有乡村儒学讲堂的村落，家风村风均有了明显的改观，家庭内部矛盾、邻里矛盾、干群矛盾大为减少。据北东野村村支书庞德海所说："不孝顺老人的少了，环境卫生变好了，小偷小摸没有了，闹僵 20 多年的婆媳关系也改善了。"

村风在不长时间内得到明显改善，不仅超出了主办者们的期望，也引起了山东省有关领导的重视，2014 年 4 月山东省宣传部部长孙守刚在《尼山乡村儒学建设调研报告》中做出批示："传统美德只有接地气、观照现实生活，才能实现创造性转化和创新性发展。"[②] 而在 2014 年 5 月，乡村儒学的实验点扩展到青州市。书院的赵法生教授给几百名小学生及其家长上了一堂有关孝文化的儒学课。和尼山的模式一样，青州市成立了"孝礼儒学讲堂"，每月开讲两次。目前，尼山乡村儒学正在由孔子诞生地向其

① 《乡村儒学：重建温情的乡土中国》，《光明日报》2014 年 7 月 8 日，光明网，http://news.gmw.cn/2014-07/08/content_11873462.htm。

② 《弘扬优秀传统文化　打造"儒风孝道之乡"》，北东野村村支部文件，由泗水县政府下发，日期不详。

他地方扩展。

虽然书院的工作已经获得了明显阶段性成果，但是目前村中的儒学发展仍有以下问题和挑战：首先是虽然注重课堂效果，但较少去村民的家里查访和寻求反馈意见；其次是对于未来的工作重点以及乡村儒学的教学方法如何进一步改良，尚没有明确意见；最后，近年来基督教在尼山地区的发展势头十分迅猛，周末教堂的礼拜和家庭的聚会也颇有数量和规模，对该地区产生了广泛影响。乡村儒学作为一种新兴的儒家教化方式，在普及的过程中，客观上面临着作为制度化宗教的基督教的挑战。

在此背景下，2014 年 8 月 23 ~ 26 日，笔者对北东野村进行了实地调查，听取尼山圣源书院为周边若干村落的村民开办的免费《弟子规》讲授，在附近的圣水峪镇中心教堂旁听了一次基督教礼拜，并在随后两天走访了北东野村 6 户有代表性的村民，其中，1 人为纯粹的基督徒，4 个家庭接受《弟子规》的教育，不接触或很少接触基督教，1 人与两者都有较多接触。调查发现的主要事情与结论将在后文具体叙述。

二　对北东野村乡村儒学的调查和结论

（一）对于乡村儒学课程的体验

2014 年 8 月 23 日，笔者在尼山圣源书院亲身体验了一节乡村儒学课程，地点在书院的一间设施齐全的多媒体教室。本次课程出席村民大致有 70 余人，其中老人约占 50%，中年妇女约占 20%，儿童约占 30%。从性别比例来看，男女大致相等。笔者协助进行了课前点名工作，发现有登记簿上记录的参与课程人员来自 5 个不同的村庄，其中距离书院最近的北东野村为人员的主要构成部分。

大约九点半，课程正式开始，第一个环节是全体人员向至圣先师孔子像行四拜礼，所有的与会人员，不论老少贤愚，均起立躬身，虔诚地向孔子像行礼。第二个环节是参与活动的儿童上前站成一排，向长辈行二拜礼，背诵弟子规的《总叙》和《首孝悌》篇。书院给这些儿童颁发了笔和本子等学习用品以资鼓励，接着又有两个老人学习代表背诵了同样的内容。

第二步是讲授环节，首先是老师对“鞭打芦花”这一个传统孝道故事进行了讲解，然后是另一个资深教师按照课程进度，对于《弟子规》的原文进行了讲解。由于讲解的举例，如婆媳的争端、村里做小买卖的诚信等，比较贴近村民的生活，村民的听课状态整体不错，没有见到打瞌睡者。中午12时左右，讲解结束，大家再向孔子行四拜礼后，各自回家。

（二）对于北东野村村民学习儒学状况的考察

2014年8月25日，笔者来到了村支书庞德海的家中，具体了解到了书院一年多来义务普及《弟子规》给村里带来的变化。他说，这里的风气原先并不好，村民说脏话、邻里吵架、家庭内动手的情况时有发生，甚至出现过殴打父亲这样的恶劣事件。一年多的课程之后，村里的日常人际交往的各方面风气都有了明显的改观。为了具体说明，村支书向笔者举了以下几件在教授《弟子规》期间发生的事情。

村里的不少孩子，开始主动为家里做各种各样的家务。特别突出的如庞玉芝小朋友，在家里还包揽了给奶奶倒屎倒尿这种脏活。

有一对邻居，一家未经允许砍倒了另一家老人的果树，因为果树遮住他家的禾苗，由于在赔偿问题上双方争执不下，双方发生了冲突并互不往来。学习儒学一段时间后，砍树的人家的儿媳妇劝说自己的公婆与对方和解无效，便自己掏钱给村支书赔偿对方家庭老人的损失，这位妇女的公公偶然知道了儿媳的举动，十分感动，主动到另一家道歉，两家因此和好如初。

有一个村户曾经自私自利出名，几年前村里进行电力系统改造的时候，他总以砍伐自家树苗补偿款不足为由拒绝配合村里的工作。但是最近几个月的村里农房改造，他成为配合村里工作的积极分子，不但自己通情达理，还去帮助疏通附近的家庭。

除了了解到这些具体的实例之外，笔者还观察了书记和孙子之间的互动。孙子刚刚一岁多，书记在逗孙子玩的时候，也时不时念几句《弟子规》的原文，“圣人训，首孝悌，次谨信”，让孙子跟着念，孙子也咿咿呀呀地念了两句。孙子淘气的时候，书记也引用着《弟子规》中“父母命，行勿缓”话来教育他。他还提到自己以前不懂得小孩子犯错误要纠正，在学习了《弟子规》后意识到，应该教他们从小就懂礼貌，和客人相互问候和道别。这些细节可以旁证《弟子规》在该村已经深入人心。

最后，书记希望笔者向书院方面反映村里的一个情况。他们计划举办一个老年舞蹈队，以便将老年人农闲无事的时间利用起来举办娱乐活动。村民的这种诉求，也是儒家文化学习达到一定阶段后的结果。

接下来一天，笔者走访了村里儿童中的学习代表。庞玉芝是村小学即将升入六年级的学生。早在三年级的时候就开始接触《弟子规》，不过那时候由于无人讲解，理解难以透彻，对于书本内容也不能和实际生活相结合。然而在书院学习《弟子规》之后，她能够有意识地将所学内容转化为实际行动。比如在学习之前，她很少考虑到父母的工作劳累，进入乡村儒学讲堂学习之后，她意识到父母对于孩子的爱心，以及子女对于父母应尽的义务，能主动寻找家务去做，甚至主动去做很脏很累的活。她的叙述展示了一个学习的渐变过程，让我们具体看到了《弟子规》对孩子所造成的正面作用。

笔者与她谈论了今后国学的学习计划。笔者预先了解到，书院可能会在《弟子规》讲授完毕后开始讲授《论语》。庞玉芝同学曾因在书院学习中表现突出被奖励了一本注释本《论语》，进行过一点粗略的《论语》自习，但是自己理解起来非常困难，她期待书院老师的辅导与讲解。

最后笔者询问了学校内儒学教育。学校在上一年开始为二年级学生发放《弟子规》，但是并无注释和课程讲解。这种方式，考虑到二年级学生的阅读水平，以及家长的文化水平有限，其实发放的效果是非常难以保证的。于是笔者更深入地询问了她们平时思想品德课程乃至于其他非数理化课程的实施情况，其结果是令人担忧的，对这一问题的解决也值得每一个人思考。关于这个问题详述和议论将放在最后一部分集中阐述。

在关于乡村儒学的采访过程中，笔者听到了村民们对于书院课程的高度赞誉，美中不足的是并没有关于书院现有教育内容和形式的直接的具体的评价与建议。即使如此，由于书院前期的工作为自己树立起了极好的口碑，可以确信，村民们在未来一段时间内会一如既往地参与和支持乡村儒学。

三　对北东野村的基督教调查和结论

（一）对于圣水峪镇基督教活动的体验

2014 年 8 月 24 日，笔者跟随北东野村村民一姓朱的老人，前往圣水峪镇中心的一所教堂参加礼拜活动。笔者乘公交车到达的时间是上午 9 时 40 分左右，到达时教堂里正在诵唱圣歌。整个礼拜堂规模并不大，长约 30 米，宽近 20 米。有 50～60 人参与了当天的礼拜，其中有 30 多人是老年妇女，十多人为老年男性，4 名中年妇女，后来讲经中途又来了一位中青年男子，儿童在院内玩耍，没有参加活动。主持诵唱的是一名老年妇女，在演唱结束后（约十点一刻）的祈祷也是由她主持，持续了大约 10 分钟。之后，一个从县城来的女教师来向大家讲解《创世记》的 50 章 9～22 节，关于约瑟在父亲去世后宽恕了自己的兄弟的事迹。在进一步的阐发中，她具体讲到了和美国的一个博士谈论宽恕的价值以及在旅途火车上和同行的人谈论自己按照主的道实行宽恕后得到解脱的心情。大约 11 点半，宣讲结束，全场进行了 5 分钟的结束祷告，祷告后给参与活动的人员每人一些糖果，之后主日活动结束。

（二）对基督徒村民的走访

8 月 25 日上午，笔者首先前往曾经一同前往基督教礼拜的朱姓老人家进行实地采访。老人现年 70 岁，高小毕业，有 5 年的基督教信仰。老人引起笔者兴趣的情况是，他不仅经常性地参加基督教堂的礼拜活动，而且在书院开办的《弟子规》课程上也表现积极，基本上每次课程都能出席，对于《弟子规》的文段还能背诵一些章节。

笔者首先询问了他的基督教信仰的情况。按照老人的叙述，他的妻子信奉基督教已经 20 余年，他也是在妻子的影响下最终信奉了基督教。当初，他的妻子在中年时期久病不愈，不论是肉体还是精神均十分痛苦，然而在接触和信奉基督教后，她的病痛逐渐消失，而心境也比以前平和了。而老人自己也在 6 年前患上了严重的脑血管疾病，昏迷了 20 天，是从死亡线上挣扎着活下来的。虽然老人自己并未觉得心态有明显的变化，但作为以前并不热心于妻子的传教的老者，却在痊愈几个月之后就皈依了基督教，并且很积极地参加教会活动。

在访问之前笔者关于基督教的信仰听说过一种说法，即很多老人信仰基督教的原因来自晚年对于死亡的畏惧，但是实际的访问发现情况可能比这个解释微妙许多。朱老是一个非常乐观豁达的人，不论对日常琐事还是生死大事都看得很开，对于死亡和死后的问题并不是很在意，但是他对于基督教的信奉依然很积极。据老人讲，自己对于基督教的信仰很大程度上是受到“信奉神，行善积德，死后就能够上天堂；而不信神，作恶的人死后会下地狱”的说法吸引。而且这种吸引，据笔者考察并不是（至少不仅仅是）对自己上天堂的期许，而是这种死后审判的机制让人看到了公理，一定程度上与中国古代“苍天有眼，赏善罚恶”的思想相对应。这也使得笔者推测，老人的皈依应该一定程度上是基于对生活的感激。此外，老人平时并不与子女谈及信仰问题，也缺乏对子女、孙辈传教的兴趣和耐心，对于在孙辈有孩子之后是否会传教的提议，老人也显得兴致不高，只表示可能会读一点经给孩子听听，这和传统的基督徒形象也并不十分契合。

接下来笔者开始与老人交流学习《弟子规》的经验，老人最初进入《弟子规》的学习班也只是听到了村里的宣传，怀着试试看的心情参加的。但是在上课之后，他真切地感受到了宣讲传统道德文化是很好的事情，书院老师的讲课也很有吸引力，于是他在最近一年把相当一部分以前用来参加基督教活动的时间精力，转而用于参加书院乡村儒学课程。结合他对于基督教的态度，可以看出，老人是比较本能地对于学习以及劝人向善的经典教育感到很有兴趣，至于是哪种宗教和文化他并不在意，只要是能够改善人心的，他就愿意去听、去学习。

对于他后来频繁参加书院活动的行为，他的妻子曾经也埋怨他，说这是对神的背弃，死后是上不了天堂的，但是老人对此并不十分在意。按照老人自己的解释，每当他遇到儒学活动与基督教活动相冲突的时候，他就向神祷告，然后，“就感觉到祂告诉我，今天应该去书院，或者，今天应该去教堂”，然后就按照感觉行事。虽然这种情况下，最终还是去书院的情况比较多，但是按照老人的说法，自己已经向主告解了，再去书院并不违背主的训示，自然不会遭到惩罚。这种自我安慰的方法是不是与《圣经》相符合，笔者不能妄加评论，但是老人以此方法解决了内心中两种文化的冲突，是颇有意思的。

经由村民介绍，笔者又对另一家基督徒村民进行访问。这一家的女主人姓尹（下文将称她为尹姊妹），62 岁，小学文化，是村里最早的基督信徒，迄今已经皈依近 30 年。据她所述，中年时她曾经有一个近亲患上了重病，数天高烧不退，几个医生都无法治好。后来有一些基督教教徒向她建议进行祷告仪式以求治愈他，抱着死马当作活马医的心态，他同意了。令人难以置信的事情发生了，祷告后不久病人的体温就逐渐降到正常水准，当天就能下床走路。这件事情给尹姊妹的触动很大，促使她自行跑到县城里找到了基督教的组织，并当即要求皈依。随后她向我讲了她自己一些难以治愈的慢性病，另一个信众的多年的烂眼病，在皈依和祈祷之后都康复的事例，还有两个也患有严重疾病的村民，其中信奉基督教的康复了，没有信奉的最终去世。最神奇的是她的一个同伴，曾经在同行的路上看到了尹姊妹逐渐走上天空的幻象。关于这个幻象的原因，她很真诚地认为这是她对于主的信仰，使得主可以通过她向同行者彰显主的大能。这种出于对神的敬畏和感激的信仰来源，应该是很纯粹和坚定的，以至于即使事实有所不同，她也会倾向于按这样的方式思考和理解所遇到的事情。

当笔者问及其他的家庭成员对于她的基督教信仰的看法，以及她自己对周围人传教的经历的时候，她表示家庭成员对于她的信仰虽然说不上大力支持，但是态度是很正面的。至于传教，虽然自己比较积极致力于对家人和接触到的村民的宣讲，坚持着践行《圣经》宽恕、怜悯他人的不信，并引导他们去相信的教导，但是效果十分有限，家里只有自己是基督徒。甚至连自己的孙子，平常也很难带着他一起阅读《圣经》，她很无奈地说道：“小孩子不太懂。”

此外，笔者和尹姊妹还谈到了近期她所常去活动的镇教堂。这是一个设备很完善、很现代化且有一定国际交流的教堂，有电脑网络等多媒体设备，甚至配备了一个数十人的西乐团以演奏宗教歌曲。近期这里还曾经接待过美国的两个牧师，他们携带多达数十万元的善款来到泗水地区资助基督教活动。从这里可以看到美国等西方国家对中国的基督教发展的投入力度相当之大，儒学这种需要自力更生的宗教文化在这方面还是有很多困难需要克服。

四　北东野村儒学和基督教发展的比较和结论

笔者所观察的乡村儒学活动和基督教活动，流程结构有相当大的相似性。二者均为以经典解读为主干，之前辅以代入主题的活动内容。拜孔子像和背诵经典，祈祷和诵圣歌，本质的作用都是相同的。两个活动也都对参与者给予了一定物质激励。然而在活动的参与上，两者的差异却是比较明显的。

首先，可以看出参与人员构成上存在着相当大的差异。在书院举办的《弟子规》讲授中，年龄分布更为平均，不同性别的出席差别不大，或者说，儒学活动比起基督教活动更像是一个全民参与型而不是局限在某个特定人群的宗教文化活动。

其次，儿童在活动中直接参与的程度不同。在儒学活动中，儿童扮演了积极的参与者的角色，而在基督教活动中，儿童只是处在那个场所，而对于活动本身是置身事外的。这个现象的直接原因可能是家长和儿童双方对于课堂和礼拜中儿童所扮演的角色的定位就是现今的样子，儿童在课堂上就应该参与问答和展示，而院方也确实提供了这样的机会；礼拜活动儿童则没有什么可参与的。这也间接反映出两种活动的阶层普适性不同。

最后，单就笔者所考察的两次活动比较而言，儒家活动中的出席人员听讲积极性更高一些，走神开小差的情况更少。

结合笔者在基督教堂的礼拜考察和对于村民基督徒的采访，大致可以做出如下推测。第一，尼山地区基督教的信众构成目前是以老年人占绝对多数，如果教堂样本比较贴近事实，大概是85%以上。第二，这些老者大部分有自身或者亲属患有重病难以治愈的经历，这成为他们皈依的一个重要诱因。第三，本地基督教宣传侧重天堂与地狱、审判与改悔。这些死后的论断客观上对老人的吸引力大过中年和青少年。第四，基于前三个推测，可以进一步推论，近年来基督教人口的增长应该是以老年人为主，而且其发展模式会维持老年人在信众中的比例，甚至有可能会进一步导致这一比例增大。

关于基督徒和儒学课堂听众的结构性的差异尤其值得注意的。上文提到，儿童在《弟子规》的讲授课程中，不仅仅是一个积极参与者，更是一定程度上成为课程的主角。他们在出席课堂活动、认真听取课程之外，以背诵经典的方式对全体出席人员进行学习示范和激励，更在对长辈行二拜礼这个环节中，以切身实践儒家礼节的方式，成为儒家精神的实践者。这一环节的作用是不可低估的。人对于宗教文化的接触过程，可分为接受、理解、信奉、实践四个逐级递进的过程，在低级层次到达之前，个人是不可能达到更高级层次的。但是高级层次的教育，如关于宗教文化实践的教育，是涵盖了之前三个层次，亦即，高级层次的教育，会比低级层次更为全面，教化更为深入。当然，高级层次的教育的效果也基于低级层次教育的理解，如果对低级层次没有足够的掌握程度，高级层次的教育效果十分有限。不过，实践环节对于《弟子规》班级的儿童来说似乎并不是太高的要求，他们基本已经通读并且对于80%的文段进行了详细的解读，应该说接受和理解的层面已经基本掌握，信奉的层次虽然在课堂上笔者没有办法直接解读，但是从对于村民以及儿童本人的访问，对其日常行为的了解，可以看到应该也是达到了，而且有一部分已经在有自觉地追求实践层次的理解。总而言之，《弟子规》课程，在北野村儿童的心目中已经可视作一种坚实的信仰基础。我们可以期望，这些儿童在成年之后，会自觉地向自己的后代传授这一文化信仰，而且由于他们所接受这一信仰的方式所取得的成功，有理由相信他们在未来运用同一方法的时候，也会收到与之相当的成果。

相比之下，基督教的活动似乎缺乏对于儿童的教化活动。首先，对《圣经》的理解需要一定的文化基础。中国小学的教育水准，尤其是乡村教育水准，似乎很难达到读懂圣经的语句的水平。这就导致实际上在经文讲解的过程中儿童主观和客观两方面都被排除在活动之外。其次在诵唱圣歌的环节不知是出于主办方没有考虑还是儿童客观上参与兴趣不大，这种简单直接的实践环节也没有让儿童参与。在整个礼拜活动，儿童都处于旁观者的位置。固然潜移默化是有一定作用的，但是比起直接的阅读和实践，这种不专注的旁观起到的效果，实在不能与集中性、参与性、实践性的宗教文化活动相比。因此笔者认为，该地基督教在少年儿童群体的推广潜力有限。随着医疗技术的发展和政府投资力度的加大，因为无法祛除病苦而导致皈依基督教的人数应该会越来越少，随着这一些具有时代特点的信众退出历史舞台，其未来的发展潜力也应该会被质疑。

综上所述，由于两种宗教文化在儿童教育教化程度方面存在比较大的差距，可以认为，儒学发展的未来形式更为乐观。当然，前提是未来的乡村儒学发展继续将少年儿童教育作为一个工作重点，从实践方面也要更加贯彻儒家精神与现代社会情况的结合，同时，要进一步注重儿童在儒学实践方面的教育，才能取得更好的实效。

三教关系

近代基督宗教在中国的传播及其对儒释道的冲击

纪华传*

基督宗教①在中国的传播及迅速发展，是近代中国历史上的一件大事。自清末基督宗教进入中国以后，在传播西方文化，兴办教育事业，创办医院、孤儿院等慈济事业方面都对中国社会的进步和近代化起过积极的推动作用，与此同时，改变了中国近代宗教的文化生态环境，打破了中国传统文化中儒、释、道三教互补平衡的宗教文化格局，使儒、释、道三教均面临着新的挑战。

一　鸦片战争后的不平等条约与传教自由

自清末基督宗教进入中国以后，虽然在传播西方文化、兴办公益慈善事业等方面都对中国社会起过积极的推动作用，然而不容讳言的是，由于这一时期基督宗教在中国的传播是伴随着帝国主义侵略而来，是在不平等条约下借助于军事力量和强权政治强行进入中国的，因此带有强烈的文化侵略的色彩。这一时期的广大老百姓和士大夫阶层比较普遍地对基督宗教

* 纪华传，中国社会科学院世界宗教所研究员。

① 由于“基督教”一词有广义和狭义之分，广义的基督教包括天主教、东正教和基督新教三大派别，与佛教、伊斯兰教统称为三大世界性宗教，狭义的基督教则仅是指其中的新教。为避免混乱，本文依现代学界的提法，通常将广义的基督教称为“基督宗教”，而将狭义的基督教称为新教。然而将近代中国对天主教、新教一般不加区别地统称为基督教，或称耶教、亚教等，故在引用近代著述时，并不对此另作解释。

存在反感甚至仇视的心理，甚至还有“信了洋教便不是中国人，多一基督徒则少一中国民”① 的偏激看法，出现了众多的反对基督教堂和基督教士的反洋教运动及“教案”。这些都反映出基督宗教在近代社会对于中国传统宗教的冲击。近代西方文化的传入，为中国文化带来了新的视野，同时改变了中国文化生态环境，使中国传统的儒教、道教与佛教，都面临着新的挑战。与佛教和平地传入中国，以及中国人自觉地选择吸收不同，近代基督宗教在中国的传播，是伴随着西方列强坚船利炮而进入的，自然面临着被中国人接受和认同的艰难过程，如果要真正扎根、生存、发展，不可避免地需要经历艰难的中国化过程。正如印顺法师所说：“昔日文化之为友为敌，唯儒与道；今则文化之新友新敌，将加入西方之宗教、哲学、科学。处非常之变，而晚唐来之传统佛教者，一仍旧贯，无动于心，真难乎为继矣！”② 印顺此论断，精辟地概括了近代以来，随着基督教及西方文化的传入，改变了中国近代宗教的文化生态环境，基督宗教及西方哲学、科学成为传统文化的“新友新敌”，这对佛教而言是一个新的挑战。从晚唐以来，佛教通过主动调整，已经适应了封建帝王时代的政治文化需要，起到了辅助国家教化、安定社会民心的作用。然而近代基督宗教的传入，打破了中国传统文化中儒、释、道三教互补平衡的宗教文化格局，如果不顺应时代积极面对，仍延续晚唐以来的传统，“一仍旧贯，无动于心”，那么必然将会面临新的生存危机。

基督宗教传入中国，历史上前后共有四次。最早在唐代太宗贞观年间，基督教中的聂斯托利派开始传入，被称为“景教”，后于会昌五年（845）因为灭佛运动，殃累牵连，遭到禁止。元代基督宗教（景教和罗马公教）再次传入中国，称为“也利可温”，元灭亡后又中断了传播。明万历年间，天主教耶稣会派传教士利玛窦被派往东方传教，从万历十一年（1583）开始，先后在肇庆、韶州、南昌、南京等地传教，晚年一直居住在北京。由于利玛窦尊重中国传统的祭天、尊祖等习俗，并且通过传播西方科学知识从而博得了中国知识分子的好感，使基督宗教在中国的传播得到了长足的发展。因天主教的迅速发展，清代康熙朝后期开始

① 于本原：《清王朝的宗教政策》，中国社会科学出版社，1999，第 312 页。

② 印顺：《佛教史地考论》，载《妙云集》下编之九，台北：正闻出版社，1992，第 92 页。

施行限制天主教教士传教活动的政策。雍正朝时公开宣布禁止天主教，不准民众信仰天主教，也不准西方人在中国各地自由传教，并将教堂没收或改为庙宇、民居等。乾隆、嘉庆朝，一直采取严厉的禁教政策，如嘉庆十年（1805 年），朝廷再次重申："军民人等，嗣后倘再有与西洋人往来习教者，即照违旨例从重惩究，决不宽待。又谕西洋人等，除贸易外，如私行逗留讲经传教等事，即随时饬禁。"① 至道光初年依然维持此政策。自鸦片战争以后，随着西方列强加紧对中国的侵略，相继签订了一系列不平等条约，基督宗教在中国得到了新的传播和发展，是为基督宗教第四次来华传教。

鸦片战争以后，西方列强以坚船利炮打开了中国的大门，强迫清政府签订了一系列不平等条约，中国开始沦为半殖民地半封建社会。1842 年清政府与英国签订了丧权辱国的《南京条约》后，又与美国和法国签订了《望厦条约》和《黄埔条约》。通过这些不平等条约，西方侵略者在中国攫取了大量的特权。在这些条约中，有不少条款涉及保护天主教、基督教自由传教的内容，如允许传教士在广州、厦门、福州、宁波和上海五处通商口岸传教。依仗着这些不平等条约的保护，基督教在华传播的势头迅猛扩张，但此时还不允许外国传教士进入内地传教。《南京条约》没有专门关于基督宗教传教的条款②，但是五口通商的特权实际上默许了在这些口岸传教的权利。

1843 年中美《望厦条约》明确提到了传教问题，并且给予美国"治外法权"，该条约第十七款规定："合众国民人在五港口贸易，或久居、或暂住，均准其租赁民房，或租地自行建楼，并设立医馆、礼拜堂及殡葬之处。"③ 据德国学者毕尔麦尔（Bihlmeyer）等的研究，在整个 19 世纪到 20 世纪，自从比约庇护九世（Pius Ⅸ）以来，所有的基督教教宗都特别重视传教工作。"在传教士人数和投入的资金方面，法国仍然处于第一位，尤

① 刘锦藻编《清朝续文献通考》卷 89，《选举考六》。

② 也有研究认为，《南京条约》有："耶稣天主教原系为善之道，自后有传教者来至中国，一体保护。"并将这一条款被视为"传教"条款之"滥觞"。参见晏可佳《中国天主教简史》，宗教文化出版社，2001，第 140 页。

③ 蒋世弟、吴振棣编《中国近代史参考资料》，高等教育出版社，1988，第 96 页。

其是巴黎外方传教会。”①

1844 年中法《黄埔条约》有更多内容涉及基督宗教，除了享有英国、美国在中国的一切特权，允许法国人在五处通商口岸租地建造礼拜堂外，还要求中国有保护教堂的义务，如第二十三款规定：“倘有中国人将佛兰西礼拜堂、坟地触犯毁坏，地方官照例严拘重惩。”② 由此开始了强迫清政府负责保护其教堂的责任。此后道光皇帝被迫解除了对基督宗教的禁令，承认基督宗教为劝人弃恶从善的，并非邪教，但他拒绝了法使“使皇帝谕旨家喻户晓”的要求，认为“万无明降谕旨通谕中外之理”，并且坚持外国人不准赴内地传教。1846 年道光的上谕说：“天主教既系劝人为善，与别项邪教迥不相同，业已准免查禁。此次所请依议准行，所有康熙年间各省旧建之天主教堂，除改为庙宇民居毋庸查办外，其原有旧房屋，如勘明确实，准其给还该处奉教之人。……依照现行章程，外国人概不准赴内地传教，以示区别。”③ 道光皇帝谕旨将清政府实行了一百多年的禁教政策正式解除，并且将康熙年间的天主教堂归还，于是天主教在五处通商口岸开始正式转为公开活动。

1856 年 10 月至 1860 年 10 月，第二次鸦片战争爆发。在此期间，中国作为战败国先后与俄、美、英、法签订《天津条约》，与沙俄签订《瑷珲条约》，与英、法、俄签订《北京条约》等不平等条约。以法国为例，中法《天津条约》第十三款中有关传教问题中提到：“天主教原以劝人行善为本，凡奉教之人，皆得保其身家，其会同礼拜、诵经等事，概听其便。凡按第八款备有盖印执照，入内地传教之人，地方官务必厚待保护。凡中国人愿信崇天主教，而循规蹈矩者，毫无查禁，皆免惩治。向来所有或写或刻奉禁天主教各明文，无论何处，概行宽免。”④ 中法《北京条约》提出赔偿或归还前被充公的天主教产，法方还在中文约本上私自增加：“并任法国传教士在各省租买田地，建造自便。”自此，西方国家来中国的传教活动，逐渐由通商口岸深入内地，由保护传教士进而保护中国教民。

---

① 毕尔麦尔（Bihlmeyer）等：《近代教会史》，宗教文化出版社，2011，第 324 页。

② 蒋世弟、吴振棣编《中国近代史参考资料》，高等教育出版社，1988，第 98 页。

③ （道光朝）《筹办夷务始末》第 6 册，中华书局，1979，第 2964 页。

④ 王铁崖编《中外旧约章汇编》第 1 册，三联书店，1982，第 107 页。

正如德国学者毕尔麦尔（Bihlmeyer）等所说："中国是一个庞大的帝国，同时也被西方视为亚洲最重要的和最有前途的传教地区。在1857～1860年的第二次鸦片战争后，中国政府被迫在《北京条约》（1860）中允许国人有宗教自由，又允许传教士在内地有居住的权利，并且要做出赔偿和归还被没收的教产。在华的公教会传教士享受了法国的保教权。虽然有部分的官员反对教会，但在华的传教工作仍得到了很大的发展。"[①] 自此以后，法国成为在近代中国最主要的传教国家，并与葡萄牙在澳门争夺传教权。

二　基督宗教与中国社会及宗教文化的冲突

近代基督宗教传入中国，既受到不平等条约的保护，同时为不平等条约所累，影响了中国人对基督宗教的客观公正的认识。如太虚所言"天主教、基督教等，有许多都是跟着帝国主义者所订的不平等条约来中国的"[②]，这与佛教以和平传播的方式传入中国完全不同。佛教的教义思想、伦理道德等虽然与中国固有的儒家、道家等思想有很大差异，外来的宗教与本有的文化之间不断发生着论辩，但是相互之间的矛盾与冲突仅仅限于思想领域，未曾因为佛教的传播发生过战争。光绪晚年，两广总督陶模曾致函耶稣会教士李提摩太，谈及中国人排斥基督教的原因："夫我中国人之心胸中，素无忌嫉异教人之思想，即如佛教之来二千年，儒士间有诵言以辟之者，但民间与僧侣则始终相安，焚香膜拜，且遍天下，况贵教之肫诚恳挚与人为善哉！然则民教相仇之故，其不因宗教起见，可知也。"[③] 他进一步指出，传教条约是因战争而缔结，由于中外所缔结的不平等条约，使中国民人认为外国传教是以势力相驱迫，所以心生疑畏。这表明，中国人本无排斥外来宗教的习惯，而近代中国民众对西方传入的基督宗教如此仇视，其根本原因不在宗教观念的不同，而在于清政府与西方列强缔结的一系列不平等条约等退让政策。

---

① 毕尔麦尔（Bihlmeyer）等：《近代教会史》，宗教文化出版社，2011，第324页。

② 太虚：《佛寺管理条例之建议》，载《太虚大师全书》第9册，第397页。

③ 李恩涵：《同治年间反基督教的言论》，转引自刘小枫《道与言——华夏文化与基督教文化相遇》，三联书店，1995，第226页。

近代基督宗教由于是挟帝国势力而来，难免带有文化侵略的色彩，而传教士往往利用法外治，经常干涉诉讼，包庇教民，激起民怨，最后导致“教案”。《清朝续文献通考》曾言及鸦片战争以后基督宗教的传播以及教案之危害：“信教自由，东西通例。我以各国传教载在约章，咸、同以后教案迭出，地方官吏既无布置于事前，复尠挽救于事后，驯至鱼烂河决，不可收拾。惩犯不已，继以偿款；偿款不已，继以割地。朝廷惩前毖后不啻三令五申，而卒不能消此祸患者，非以愚民过多，一哄而起，无意识以破其障害乎？然而教养无方，民散已久，有司为渊驱鱼，固非徒百姓之咎也。”[①] 由此可见，近代基督宗教在中国扮演了不光彩的角色。

诺尔斯《英国海外经济史》中说：“在扩大英国殖民地方面，有一个团体比其他任何人有更多的贡献，那就是传教士利文斯敦（David Livingstone）和莫发特（Moffatt）等人所进行的工作。”[②] 甚至有传教士声称要以“基督教占领中国”。如1913年以后，外国教会曾经对我国基督教进行大规模调查研究，出版了名为《中华归主》一书，其英文原名是《基督教占领中国》。基督宗教的这种帝国主义文化侵略性使中国社会和民众对于基督教的隔膜、误解和偏见逐渐加深，进而引发了一系列教案。据顾长声《传教士与近代中国》载，“仅就由于西方传教士引起的大小教案”，就有400余起，其中较为重大的教案约有25起。如1900年庚子教难，义和团杀死主教、教士及教民共两万多人[③]，对基督宗教而言是一次空前的灾难。5月25日的上谕中分析了此次教难的原因：“我朝二百数十年，深仁厚泽，凡洋人来中国者，列祖列宗罔不待以怀柔。迨道光、咸丰年间，俯准彼等通商，并许在我国传教，初亦就我范围，讵三十年来，恃我国仁厚，一意拊循，乃益肆嚣张，欺凌我国家，侵犯我土地，蹂躏我人民，勒索我财物。朝廷稍加迁就，彼等负其凶横，日甚一日，无所不至，小则欺压平民，大则侮慢神圣，我国人民，仇怨郁结，人人欲得甘心，此义民焚

---

① 刘锦藻撰《清朝续文献通考·外交考十三·传教》卷349，商务印书馆，1936，第10917页。

② 诺尔斯：《英国海外经济史》第1卷，袁绩藩译，上海人民出版社，1966，第126页。

③ 王治心所写《中国基督教史纲》（上海古籍出版社，2004，第193页）对此次教难有过统计：“共计被杀害的天主教主教5人，教士48人，教友18000人；东正教教士188人，教友5000人，实在是空前的浩劫。”

烧教堂，屠杀教民、教士所由来也。”① 近代中国积贫积弱，备受西方列强凌辱，携彼之威而来的不少基督教士亦往往漠视中国法律，欺压平民百姓，致使怨恨郁结，导致民众焚烧教堂、屠杀教士和教民等教案。

教案的产生，与近代中国人对帝国主义的仇恨，以及对基督宗教的隔膜和误会等都有密切关系。士人、官员对基督宗教普遍抱着反对、警惕的态度，带有很深的偏见，即使是有知识甚至是有世界眼光的知识分子都不能例外。而在广大的老百姓中，则盛传诸如教民被挖眼、剖心，幼儿被采精等骇人听闻的传闻，事实上反映了社会民众普遍拒斥基督宗教的心理。曾国藩在处理天津教案时说，导致此等教案原因是“义愤所积”，教案的频发且难以制止主要原因并非完全由于百姓的愚昧和对洋教的盲目仇视，更主要的问题在于清政府积弊已久的统治、管理的无方和面对西方列强时表现出的软弱。

衰落腐败的清政府虽然意识到基督宗教的传播对中国传统文化的冲击，但是却因帝国主义不平等条约的保护，只得息事宁人。凡有地方官对教案处理不当，保护教士、教民不力者，皇帝常常下旨将其“革职”“严惩不贷”以及“永不叙用”等。以《清实录》中光绪朝为例，自光绪二十一年（1895）开始，至光绪三十年（1904）十年时间中，至少有二十余次发布上谕，要求各省巡抚谕令地方官，对各国设立的教堂及其教民严加保护，以期民教相安，若有违者，从严惩处，由此可以看出清政府在处理基督教问题时的软弱和无所适从。如光绪二十四年（1898）九月，“谕军机大臣等、电寄各省将军督抚。前经谕令各省保护各国教士，此事极有关系，各该将军督抚、务当严饬地方官，于教堂所在，及教士往来之处，一律认真保护，不准稍涉玩懈。如再有防范不力致滋事端，定即从严惩处”②。因摄于西方列强的淫威，软弱腐败的清政府不敢对基督宗教纳入正常的宗教事务管理之中，只能一味退让，致使矛盾不断升级与激化。一旦发生教堂被毁，甚至教士、教民被杀的事件，清廷只能赔款安抚。赔款又分官赔和民赔两种。据光绪二十五年（1899）六月因川省教堂被毁赔款之事，谕旨中称：“各省教堂，偶有被毁之处，华人之充教士者，往往嗾使

① 萧若瑟：《天主教传行中国考》卷七，载民国丛书编辑委员会编《民国丛书》第二编，上海书店出版社，1989，第474～475页。

② 《清实录》第57册，载《德宗景皇帝实录（六）》卷429，中华书局，1987，第627页。

司串，动索巨款，甚至数十百万。以致赔款愈多，教堂愈添教案亦因之叠起，种种轇轕，需索无厌。”[①] 此次赔款，是以川省昭信股票存银，移作赔款。昭信股票存银70余万两，剿办余蛮子（余栋臣）反洋教起义截银五十万两，添募勇营，剩余银两即移作赔款。

光绪二十三年（1897）山东巨野教案后，张汝梅继李秉衡后处任山东巡抚，山东地区频发教案，至光绪二十五年（1899）在他短短的一年半任上，竟然发生教案21起。兹以《清实录》中的谕旨可以看出，朝廷在处理教案问题上，除了弹压百姓，令民教相安外，近乎束手无策。二月，朝廷上谕，电寄山东巡抚张汝梅，“近来山东民教不和，屡屡滋衅，亦实不免有虐待教民情事，以致彼教衔恨，藉事生风。此种情形，总由地方官平时不善开导，遂至睚眦报复，积怨成仇，口角细故，致酿巨案。着该抚谆饬各州县，即行剀切晓谕士民，须知入教之人，同系朝廷赤子，与尔民生同里闬，自应谊笃睦女滟潋，不必因其习教，故存嫉恶之心，庶彼此相安无事。遇有词讼，无论教不教，地方官总应一律持平办理，毋得稍涉歧视，以期消患无形。……东省民教不和，由来已久。从前平民贱视教民，迨后彼强我弱，教民日见鸱张，横行乡里，鱼肉良民，断无虐待教民之事。嗣后遇有词讼，无论民教，仍一律持平办理。”[②] 此谕旨对“横行乡里，鱼肉良民”的教民百般辩护，且倒因为果，因为“从前平民贱视教民”故引起教民反弹，为教会开脱责任。三月，又因德国军队驻扎在日照，故电谕张汝梅饬夏辛酉带领军队前往弹压，明示保护教民。并称：“业经叠谕，暗为防范。毓贤接任后，应仍遵前旨慎重办理，相机因应。如果一味蛮横，固不得事事忍让，无所底止，尤不得稍涉孟浪，衅自我开。疆臣办事，总须为国家通筹全局，期无后患，不宜顾一时毁誉，率意径行，是为至要。”[③] 朝廷的忍让并没有使民教之间的矛盾平息，至十二月甚至在平阴、肥城两县酿成了杀害传教士的事件。此事件发生后，朝廷谕旨称：“览奏，殊深惋惜。各国传教，载在约章。叠经谕令各该督抚、督饬地方官，随事随时认真保护，奚止三令五申。乃山东地方，竟有教士被

① 《清实录》第57册，载《德宗景皇帝实录（六）》卷446，中华书局，1987，第885页。

② 《清实录》第57册，载《德宗景皇帝实录（六）》卷439，中华书局，1987，第786页。

③ 《清实录》第57册，载《德宗景皇帝实录（六）》卷440，中华书局，1987，第791页。

害之事。该地方文武各员，事前疏于防范，已属咎无可辞。若不即将凶犯赶紧缉获，尚复成何事体。着袁世凯迅将疏防之该管各官，先行处，一面勒限严缉凶犯，务获惩办，以靖地方而敦邻好。”① 正是因为清政府对帝国主义的畏惧而表现出的一再忍让等无作为的态度，逐渐使民愤愈激愈烈，直至发展到一发不可收的程度。

除清政府因摄于西方列强的淫威及传教条款的原因，故对于基督宗教缺乏行之有效的管理外，中国的士大夫阶层对西方传入的基督宗教的认识是有一定的偏颇的，部分学者甚至认为基督教是一种外道邪说。如清末名臣沈葆桢在同治六年（1867）时曾认为：“通商罔利，情尚可容；邪说横行，神人共愤。然其为教，亦各不同。耶稣教以清净为宗，虽是非谬于圣人，可以僧道之流待之。天主教则纳污藏垢，无所不为，渊薮捕逃，动与地方官为难。名为传教，实则包藏祸心。正士良民，不胜愤恨之情，致有戕杀之举。法人借端肇衅，转令我词穷。彼以全副精神专注于此，虽仿僧道之法，设官以治之，无益也。”② 李东沅在《论传教·洋务抉要》一文中指出通商、传教皆为中国无穷之害：“窃谓外国传教之士，实中国召衅之由也。洋人之到中华，不远数万里，统计十余国，不外通商、传教两端。通商则渐夺中国之利，传教则并欲夺华人之心。阳托修和，阴怀叵测。而教民交涉之案，遂迭起矣。”③ 清末的士大夫均将通商与传教相提并论，认为是西方列强侵害中国的最重要的两个方面，对于通商一事能够容忍，然对于传教一事，则普遍持抵制态度。

有人站在保护国家领土完整、维护社会稳定的立场上来防范基督宗教。如康有为在光绪十四年（1888）十月《上清帝第一书》中说：“法既得越南，开铁路以通商，设教堂以诱众，渐得越南之人心，又多使神父煽诱我民，今遍滇、粤间，皆从天主教者，其地百里，无一蒙学，识字者寡，决事以巫，有司既不教民，法人因而诱之。”又说：“法与英仇，畏英属地之多也，近亦遍觅外府，攻马达加斯加而不得，取埃及而不能，乃专

① 《清实录》第57册，载《德宗景皇帝实录（六）》卷456，中华书局，1987，第1010页。

② 《船政大臣沈葆桢条说（节选）》，载王明伦《反洋教书文揭帖选》，齐鲁书社，1984，第325页。

③ 李东沅：《论传教·洋务择要》，载王明伦《反洋教书文揭帖选》，齐鲁书社，1984，第37页。

力越南以窥中国，数年之后，经营稍定，以诸夷数十万与我从教之民，内外并起，分两路以寇滇、粤，别以舟师扰我海疆，入我长江，江楚教民从焉，不审何以御之?"[①] 李鸿章亦认为，西方列强"取中国之财利，即以传教阴结中国之人心。夫国家治安天下，以固人心为本，岂容他国之人阴为邀结？今既准其传教，愚民无知，易受笼络。一入其教，则人心但知有教主，不知有国法矣！此其动摇邦本"[②]。章太炎在《訄书》中亦说："吾惧夫彼之不以威詟我，而我亦不以彼为畏也。犹有畏也，曰幸矣！何者？景教者，诸科学之所轻，其政府亦未重也。纵之以入支那，使趋于相杀毁伤，而已得挟其名以割吾地，其计画黠矣！吾林麓无鉴之氓，睹其恣横，而以为泰西故重神之也，积忿结气，怨之衔骨，以及其政府。故地为西守，而念不西乡。审是，则景教者，乃祇以梗泰西东竞之道者也。"[③]

综上所述，皆可看出士大夫们一致认为基督宗教对中国文化危害巨大，它蒙昧迷惑民众、动摇人心，严重撼动着作为中国立邦之本的传统文化思想，是伴随着西方列强政治、经济侵略而来的另一"坚船利炮"。他们意识到这个外来的宗教与中国传统的道教、佛教有着明显的区别，不仅在教义上，而且在宗教仪式、组织方式以及对社会民风的影响上都迥异。为此，政府对基督教的宗教管理政策不能一因管理传统宗教的老路，而需要有所调整。但清政府始终无力及此，因其畏惧于西方列强，故而导致一味的偏袒、优待于基督教，对各宗教不能平等，从而引起士大夫和社会民众的强烈不满。

三　基督宗教对儒、释、道三教的冲击及其传统文化现代化的激发

儒、释、道三教为中国传统社会的精神支柱，在思想领域及社会生活各方面的影响早已根深蒂固，而基督宗教与中国的传统思想有着巨大的矛

① 孔祥吉：《康有为变法奏章辑考》，北京图书馆出版社，2008，第5页。

② 李鸿章序王炳燮《毋自欺室文集》，载王明伦《反洋教书文揭帖选》，齐鲁书社，1984，第27页。

③ 章太炎：《訄书·忧教第五十》。

盾。基督教教义与中国传统的儒家思想的冲突，主要表现在反对祀天祭祖、反对佛教的佛菩萨、道教的神仙，以及民间信仰中的关公等，将他们斥为偶像崇拜。

基督宗教与中国儒、释、道传统宗教矛盾是十分突出甚至势不两立的，不仅来自普通老百姓对其不敬祖先、反对偶像崇拜的反对，更重要的阻力是儒者知识分子的抵制。所以当时的基督教士认为，基督宗教“与中国原有之典章文物礼俗政教真有势不两立之意。彼盖谓：‘吾非除旧何由布新？欲求吾道之兴，必先求彼教之毁’”①。美国长老会传教士狄考文在论及基督教教会学校的作用时亦着重提出要以基督教取代儒家：“中国作为儒家思想的支柱的，是受过高等教育的士大夫阶层，如果我们要对儒家的地位取而代之，我们就要训练好自己的人，用基督教和科学教育他们，使他们能胜过中国的旧式士大夫，从而取得旧式士大夫所占的统治地位。”②

基督宗教在中国的传播对中国佛教带来了不小的冲击，《清朝续文献通考》曾记载俄国借佛教的名义传入天主教：“查雍正五年《恰克图界约》第五款，俄使请造庙宇，见在驻京喇嘛一人，复议补遣三人于此庙居住，礼佛念经，不得禁阻。此为中国教祸之滥觞。俄国本奉天主教，第五款不明言教事，其时中国尚禁传教，故不曰礼拜堂而曰建庙，不曰教士而曰喇嘛，不曰礼拜而曰念经。至咸丰八年津约第八款，则与英法诸国同明目张胆，而曰天主教原为行善矣。国势之不同如是。”③ 此处所说的天主教实为东正教，虽然发生在雍正朝，但与近代有相似处，伴随列强入侵强行传入，故被称为“中国教祸之滥觞”。像这样基督宗教与佛教的冲突时有发生。如第一次重庆教案的发生前，在川法国传教士以《天津条约》《北京条约》中有关对传教弛禁、还堂条款为由，要求退还川东四所教堂旧址，请准以重庆城内长安寺地改修重庆教堂，由此激起民众公愤，导致了1863年3月，重庆民众一举捣毁真原堂及教士住宅多处。

---

① 宓克：《支那教案论》，平复译，转引自《近代中国教案研究》，四川省社会科学院出版社，1987，第37页。

② 顾长声：《从马礼逊到司徒雷登》，上海人民出版社，1985，第287页。

③ 刘锦藻撰《清朝续文献通考·外交考十三·传教》卷349，商务印书馆，1936，第10917页。

随着西学的传入，尤其是基督宗教在近代的迅猛发展，对佛教带来了严重的冲击。如当时的《申报》对基督教和佛教进行了比较，认为基督教的精神是积极进取的，而佛教的精神则趋于寂灭消极："亚教有进取之旨，佛教有寂灭之旨。故亚教之行于中国，可为对病发药。而佛教之盛行，则可使中国人心志愈灰、兴会愈淡，即痼疾愈深。故佛教既衰，吾人不必再为之鼓励。"[①] "亚教"即耶稣教，此处应指基督宗教。太虚大师对此有过总结："清季民初以来，耶稣教之传布，西洋化之输入，更将佛教徒之隐居静修斥为消极，神应灵感呵为迷信，一概抹煞为妨碍强国富民之害群分利份子。凡少壮人士都以佛教寺僧为无用废物，乃提倡化无用为有用，开办学校或举行地方警卫等新政，莫不纷纷以占寺毁像提产逐僧为当然之事。"[②]

近代基督宗教对中国文化生态的改变也带来新的危机，使佛教、儒教、道教面临着新的挑战，这也正是印顺法师所说的，昔日文化之为友为敌，唯儒与道；今则文化之新友新敌，将加入西方之宗教、哲学、科学。基督宗教在近代中国的传播与迅速发展，对于中国传统的宗教文化带来了新的挑战。由于近代中国特殊的历史阶段，基督宗教是在"历史尴尬"时期传入中国。它挟坚船利炮而强行传入，难免不被中国人所诟病。它不像历史上佛教是以和平方式传入中国，帝王、士大夫普遍欢迎并且接受，国家也设立专门的译经院和国家译场。佛教传入中国以后经历了长时间的过程，并非不加选择地全盘吸收，而是经过中国化的判教，有选择地吸收接纳，使其适应了中国社会之需要，在与儒家、道教相互碰撞、相互吸收、相互融合的过程中，逐渐形成了互补共存的局面，佛教在净化社会人心、辅助民众教化方面起到了重要作用。佛教的哲学思想、伦理道德、文化艺术等很多内容融入了中国传统社会，成为中国文化的有机组成部分。因此，基督宗教所面临的中国，并非如非洲、美洲、澳洲等荒蛮落后之地，而是一个有着悠久历史和高度文明的国度。而基督教顽固、强硬、不考虑中国国情的传教方式，不可避免会引起一起又一起教难的发生，这使传教的过程变得异常艰难。甚至有佛教僧人评价说："鸦片战争后，准许外人来华经商传教，这证明了帝国主义军事侵略，是要亡我们的国家，经商图

① 《论提倡佛教》，《东方杂志》第2卷第7期，1905年8月。

② 太虚：《精诚团结与佛教之调整》，载《太虚大师全书》第34册，第633～644页。

利，是要剥削我们民族的利益。传播邪说，是要亡我民族，因为西方宗教，反对祭祖，反对孝敬父母，反对伦理习俗，这不仅直接斲丧中国固有伦理道德，并且瓦解我中华民族传统精神，摧毁佛教文化的生命。”①

关于基督教在近代中国传播过程的缺点，王治心的评价颇为公允，他说：“其传布的布景，不幸与不平等条约发生关系，这虽在当时情势有不得不尔的苦衷，非一般抱牺牲主义的教士们的素愿，究竟是基督教在中国的历史上不易洗涤去的污点。是以有不少明达的西教士，曾经电呈本国政府，愿意脱离传教条约的保护，与积极提倡本色教会。平心而论，谓帝国主义利用基督教则可，谓基督教甘心作帝国主义的虎伥，未免有些冤枉。”② 可见，基督宗教若想在中国顺利的传播，需要与传统的儒家、道教和佛教相互调适，从而较好地融入中国社会，实现基督宗教中国化的过程。而广大老百姓和士大夫阶层对基督宗教存在方式方案表现出的普遍仇视的心理，客观上也反映出基督宗教在近代社会对于中国传统宗教的冲击。攻击基督宗教的揭帖，将基督宗教斥为杨墨之异端：“彼教日盛，则从孔孟者必至日衰。孟子云：杨墨之道不息，孔子之道不著。今天主教邪说诬民，充塞仁义，岂直杨墨之比哉！”③

蔡元培在1900年3月著《佛教护国论》，专论佛教对抵制基督教在中国传播方面的作用。其文曰：“耶氏之徒，能摄取社会之文物以为食，体魄甚恶，如猛兽也……浸寻而欲占我国孔教之虚矣。……呜呼！儒佛之中，有能食文物而强大于体质之者乎？儒之中，盖有知之者，然而儒者厄于世法者也，集网甚密也，资本无出也。……学者而有志护国焉者，舍佛教而何藉乎。”④ 又云：“人之为道也，饱食暖衣，逸居而无教，则近于禽兽。国者，积人而成者也，教者，所以明人与人相接之道者也。国无教，则人近禽兽而国亡，是故教者无不以护国为宗旨者也。”蔡元培深谙宗教对于一个国家精神凝聚和道德教化的重要性，他意识到在中国近代社会转型之中，只有佛教才真正有力量与基督宗教相抗衡，来保存中国的传统文

① 东初：《中国佛教近代史》，台北：东初出版社，1984，第47页。

② 王治心：《中国基督教史纲》，上海古籍出版社，2004，第320～321页。

③ 王明伦选编《反洋教书文揭帖选》，齐鲁书社，1984，第29页。

④ 蔡元培：《蔡元培全集》第1卷（1983～1909），中华书局，1984，第107页。

化精神。然而，由于清末朝廷不平等的宗教政策，特别是庙产兴学对佛道教的摧残，实际上加剧了清王朝的灭亡。正如《清朝续文献通考》针对庙产兴学做的按语：“印度象教与儒异趣，惟流传中土垂千余年。梵刹林林，并于道观。民习而安之，则亦存而不论可也。况基督之徒，华洋杂遥，挟方张之气焰以相竞，国中莫敢谁何，良以信教自由并行不悖。恹恹衲子虽云方外，要亦齐民，庙产所存，半由自置，不尽钞募，乃必借学务、公益等名义向之勒捐苛派，无以资生，于理殊欠平等。耶、回保护，释、老摧残，不惟政体有亏，将使若辈衣食俱穷，铤而走险，流为盗贼，非有国有家者之隐患耶?”

然而，基督宗教对近代中国佛教的影响是巨大的。近代佛教改革的领袖太虚法师，虽然从佛教的立场上将基督教判为人天教，但他极少对基督教在中国的传播表示反对，相反，他曾说：“基督教同佛教，在宗教的立场上，是相同的。就是我二三十年来，所有改进佛教的努力，一部分也是由于基督教传入中国的启发。因为，基督教对于中国近代文化事业，社会公益，信仰精神，都有很大的影响。而中国的佛教，虽历史很久，普及人心，并且有高深的教理；但是在近来，对于国家社会，竟没有何种优长的贡献。因此，觉得有借镜于基督教来改进佛教的必要。更因此推想到现在中国一般社会，亦需要基督教的精神来改进。”① 并且认为：“学佛者所应知而实行的，学佛惟心愿在利他，非惟应尽觉人的任务，并须做些社会上实利的事业才好。如基督教的致力种种公益事业，寓实行利他主义于宣传宗教中，体用兼施，其用意深足取法的。”② 又说：“现在需借镜基督教，改良佛教，振作佛教精神，影响民间，以共同的团体精神生活，培养组织能力，是中国整个民族所需要的。”③ 不过，太虚大师也说：“在宗教信仰上，必须丢掉理智；到现实生活上，又必须丢掉信仰，这是欧美现时之苦闷。若有与科学思想不冲突，并可为最高精神寄托的宗教，正是欧美所需要的。关于这一点，佛教是可以补基督教之不足的。”④

① 太虚：《真现实论宗用论》，载《太虚大师全集》第13编，第335～336页。
② 太虚：《答穆藕初问十则》，载《太虚大师全集》第17编，第404页。
③ 太虚：《真现实论宗用论》，载《太虚大师全集》第13编，第338页。
④ 太虚：《真现实论宗用论》，载《太虚大师全集》第13编，第339页。

基督宗教的种种社会公益事业，如办孤儿院、敬老院、医院、学校，救助病人、帮助社会弱势群体等，是值得中国佛教以及中国其他传统宗教借鉴和吸收的。基督教的教会学校，对近代佛教僧教育及佛学院的启发，基督教教会组织，启发了近代佛教僧教育会以及民国时的中华佛教总会、中国佛教会等组织；慈善公益事业，对太虚大师的人间佛教思想的启发，佛教关注于现实的社会问题与人生问题，从关注死后及鬼神，转向现实的关怀，以佛教的精神改进中国社会，促进佛教的现代化。所以，从另一个角度看，基督教传入的同时将西方文化带进中国，这为中国传统文化提供了新的视野，对中国的文化教育事业、医院卫生事业、孤儿院等慈善救济事业都带来了推动作用，并且在一定程度上对佛教的现代化产生了刺激和推动，促进了佛教走向世界的进程，开启了国际化的视野，使佛教逐渐走出山林和死人的宗教，开始走向人间，面向社会人心，发挥积极的推动作用。

出世与入世之间：净明道的援儒入道思想

刘世天*

前　　言

唐末五代以来，政治经济社会陷入崩溃的边缘，在思想领域处于统治地位的儒学日渐衰落，面临佛道两家的共同挑战；加之宋代士大夫的思想中本就融入了很多佛道内容，为了应对此种危机，吸收和利用两家思想，成为振兴儒学的题中之义。因此，宋元时期三教融合的呼声空前高涨。

在此思潮的影响下，先后涌现了一些有别于传统旧道教的新教派，如太一教、大道教、全真教，以及本文所要考察的净明道。与主张符箓、修炼和斋醮的旧道教不同，这些新道教都“具有显著的三教合一倾向，排斥旧道教的咒术教法，专门强调日常生活伦理实践”。① 而相比于全真教融会禅宗的明心见性之修行方式，净明道则注重汲取儒家的伦理道德。可见虽然各个教派共同倡导儒、释、道三教融合，在以“道”为核心的前提下却各有侧重。

净明道初创于宋室南渡之际，尊奉许逊为教主，主要活动地点在江西南昌的西山地区。许逊信仰由来已久，核心内容是强调“孝悌”，晋唐时

* 刘世天，陕西道教协会副会长。

① 秋月观暎：《中国近世道教的形成》，丁培仁译，中国社会科学出版社，2005，第177页。

期就得到很多人追奉，但并未形成教派。按照元代净明道团领袖刘玉的记述，在南宋时期，有位何真公因社会动荡、兵祸连连而祷于许逊，后者遂降授《飞仙度人经》和《净明忠孝大法》，帮助百姓消灾解厄。[①] 但到元初时已经衰落，经过刘玉等人的重建和完善才又兴盛起来。刘玉复教的途径与何真公极为相似，也是通过祖师降授真经，助其开悟而弘扬净明大道。

净明是净明忠孝的简称[②]，这与许逊信仰中核心的孝悌观念是一脉相承的。如前文所述，在宋元时期，三教合一的思想受到士大夫和各教内人士的欢迎，净明忠孝道一方面继承晋唐以来的许逊信仰，一方面回应了当时的思想潮流，援儒入道，将儒家伦理的基础“忠孝”观念引入净明道中，因而其教义具有显著的特点，即以忠孝伦理之实践作为施行道法的基础，以心性净明为个人修行的最高境界。刘玉将此教法概括为：

> 净明大教始于忠孝立本，中于去欲正心，终于直至净明。[③]

一　忠孝之本

赵世延在为《净明忠孝全书》所作的序中开宗明义，指出：

> 夫臣职忠，子职孝，万古良知有不可泯者。五常根于人心也，仁包四德而配春，故行仁必本之孝焉；四时行于天也，土旺四季而配信，故履信必主乎忠焉。然则纲三纲常五常者，其惟忠孝乎。呜呼！尧舜之道，孝弟而已矣；夫子之道，忠恕而已矣。[④]

---

① 《净明忠孝全书》卷一《西山隐士玉真刘先生传》。

② 在《净明忠孝全书》卷三的《玉真先生语录内集》中，有弟子问道：古今之法门多矣，何以此教独名净明忠孝？由此可知，净明道全称是净明忠孝道。

③ 《净明忠孝全书》卷五《玉真先生语录别集》。

④ 赵世延：《净明忠孝全书·序》。

赵氏认为，根本而言，儒家的三纲五常核心是忠孝二字，净明道的主张与尧舜乃至儒家是一以贯之，这几乎也是学术界的一种定论，即净明道在很大程度上融合和吸收了儒家的伦理思想，将之作为修行实践的起点和根本。但是，任何两种思想都不可能单纯地结合在一起，净明道援引儒家的观念之后不断扩充和完善，形成了一套独特的忠孝观念和修行方法。就《净明忠孝全书》所涉及的内容而言，净明道的忠孝思想包含两方面的内容，首先它仍然是一种伦理道德观念，是与世俗生活相关的“人道”；其次它也是一种道家修行方法，是高于尘世生活的“仙道”。而基于“欲修仙道，先修人道”[①] 的思想可知，作为一种社会伦常的忠孝在净明道的思想体系中处于基础性地位。

1. 儒家伦理之忠孝观念

对于不熟悉净明道的读者而言，《净明忠孝全书》中的许多说法很容易和儒家思想相混淆，托名胡化俗（一名胡慧超）所作的《净明大道说》直接借用《论语》中关于“孝弟”的表述：

> 人当忠孝而答君亲之恩。忠孝，大道之本也，是以君子务本，本立而道生。孝弟也者，其为仁之本与！有不务本而修炼者，若太匠无材，纵巧何成？[②] （君子务本，本立而道生。孝弟也者，其为仁之本与！《论语·学而》）

引文中明确指出忠孝是为了答君亲之恩，是做人和修行大道的根本。如果抛开这个根本而不顾，即使专心修炼也不会有所成就，这与巧妇难为无米之炊是相同的道理。而对于愿意加入净明道团修行者，也有较为具体的要求：

> 入吾忠孝大道之门者，皆当祝国寿，报亲恩为第一事；次愿雨阳顺序，年谷丰登，普天率土咸庆升平。[③]

---

① 《净明忠孝全书》卷三《玉真先生语录内集》。
② 《净明忠孝全书》卷二《净明大道说》。
③ 《净明忠孝全书》卷四《玉真先生语录外集》。

按照修身、齐家、治国、平天下的士大夫理想顺序，忠孝观念与前三者都有关联。首先，忠孝处于社会伦常的核心地位，与自身修养息息相关，而“报亲恩”和“祝国寿”则关乎齐家和治国。净明道对内部成员的此种规范不仅暗合了传统士大夫的抱负，还使教团在道德上处于有利地位，便于吸收更多追随者。

就字面意思而言，净明道所讲的忠孝无非是忠于君主、孝敬父母，这也是传统中国社会最看重的伦常。同时，还应注意的是，作为一个道教教派，净明道最终目标还是像其祖师许逊那样“一人得道，鸡犬升天”。所以忠孝作为一种日常伦理，既是做人的根本，又是修行的起点，所谓“非忠非孝，人且不可为，况于仙乎”①。

2. 道教修行之忠孝观念

学者关于忠孝观念之社会伦常方面的功用论述较多，而对其在道教修行中的作用则涉及较少。净明道对忠孝进行二元分立的解释，一方面承认它在生活实践中的规范引导功能，一方面将忠孝的外延扩大，并在其内部进行层次划分。也就是说，在道教修行层面的忠孝观念较之前者有着更加丰富的内容。

忠者忠于君也，心君为万神之主宰，一念欺心即不忠也。②

首先值得注意的变化是净明道将忠的对象进行了扩展和替换，在儒家伦理中，忠的对象是君，净明道认为此君不仅仅是世俗的君主，还包括修行者的内心，即“心君”。社会伦常中的忠孝是修行的外在手段，忠于心君是更高层次的忠。而此时忠的标准也急剧提高，“一念欺心”就是不忠，所以忠与不忠全赖心的刹那净明。

当然，忠于心和忠于君是并行不悖的，为此，黄元吉在《中黄先生问答》中就仕宦者和不仕宦者的忠进行解答：

> 又问生平未尝仕宦，无致君泽民之事，虽有忠心，将何所施？
>
> 答曰：是何言欤！如此则人人必仕宦而后用心于忠乎？师曰人之心君为万神之主宰，一念欺心即不忠也。大概仕宦之人固当以致君泽

① 张珪：《净明忠孝全书·序》。

② 《净明忠孝全书》卷三《玉真先生语录内集》。

民行事，不仕宦者，亦合念念在于不欺心，不昧理，紧要处先自不妄语，始能如前哲所言，方免为不忠之人。为学至此，方谓之能忠。[①]

对于仕宦者来说，可能“致君泽民”就是忠的体现，但古往今来真正能够治国平天下的人寥寥无几，大多数不仕宦者之忠还是体现在“不欺心、不昧理”上。然而，忠于心君也仅仅是中级要求，“不黍稷牺牲，惟不欺为用，小心翼翼，昭祀上帝，是谓真忠”[②]。可见净明道追求的“真忠”不需要传统的祭祀礼仪，只要诚意正心地对待心（上帝）即可。这一方面简化了修行的烦琐形式，一方面提高了个人的宗教委身程度，实为新道教优于旧道教之处，对当今的道团建设也颇有启发。至于孝，除了孝敬恩亲，净明道中还有另外一番阐发。

又问：事亲之体，冬温夏清，昏定晨省，口体之养，无不尽心，可得谓之孝乎？

答曰：此是孝道中一事耳。当知有就里的孝道，不可不行持，大概吾身是父母遗体，但向行住卧十二时中善自崇护，不获罪于五藏，方可谓之至孝。[③]

在黄元吉看来，尽心尽力侍奉父母只是孝中一事，而所谓的“至孝”和真忠一样要反身于己，对受之父母的身体发肤“善自崇护”，不可“获罪于五藏”。五藏指心、脾、肾、肝、肺，“获罪于五藏的人皆是破裂元气，作挞身己不行孝道的所为”[④]，也就是不善加护持自己身体，随意对待的行为。黄氏又进一步指出“珍啬元气，深知天命，长养道胎，继续正脉，是谓真孝”[⑤]，所以从根本上而言，净明道倡导的至孝仍属于修养身心的范畴。

---

① 《净明忠孝全书》卷六《中黄先生问答》。
② 《净明忠孝全书》卷六《中黄先生问答》。
③ 《净明忠孝全书》卷六《中黄先生问答》。
④ 《净明忠孝全书》卷六《中黄先生问答》。
⑤ 《净明忠孝全书》卷六《中黄先生问答》。

忠孝思想的第二重含义已经脱离了儒家伦理的范畴，被净明道赋予鲜明的道教养生的特点，也是修行的重要法门，故而各位教法师不断强调忠孝乃大道之本。刘玉所说的“大忠者，一物不欺；大孝者，一体皆爱”① 就是对真忠和至孝最好的总结。

二　正心净明

净明道援引儒家的忠孝观念，使之成为其行为规范和修行法门似乎已成定论，研究净明道的学者也多从此角度讨论援儒入道或儒道互补。相对而言，对净明二字的解析则主要侧重其所要达到的修行境界，笔者对此并无异议，只是在考察修行者如何“直至净明”时不难发现，这其中融入了许多宋明理学的概念和内容。在《净明忠孝全书》第三卷中，刘玉解释了为什么净明忠孝道以此为名。

> 或问：古今之法门多矣，何以此教独名净明忠孝？
>
> 先生曰：别无他说，净明只是正心诚意，忠孝只是扶植纲常。②

正心诚意是宋代理学大儒朱熹所倡导的涵养功夫，他曾对人言“吾生平所学，惟此四字”。可见，在理学体系中，正心诚意也是十分重要的。刘氏将儒家的内心道德修养功夫引入道家，提出“万法皆空，一诚为实”③，希冀通过这样一种修行方法达到净明境界。那么，在净明道的思想体系中，如何做到正心诚意呢？

> 先生曰：奉行道法，皆当平居暇日，存守正念，此即正心之学。正则道在其中，倘不正而用以驱邪，则是助桀为虐，非徒无益而又害之。④

---

① 《净明忠孝全书》卷三《玉真先生语录内集》。

② 《净明忠孝全书》卷三《玉真先生语录内集》。

③ 《净明忠孝全书》卷三《玉真先生语录内集》。

④ 《净明忠孝全书》卷三《玉真先生语录内集》。

刘玉特别强调要“平居暇日，存守正念”，这实为一种和儒家相似的心上修养功夫，修行者只有守住内心的正念，才能趋利避害，奉行道法。然而在真实践履的过程中，“存守正念”只是一句非常笼统的原则，修行者并不一定确切体会个中三昧。所以刘玉接着指出：

> 净明大教是正心修身之学，非区区世俗所谓修炼精气之说也，正心修身是教世人整理性天心地功夫。[①]

这里又一次将新道教和旧道教的区别显明出来，即净明道并不仅仅以传统的修炼精气为主，而是关于正心修身的学问。要在“心地上顿悟本净元明，性天中力行真忠至孝”方可“功圆果满”[②]。净明道所倡的真忠至孝已经在前文进行了阐释，而本净元明则涉及教法师们对净明的理解和体认。在《净明法说》中，郭璞借用周敦颐《太极图说》中的“无极而太极”之语，写道：

> 无极而太极，无极者，净明之谓也。[③]

周敦颐此语原意是解释宇宙生发的过程，认为万有都是从混沌中通过动静的交互变化而来的。郭氏此处将净明视为无极，无疑是将其提升到了宇宙论的层次，将净明视为宇宙生成前的状态，而大道修行的最终目的就是为了达致这样一种境界。刘玉也赞同这样的看法，在《玉真先生语录别集》中就写道：

> 寂然不动是无极，感而遂通是太极，无极者，净明之谓。[④]

行文至此，不难看出，关于净明的概念，存在两种看似毫不相关的定

① 《净明忠孝全书》卷三《玉真先生语录内集》。
② 《净明忠孝全书》卷三《玉真先生语录内集》。
③ 《净明忠孝全书》卷二《净明法说》。
④ 《净明忠孝全书》卷五《玉真先生语录别集》。

义，一种认为“净明只是正心诚意”，一种认为净明是无极而太极中的无极。于净明道对于忠孝观念的二分相同，对净明的阐发同样是从两个角度进行的。前者是将净明乃至正心诚意作为一种修行的功夫和手段，是对修行者的基本要求；后者则从宇宙论的高度，视净明等同于宇宙原初状态的无极，也是修行者要努力的方向和境界。

三　出世与入世

对于儒、道两家，传统的看法认为道家主张离群索居，证道成仙；儒家则主张为学致仕，治国平天下，也即通常所说的出世和入世。然而，在宋元三教合一思潮的影响下，三教的思想互相影响，融会贯通，兴起于此间的净明道也不例外，一方面它继续保守道教追求超脱尘世之外的修行境界，一方面又要兼顾儒家的伦理忠孝和世俗道德，从而导致其思想具有两面性。为《净明忠孝全书》作序的大儒张珪就敏锐地捕捉到了这些变化，他指出：

> 世谓仙道者遗世绝物，岂其然乎？西山玉真刘先生继旌阳仙翁（许逊）净明之道，必本于忠孝。①

人们认为道教追求的仙道是完全脱离于尘世之外，但张氏却不以为然，或许传统旧道教能够做到“遗世绝物”，净明道却带有明显的入世情怀，其倡导的忠孝观念仅就字面意思全然是世俗的、社会的。即使论及深层次的意思，即忠孝的第二层含义——不欺心、不昧理，胡慧超、刘玉等人也没有将净明道的修行方向指往深山古观。

> 太上设忠孝大道之门，甚易知，甚易行，勉而宏之。人能弘道，非道弘人。要不在参禅问道，入山炼形，贵在乎忠孝立本，方寸净明，四美具备，神渐通灵，不用修炼，自然道成。②

---

① 张珪：《净明忠孝全书·序》。

② 《净明忠孝全书》卷二《净明大道说》。

> 此教法大概只是学为人之道，净明忠孝人人分内有也，但要人自肯承当。入此教者，或仕宦或隐遁，无往不可。①

胡氏认为“参禅问道”和“入山炼形”都只是修道的外在形式而已，核心还在于坚持忠孝之本，正心诚意，这样即使不用修炼也可以得道成仙。刘氏也指出净明忠孝实为人类的天性，只要每个人都肯善加护持，无论是出世或入世修行，本质上并无差别。

但这并不意味着净明道贬抑道教传统的出世做法，这一点从其颇费周章地区分净明和忠孝的不同层次即可知悉。先就忠孝而论，作为儒家社会伦常思想的核心，它天然地具有入世倾向，但是作为道教修行的心上功夫，忠孝又仅在修行者一念之间；反观净明也是同理，正心诚意既是一种生活态度又是一种涵养功夫，在《礼记·大学》中，正心诚意的最终目标是修身、齐家、治国、平天下，不可谓不是一种入世的态度，然而，净明道却不满足于此，而是将净明上升到宇宙论的高度，规定了修道的最高境界，即无极（净明），这又是出世的目标。可见，净明道在援儒入道的过程中力求平衡两家观点，但总体而言是将道教的出世思想置于儒家的入世主张之上。

结　语

作为新道教的代表教团之一，净明道具有许多有别于旧道教的特点，这一方面是受当时三教融合思想的影响，一方面是由于传统道教对信徒的吸引力不断下降，道教内部的有识之士改革和权变的结果。区别于全真教派，净明道主要融摄儒家的思想为己用，包括忠孝伦理观念和宋明理学思想。然而万变不离其宗，正如清末许多士大夫提倡“中学为体，西学为用”一样，净明道的援儒入道可谓之“道教为体，儒学为用”。《西山隐士玉真刘先生传》中清晰地表达了此种立场：

① 《净明忠孝全书》卷三《玉真先生语录内集》。

> 先生（净明）之学，本于正心诚意，而见于真践实履，不矫亢以为高，不诡随以为顺，不妄语，不多言，言必关于天理世教。于三教之旨了然解悟，而以老氏为宗。①

在今天看来这种思想依然具有重要的现实意义。

① 《净明忠孝全书》卷一《西山隐士玉真刘先生传》。

图书在版编目（CIP）数据

儒道研究．第2辑/卢国龙主编．—北京：社会科学文献出版社，2014.12
ISBN 978-7-5097-6863-1

Ⅰ．①儒… Ⅱ．①卢… Ⅲ．①儒家-研究 ②道家-研究 Ⅳ．①B222.05 ②B223.05

中国版本图书馆CIP数据核字（2014）第279985号

儒道研究（第二辑）

主　　编／卢国龙

出 版 人／谢寿光
项目统筹／宋月华　袁清湘
责任编辑／袁清湘　韩莹莹

出　　版／社会科学文献出版社·人文分社（010）59367215
　　　　　地址：北京市北三环中路甲29号院华龙大厦　邮编：100029
　　　　　网址：www.ssap.com.cn
发　　行／市场营销中心（010）59367081　59367090
　　　　　读者服务中心（010）59367028
印　　装／北京季蜂印刷有限公司

规　　格／开 本：787mm×1092mm　1/16
　　　　　印 张：17.5　字 数：269千字
版　　次／2014年12月第1版　2014年12月第1次印刷
书　　号／ISBN 978-7-5097-6863-1
定　　价／69.00元